GUÍA DE SUPERVIVENCIA
DEL ENTRENADOR
DE FÚTBOL

Técnicas de entrenamiento y estrategias
para elaborar una planificación eficaz
y un equipo ganador

Por

William E. Warren
George D. Danner

**EDITORIAL
PAIDOTRIBO**

Título original: *Soccer Coach's Survival Guide*
© Parker Publishing Company, Inc.

Traducción: Ricard Biel Albiol

Director de colección y revisor técnico: Manuel Pombo

Diseño cubierta: Carlos Páramos

© 2004, William E. Warren
   George D. Danner
   Editorial Paidotribo
   Consejo de Ciento, 245 bis, 1.º 1.º
   08011 Barcelona
   Tel.: 93 323 33 11– Fax: 93 453 50 33
   http.//www.paidotribo.com
   E-mail: paidotribo@paidotribo.com

Primera edición:
ISBN: 84-8019-710-2
Fotocomposición: Editor Service, S.L.
Diagonal, 299 – 08013 Barcelona
Impreso en España por Sagrafic

A Dale, Dustin y Mandi,
y a Louise y Brandon

AGRADECIMIENTOS

Todo empieza y gira en torno a los jugadores. Ellos son, después de todo, la razón por la cual se practica este deporte.

Hacer una lista de los nombres de los cientos de jugadores que han pasado por nuestra escuela y programas de club en los últimos 15 años es obviamente imposible; sólo diremos que cada uno de ellos ha sido especial para nosotros, pues ha marcado nuestras vidas y nos ha enriquecido con su dedicación y compromiso por el simple placer de darle al balón. Quizá no recordemos todos sus nombres, pero nunca olvidaremos sus contribuciones ni su trascendencia*.

Y luego están los entrenadores: Arthur Graves, nuestro segundo entrenador y preparador físico durante las últimas cinco temporadas; Jerry Fields, nuestro entrenador de juveniles y segundo entrenador universitario durante 10 años; Laughton Brown y Mike Criswell, durante mucho tiempo segundos entrenadores; Paul Gibbons, primer director del Griffin Youth Soccer Club; Wayne Stutes, que nos ayudó a elaborar el programa de fútbol del club Griffin, y Wayne Gardner, presidente del Griffin Excel Soccer Club y director del Olympic Soccer Development Program, en Georgia; Bain Proctor, que ayudó a sentar las bases para el fútbol universitario en Griffin y nos persuadió para que abandonásemos el entrenamiento de baloncesto en favor del fútbol; el antiguo jugador del Atlanta Chiefs y el Atlanta Attacks, Adrian Brooks; Bret Simon, entrenador de la categoría masculina de fútbol en Creighton University; Kurt Swanbeck y Lorenzo Canalis, entrenadores de las categorías masculina y femenina respectivamente, en Berry College; Jeff Ford, entrenador de chicos universitarios en McIntosh High School, quién decidió cambiar de rumbo para ayudar a que empezara su carrera un joven entrenador hace 15 años, y el último (aunque sin duda no el menos importante), Mike Morgan, el excelente entrenador y director del Stone Mountain Soccer Club, cuya amistad nos ha permitido disponer de buena parte

---

* Sin embargo, sería una negligencia el no agradecer las contribuciones de los estupendos chicos y chicas cuyas fotos aparecen en los capítulos 5 y 6: David Rice, Brantley Spillman, Dustin Danner, Daniel Wiser, Travis Gamble, Brent Parker, Erica Palmisano, Jeannette Joslin, Carolyn Knighton, Alexis McCarty, Rebecca Jenkes, Mindy Crow, Shannon Cliatt y Jennifer Willis.

del material expuesto en el último apartado del capítulo 13, al habernos ofrecido su información. Gracias, Mike (y gracias al resto de entrenadores citados previamente, sin cuya asistencia y apoyo no habrían sido posibles ni esta *Guía de Supervivencia* ni nuestra propia supervivencia como entrenadores.

Gracias, también, al director de la Griffin High School, Mike McLemore, y al provisional director deportivo, Vic Barrick, por permitirnos utilizar el «GHS Athletic Packet», que aparece en los Apéndices F, H e I, y a Scott Rogers, fotógrafo del *Griffin Daily News*, por el excelente trabajo que ha realizado para nosotros.

Hemos tenido la suerte de haber disfrutado del mejor apoyo médico para nuestros equipos a lo largo de los años; cada entrenador debe sentirse orgulloso de haber dispuesto de personal de apoyo médico de la talla de Tim Marlow y Charlie Penny, de Health South Therapy Clinic; el Dr. Alan Davis, de Whitewater Medical Clinic; el Dr. Gerald Bohn, de Griffin Internal Medicine Clinic; el Dr. Tommy Hopkins, de Griffith Orthopedic Clinic, y el Dr. Tony Nicholas, de Ellis Chiropractic Clinic. Ellos han sido los que han mimado a nuestros equipos durante una década y media.

Para acabar, debemos agradecer el continuo apoyo del editor de Prentice Hall, Connie Kallback, y del vicepresidente, Win Huppuch, por haber permitido llevar a cabo este proyecto. Su preocupación por el bienestar de los autores (y por el del libro) ha trascendido las líneas de teléfono y las palabras tecleadas en el ordenador. Su amistad y ánimos a lo largo de este trabajo han sido inapreciables.

George Danner
Bill Warren

SOBRE LOS AUTORES

George Danner conoce bien lo que cuesta elaborar un programa de fútbol ganador.

Empezando desde cero con un nuevo programa y jugadores inexpertos en el Griffin (Georgia) High School, en 1984, George elaboró primero un potente programa de fútbol de club local. Gradualmente, sus equipos de chicos universitarios empezaron a mejorar hacia su actual situación de perenne fuente de energía en el estado. El récord de George, 132-76-8 en GHS, incluye una marca de segundo puesto desde 1992, y similares logros en el campeonato estatal en 1996 y 1997.

Nombrado Entrenador del año en 1996 por la Georgia High School Association, George también entrenó al primer equipo del instituto de Georgia de *all-stars* contra los Tennessee *all- stars* ese mismo año. De sus jugadores, 4 han ganado los honores *All-South*, 8 han jugado en el GHSA All-Star Soccer Game, y 20 de sus antiguos jugadores han recibido becas universitarias.

George recibió sus títulos de B.S. y M.S. en la Southwest Missouri State University, en 1977. Vive en Griffin con su esposa, Dale, con quien ha tenido dos hijos, Mandi y Dustin.

El *Dr. William Warren* entrenó durante 9 años, y ha escrito 18 libros en total (10 de ellos para entrenadores), que incluyen *Coaching and Motivation* (1983), *Coaching and Winning* (1988) y *Coaching and Control* (1996), todos en Simon & Schuster. También ha sido coautor de *Basketball Coach's Survival Guide* (1994). Éste es su primer libro de entrenamiento de fútbol.

El Dr. Warren estuvo en la Armstrong State University, Georgia Southern University, Auburn University, la University of Kentucky y la University of Georgia. Se licenció como Ed.D. en UGA, en 1970, y hoy vive en Griffin con su esposa Louise.

SÍMBOLOS

————▶ = Movimiento del jugador (atacante o defensivo)
----▶ = Conducción
----▶ = Recorrido del balón
————| = Área de cobertura defensiva o de rechazo al final de una conducción
            u otro movimiento atacante
E_2=   Jugador atacante (en este caso, un extremo)
E=   Jugador atacante con balón
L_1=   Defensa (en este caso, un lateral)
=   Rival (posición innecesaria)
P=   Portero
DL=   Defensa libre
DC=   Defensa central
DC=   Defensa central (ver sistema de juego)
D=   Defensa (ver sistema de juego)
L=   Lateral
I=   Interior
C=   Centrocampista
P=   Punta, o media punta
DC=   Delantero centro
E=   Extremo

NOTA. Las designaciones de los jugadores en algunos de los diagramas pueden contener una **D** (dentro), una **F** (fuera), una **C** (centro), una **I** (izquierda) o una **D** (derecha) al final, para definir mejor o aclarar ciertas posiciones.

ÍNDICE

CAPÍTULO 7
SISTEMAS DE JUEGO Y SUS ESTRATEGIAS ASOCIADAS 191

CAPÍTULO 8
ESTRATEGIA BÁSICA DEL FÚTBOL 227

CAPÍTULO 13
RELLENAR LOS ESPACIOS

APÉNDICES

SOBRE ESTOS RECURSOS

No es siempre fácil ni divertido enseñar las técnicas básicas del fútbol (o de cualquier deporte en equipo, sin duda), pero siempre es importante. Como a menudo te recordaremos en este libro, entrenar es enseñar, y enseñar empieza por establecer las técnicas básicas que determinan cómo se juega este deporte.

Vivimos en una época de evidentes atajos hacia el éxito. En el deporte, los jóvenes ven cómo los mejores jugadores de la liga de béisbol ganan sumas astronómicas (y todavía reclaman a un juez colegiado mayores salarios), y a los jugadores profesionales de baloncesto recibiendo millones de dólares en salarios anuales porque saben cambiar bombillas en el techo sin necesidad de una escalera. El resultado es, en demasiados casos, el surgimiento de jóvenes atletas que se niegan a obedecer instrucciones porque creen que pueden seguir adelante tan sólo con su talento innato.

Educados desde una temprana edad en el concepto de que el éxito es un derecho más que una responsabilidad o el producto del esfuerzo, algunos jugadores consideran que aprender es menos importante que simplemente mostrar habilidades en la forma que a ellos les parece natural. Y debido a que las técnicas para enseñar pueden resultar difíciles y requieren tiempo, algunos entrenadores optan por la solución fácil, ignorando los fundamentos y concentrándose en las estrategias de equipo y haciendo partidos de entrenamiento. Éste es un error que nadie que se tome en serio su entrenamiento puede permitirse. De este modo puedes salir adelante durante un tiempo si has heredado un equipo bomba lleno de jugadores con experiencia y talento que ya hayan asimilado las técnicas básicas del fútbol. Pero si tu equipo y tus jugadores no son de este elevado nivel, la única forma de igualarse con el resto es entrenando más fuerte que los otros equipos y centrándote en las técnicas que los mejores conjuntos y jugadores ya poseen.

Muchos entrenadores afirman que, debido a factores como los acabados de citar, entrenar es más difícil hoy en día de lo que lo había sido en cualquier momento del pasado. Nosotros no estamos de acuerdo; de hecho, pensamos que se trata de todo lo contrario.

Sí, entrenar a jugadores de fútbol es difícil. Siempre lo ha sido, y siempre lo será. Si fuese de otra manera, todos los jugadores serían *All-Americans* y cada entrenador sería entrenador del año. Sin embargo, esa dificultad va a favor de los entrenadores y jugadores que se dedican a sus responsabilidades de ense-

ñar y aprender de una forma dedicada y consciente. Si te comprometes a enseñar a tus jugadores las técnicas que necesitan aprender para convertirse en buenos jugadores, eso ya te sitúa por delante de aquellos entrenadores (y hay muchos) que consideran el entrenamiento diario del fútbol como 2 horas que hay
que pasar de la manera más fácil posible. Eso no es entrenar, sino hacer de ni-
ñera (hacer lo mínimo para cumplir). Puedes mejorar, y lo conseguirás, si crees
que lo que estás haciendo es importante.

Sí, es cierto que muchos de los actuales jóvenes jugadores preferirían no seguir las instrucciones y ejercicios en los cuales se basa todo jugador con éxito.
Pero si, a través del proceso de eliminación, te rodeas de jugadores que te acepten a ti como persona y a tu filosofía como entrenador en cuanto compatibles
con sus mejores intereses, al final superarás todos los obstáculos que se inter-
pongan en tu camino para tener éxito como entrenador de fútbol.

Si empiezas a entrenar, una buena forma de hacerlo es aceptando la verdad
de la siguiente frase:

*Tienes dentro de ti las semillas de la grandeza de tu labor como entrenador
de fútbol.*

Puedes ser (y lo serás) tan buen entrenador como quieras, si (y éste es un *si*
muy importante) estás dispuesto a pagar el precio que requiere entrenar. De hecho, sólo hay tres maneras de fracasar y de no convertirte en un buen entrenador: abandonando la idea de entrenar antes de haberte dado la oportunidad de
conseguir todo de lo que eres capaz; continuando en una situación en la cual no
consigas recibir el apoyo necesario para elaborar un programa de éxito, o esperando grandes resultados sin haberte esforzado al máximo en tu trabajo.
Nuestras reglas básicas de oro que recuerdan la dureza del trabajo del entrenador son las siguientes:

1. Para entrenar a tu equipo con eficacia, debes trabajar más duro de lo que esperas que lo hagan tus jugadores.

2. Tu objetivo personal es trabajar más que los entrenadores de los equipos contra los que vas a jugar.

Por supuesto, no es tan sencillo, y no se trata sólo de dedicar horas a la tarea, ya que entrenar es un trabajo difícil, incluso cuando se hace mal. Conseguir
el máximo rendimiento en el entrenamiento empieza por prepararte para entrenar, tomándote tu tiempo para sentarte y hacer una lista de tus puntos fuertes y
débiles, y luego trabajando para eliminar las debilidades convirtiéndolas en virtudes. Cualquier defecto que puedas tener como entrenador principiante será
superado por la misma clase de esfuerzo diligente para mejorar lo que esperas

de tus jugadores. El objetivo de esta *Guía de supervivencia del entrenador de fútbol* es enseñarte cómo elaborar tu programa y técnicas de entreno, y cómo hacer que tu equipo crezca desde la base.

En cuanto a esto último, la **parte 1**, Primeros Pasos, te cuenta cómo elaborar un programa del que tú, tus jugadores, sus padres y los aficionados se sentirán orgullosos.

El *capítulo 1*, "Elaboración y seguimiento de un programa con éxito", te cuenta cómo elaborar un programa de cantera efectivo que proveerá a tus equipos de la clase de jugadores que se requieren para producir y mantener constantemente conjuntos ganadores.

Todo empieza desde el club, con tu deseo de trabajar con funcionarios del departamento recreativo local organizando equipos de fútbol y ligas para jóvenes que empiecen a darle al balón. Sin este necesario primer paso para incentivar a los niños de tempranas edades a practicar este deporte (y asimismo, y no por casualidad para ofrecer a sus entrenadores las normas básicas para una buena enseñanza y técnicas de entrenamiento), acabarás enseñando técnicas fundamentales, que deberían haber aprendido 10 años atrás, a estudiantes de instituto de segundo año.

Y, sin embargo, aún hay más; la elaboración de un programa incluye también los pasos tomados para ampliar el programa de fútbol escolar hasta su base, a través del equipo de alevines, infantiles, cadetes y juveniles, y también los de categorías superiores. El capítulo 1 ofrece consejos prácticos sobre cómo extender la participación en todos los ámbitos, mejorar las instalaciones, preparar a los entrenadores y a los funcionarios en la categoría de la liga recreativa, adquirir un formato de club y obtener afiliación federativa, valorar a las chicas y al fútbol de categoría femenina, extender tu programa de cantera escolar hasta la base, conseguir apoyo administrativo y comunitario, desarrollar un club de fútbol y patrocinios, elaborar una base de personal de apoyo médico para tu(s) equipo(s) y obtener el apoyo del personal periodístico. Dicho capítulo también describe 10 cualidades personales compartidas por entrenadores con éxito.

El *capítulo 2*, "Sobrevivir al primer año", te cuenta cómo un entrenador puede utilizar los objetivos como elemento de motivación para formar actitudes positivas hacia el trabajo serio y la mejora individual.

Partiendo desde la base de que es más probable que heredes un equipo inexperto o sin técnica que uno preparado para ganar un campeonato estatal, también trataremos estas cuestiones y problemas al enfrentarnos con jugadores difíciles ampliando la zona de comodidad de los jugadores, enseñándoles cómo ganar, definiendo papeles, programando, utilizando las derrotas como escalones hacia el éxito, desarrollando una ética de equipo dinámica y positiva; todo para que sobrevivas a tu segundo año en una escuela.

El *capítulo 3* también ofrece dos atajos en la obtención de la excelencia; cuatro formas de promover la cohesión del equipo mediante marcos sociales; cómo llevar un equipo con eficacia, motivando a tus jugadores, desarrollando líderes en el equipo y usando capitanes de equipo, adultos y segundos entrenadores para avanzar más deprisa, y cómo tratar los problemas del jugador y a los jugadores problemáticos.

La parte 2, "Jugando al fútbol", trata de prepararte a ti y a los jugadores para la competición.

El capítulo 4, "Desarrollar la comprensión del juego", empieza desde el comienzo, introduciendo a los entrenadores neófitos al deporte de equipo más popular del mundo. Incluye el terreno de juego y sus líneas y dimensiones, las normas y los procedimientos del juego, y los jugadores y sus responsabilidades básicas.

El capítulo 5, "Fundamentos del fútbol", examina brevemente los diversos elementos que, combinados, aportan una enseñanza exitosa; analiza las técnicas básicas del fútbol (pase, tiro, regate, juego con la cabeza, control del balón, entradas, defender y la tarea del portero) y ofrece progresiones de enseñanza y consejos de entrenamiento para asegurar que las técnicas son entendidas y asimiladas cuando se enseñan.

El capítulo 6, "Ejercicios de fútbol", ofrece un catálogo representativo de eficaces actividades y ejercicios para la preparación física, y para enseñar técnicas individuales y conceptos de equipo. Para ser eficaz a largo plazo, los ejercicios deben ser desafiantes y agradables además de repetitivos, o de lo contrario serán simplemente aburridos. Esto no quiere decir que los entrenamientos diarios tengan que dar una fiesta continua, aunque es interesante demostrar a los jugadores que aprender puede llegar a ser divertido en lugar de un trabajo pesado, o que trabajar duro puede ser entretenido.

En su forma más básica, la estrategia del fútbol está asociada con tercios imaginarios del terreno de juego (el tercio defensivo, el tercio del mediocampo y el tercio de ataque) que no aparecen como líneas o marcas en el campo. Más allá de la consideración básica, el uso eficaz de las estrategias analizadas en **el capítulo 7**, "Sistemas de juego y sus estrategias asociadas", no es en realidad tan diferente conceptualmente de los otros deportes de equipo: posicionar a los jugadores de manera que puedas explotar tus puntos fuertes, esconder tus debilidades, ahogar los puntos fuertes del rival o incidir en sus debilidades.

Por ejemplo, un principio básico de la estrategia de los deportes de equipo muestra que, sin la intervención divina o suerte combinada con una falta de motivación por parte de los rivales, es virtualmente imposible para un equipo modesto derrotar a otro superior *en plena forma*.

Es agradable tener sueños imposibles donde adelantas a un equipo de caballos de carreras para derrotar a los que defienden el título de campeones estatales; pero si ahora sólo dispones de caballos de tiro, la mejor opción que tienes para seguir siendo competitivo contra rivales más rápidos y con una técnica más avanzada es: (a) frenar el juego lo máximo posible mediante un cuidadoso control del balón; (b) atacar sólo cuando tu equipo tenga una clara ventaja, y (c) colocar en tu tercio de defensa jugadores suficientes para rechazar a la armada China cada vez que el rival tenga el balón. Incluso entonces, es difícil que tu estrategia pueda con un rival claramente superior, pero al menos ofrece la oportunidad a tu equipo de mantener el marcador lo menos desfavorable posible, y evitar esa clase de apabullantes derrotas que una estrategia más agresiva podría causar. Y, ¿quién sabe?, cuando los marcadores están ajustados en los últimos instantes del partido, la suerte y la motivación pueden provocar cosas extrañas y maravillosas. Pero no ocurrirán si pierdes por 10 goles en la media parte porque has intentado derrotar a un rival superior con sus mismas armas.

Éste es un ejemplo de estrategia de equipo; hay otras, por supuesto, que se aplican a otros equipos y situaciones. El éxito que puedas esperar de cualquier estrategia de juego está directamente relacionado con la relativa habilidad de tus jugadores para dominar las técnicas y conceptos implicados. El capítulo 7 también analiza el marcaje al hombre y la zona de defensa.

El capítulo 8, "Estrategia básica del fútbol", compara varios sistemas de juego (p. ej.: 4-4-2, 3-4-3 y 5-3-2) y términos de su uso eficaz con equipos con técnicas diversas y experiencia.

La parte 3, "Entrenar a tu equipo", trata de las técnicas de organización que los entrenadores utilizan para preparar a su equipo para la siguiente temporada, los partidos individuales y los *play-offs*.

El capítulo 9, "Pruebas de equipo y selección de la plantilla", cuenta cómo dirigir las pruebas de pretemporada: seleccionando posibles jugadores dentro de la escuela, haciendo pruebas, estableciendo las cualidades a tener en cuenta en los jóvenes jugadores, 5 líneas básicas para la selección del jugador, la duración de las pruebas, y elaborando la lista hasta el límite que permite el reglamento, de la forma más amable y correcta posible.

Los capítulos 10, "Entrenamiento de pretemporada", y 11, "Organizar tus entrenamientos", trata del empleo del tiempo de entrenamiento de forma inteligente y eficaz para asegurar que lo que deba cubrirse en tus entrenamientos diarios sea cubierto.

Tanto en las sesiones de entrenamiento de pretemporada como en las de la propia temporada, el programa de entrenamiento y su preparación constituye el eje alrededor del cual gira todo lo demás. Dirigir sesiones de entrenamiento sin un programa de ejercicios predeterminado y detallado es como ir por el bosque sin consultar un mapa; puedes acabar donde pensabas que llegarías, pero también puede que no. Incluso si lo consigues, habrás perdido un precioso tiempo y energía en llegar ahí de esa forma tan azarosa y desorganizada.

Con un limitado tiempo de entrenamiento de pretemporada y tanto por cubrir, es obviamente imposible hacer todo lo requerido a la vez. La mejor solución a este problema radica en priorizar tus objetivos, un proceso que debería ser dirigido antes de que empiece el entrenamiento de pretemporada.

El capítulo 10 cuenta cómo hacerlo, empezando con el primer encuentro del equipo y dejando de lado el trabajo sobre el papel. También considera el problema de cuál es la media de tiempo deseable para invertir en las actividades de adaptación y calentamiento, los ejercicios individuales y de equipo, y la configuración del ataque y la defensa del conjunto durante la pretemporada.

El *capítulo 11* amplía este análisis de prioridades en la temporada regular: (a) considerando el problema de cuál es la proporción deseable en el entrenamiento entre los ejercicios repetitivos para mejorar la técnica y jugar partidos en las sesiones para practicar esas técnicas en condiciones de juego simuladas; (b) describiendo un proceso conocido como «juego controlado», que simultáneamente incorpora aspectos de los ejercicios y el partido; (c) evolucionando en el proceso de configuración del ataque y la defensa mediante ensayos y análisis de ejercicios; (d) analizando el empleo del tiempo y la mecánica y duración de los entrenamientos, ofreciendo un nuevo enfoque en los análisis de los ejercicios, y (f) aportando 5 líneas básicas para dirigir sesiones dinámicas y desafiantes que mantendrán a tus jugadores alerta y ansiosos de volver a entrenar.

EL *capítulo 12*, "Preparación del partido", trata de la observación y la planificación del partido. En cuanto al primer punto, cubre tópicos tales como las prioridades en la observación de equipos con diversas habilidades, observación indirecta, técnicas y consejos para una observación directa con éxito, y preparación de informes sobre las observaciones. La última parte de este capítulo trata sobre cómo formular un planteamiento básico del partido para tu equipo y hacer planes de contingencia o ajustes para situaciones como las siguientes: terrenos de juego anchos o estrechos, juego a final de temporada, y enfrentarse a equipos por segunda vez o simplemente cambiar de estrategias cuando tu planteamiento básico no frena o controla a los rivales. El capítulo termina con una serie de preguntas y respuestas relacionadas con los planteamientos del partido.

El *capítulo 13*, "Rellenar los espacios", empieza perfilando las obligaciones fuera de temporada y las responsabilidades que los entrenadores escolares (y a veces también de clubes) se espera que cumplan, como por ejemplo entrenar a jugadores de otros deportes, dirigir o trabajar en campamentos de verano, preparar banquetes de entrega de premios de final de temporada, elaborar programas de preparación física para los deportistas, programar, hacer presupuestos, asistir (o dirigir) a congresos para entrenadores, arbitrar (y posiblemente también dirigir equipos) en el ámbito de club, y desarrollar y apoyar a los clubes de cantera y a los patrocinadores. El capítulo termina con información para los entrenadores y jugadores en cuanto al proceso de búsqueda y selección de la universidad, respondiendo a las típicas preguntas de los estudiantes deportistas (p. ej.: «¿cuándo y dónde debería empezar a buscar un lugar en las universidades?» y «¿cuál es el máximo número de becas que pueden otorgarme?») y ofreciendo un tiempo límite para entrar en el proceso de selección que empieza en el primer año de instituto del jugador.

Parte 1

PRIMEROS PASOS

El primer paso es el más duro.

–Marie de Vichy-Chamrond
Marquesa de Deffand (1763)

Capítulo 1

ELABORACIÓN Y SEGUIMIENTO DE UN PROGRAMA CON ÉXITO

Hay que estar hambriento. Para jugar a este deporte hay
que dedicarse al cien por cien.

–Giorgio Chinaglia

Los programas «con éxito» ha menudo se identifican con los equipos ganadores, y los que «fracasan», con la otra cara de la moneda, pero tal como dice la vieja canción, *it ain't necessarily so* (no tiene porqué ser siempre así). Preferimos pensar en un programa exitoso en términos más exhaustivos, es decir, «un programa del cual los entrenadores, jugadores, admiradores y aficionados se puedan sentir orgullosos, y que evolucione en la línea de objetivos que el entrenador se haya fijado, sean cuales sean». Ganar, aunque sea el aspecto más importante y obvio de un programa satisfactorio, es sólo un aspecto entre varios. Si vas más allá, encontrarás más dificultades de las que imaginabas.

Por lo tanto, al hablar de la tarea de elaboración de un programa con éxito no te diremos cómo ganar los partidos; nadie podría hacerlo. Sin embargo, te hablaremos de cómo elaborar un programa del cual tú mismo, tus jugadores y vuestros aficionados os sintáis orgullosos de seguir. También explicaremos cómo asegurarte de que tu programa hace firmes progresos hacia su culminación. Podemos hacerlo porque no hay secretos para elaborar un programa sólido, y no hay receta mágica para el éxito que sólo conozcan un reducido grupo de entrenadores de primera fila. En realidad, tienes las llaves del éxito o del fracaso en tus propias manos; este capítulo pretende ayudar a abrir las puertas que retrasarían o impedirían la búsqueda para alcanzar tus metas como entrenador.

LO QUE NECESITAS PARA ELABORAR UN PROGRAMA CON ÉXITO

Si hablamos de conseguir un éxito temporal, en realidad sólo necesitas cuatro cosas: jugadores con el talento suficiente para ganar tantas veces como a ti y a tu afición pueda satisfaceros; recursos de motivación para que los jugadores jueguen como un equipo; entrenamientos diarios lo bastante rigurosos para que los jugadores estén en forma y no la pierdan, y un planteamiento del juego que les permita explotar sus cualidades al máximo. Todo lo que se salga de lo citado es sobreentrenar.

En cambio, si hablamos de la clase de éxito a largo plazo que persistirá cuando tus actuales jugadores se hayan ido, es cierto que la lista de prerrequisitos es breve, pero en general mucho más difícil y exigente en cuanto al tiempo necesario para ser satisfecha. Los requisitos son:

1. Una visión de las posibilidades de tu programa y un plan para realizarlo.
2. Un programa de cantera eficaz.
3. Apoyo social y respaldo administrativo.

> *Donde no hay visión, la gente fracasa.*
>
> —Proverbios 29:18

> *Nuestros planes se vienen abajo porque carecen de objetivo.*
> *Cuando un hombre no sabe a qué puerto se dirige,*
> *ningún viento es el correcto.*
>
> —Séneca, filósofo romano
> 4 a. C-65 d. C

Visión de las posibilidades de tu programa y plan para realizarlo

Hay dos clases de objetivos, «a corto plazo» (p. ej., a diario, a la semana, de temporada) y «a largo plazo» (p. ej., varias temporadas o toda una carrera). Lo que hagas con el primero debería guardar una relación directa con lo que esperas conseguir con el segundo, o de lo contrario el esfuerzo no servirá de nada. Pero, ¿a qué obedecen los objetivos a largo plazo? A los sueños o visiones de realización que todo el mundo se propone según su situación particular como entrenador.

Puesto que son a largo plazo, tales visiones pueden ser elevadas (ganar un campeonato estatal), o incluso mayores (entrar en las clasificaciones nacionales o encontrarse entre los destacados), siempre y cuando no sean consideradas como objetivos específicos para ser alcanzados dentro de un plazo determinado, como «ganar un campeonato nacional... ¡este año!». Cuando fijas una fecha concreta para un objetivo particular, éste deja de ser una visión y se convierte en una promesa que cumplir, y todo lo que no sea un éxito total es probable que se perciba como un fracaso.

Que tus sueños de grandes logros sean realistas no tiene importancia; lo importante es tener un sueño y el deseo de compartirlo y realizarlo con otros. La parte de «compartir» es lo que llamamos «convencer» o «vender tu programa»; la parte de «realizar» es lo que a menudo entendemos como «entrenar».

Si todo el mundo tiene estos sueños, quizá caben las preguntas: ¿qué me convierte en especial? ¿Por qué debería triunfar precisamente yo cuando hay tantos entrenadores en el mundo con sus propias visiones de grandeza?

Para responder a esta pregunta, haremos el planteamiento inverso: ¿por qué no deberías triunfar? ¿Qué podría impedírtelo? ¿La escasez de jugadores con talento? Esto sería posible con una premisa de corto plazo, pero ya que tu programa se extiende a lo largo de varias temporadas de fútbol, tendrías que ser capaz de introducir cada vez más jóvenes dotados en el aspecto atlético (si no puedes, o no estás haciendo bien tu trabajo o necesitas encontrar otro sitio para entrenar).

¿Podría refrenarte la falta de experiencia como entrenador, el conocimiento del juego o los recursos pedagógicos? No, porque todas estas deficiencias se pueden superar trabajando a conciencia, con espíritu de superación y procurando aprender de tus propios errores.

Los únicos límites verdaderos de tu éxito potencial como entrenador te los impones tú mismo; éstos son en realidad algunos de los mismos motivos por los cuales muchos jugadores nunca explotan su potencial: pereza, falta de compromiso, expectativas sin fundamento de éxito inmediato sin haber dedicado el tiempo y el esfuerzo suficiente para dominar los recursos esenciales, y falta de voluntad para aceptar las condiciones o papeles sobre los que se basa el oficio de entrenar.

Si dispones de una firme ética de trabajo, un implacable compromiso con tu sueño y la determinación para aprender e implicarte en la larga tarea de dar al máximo como entrenador, tendrás éxito (aunque no necesariamente hoy, mañana o la semana que viene). Henry David Thoreau lo dijo con acierto:

> Si uno avanza con confianza en la dirección de sus sueños y lucha para vivir la vida que se ha imaginado, se encontrará con el éxito mientras trabaja cuando menos lo espere.

Por supuesto, podemos aplicar lo mismo para las mujeres.

No esperes que sea fácil, porque no lo va a ser. Si empiezas pensando que entrenar es la tarea más difícil que hayas realizado es probable que no te decepciones (y también estarás preparado para resistir las presiones del trabajo que deberás afrontar). Empieza con un sueño o una visión de lo que el trabajo en equipo puede conseguir. Si te agarras a este sueño y lo cuidas, te permitirá superar todos los momentos difíciles en el camino. Pero esto es sólo parte de la historia.

También necesitas un plan para hacer tu sueño realidad. Como los rascacielos, los programas deportivos con éxito no se conciben con conjeturas, sino más bien con anteproyectos que empiezan desde la base y van creciendo.

Elaboración de un programa de cantera

Si eres entrenador de fútbol universitario y entrenas a jóvenes de secundaria, es probable que prefieras no esperar a su segundo año de curso para enseñarles a jugar. Los niños deben ser introducidos en este deporte lo más pronto posible, y no sólo para darles a conocer el juego, sino también para evitar perderlos en otras prácticas o actividades.

Nuestra escuela tiene un equipo filial de chicos y chicas, y también fútbol juvenil en el nivel de secundaria; cuando estos jugadores llegan a nosotros, la mayoría ya tienen una larga experiencia gracias a nuestro club de fútbol local. Disponemos de un potente club de promesas, y recibimos un excelente respaldo de la comunidad empresarial. Muchos de nuestros jugadores juegan todo el año, incluyendo fútbol juvenil en primavera, fútbol de clubes a finales de primavera y en otoño, fútbol sala en invierno y también en los campamentos de verano. Más de 20 de nuestros ex jugadores han recibido becas universitarias, y algunos actuales y antiguos deportistas han participado en equipos clásicos de la máxima categoría y en el *Olympic Development Program*. Nuestros equipos de club han ganado campeonatos nacionales, y nuestros chicos universitarios han conseguido, en el momento de escribir este libro, el segundo lugar en el estado y logrado posiciones en la clasificación nacional en los dos años anteriores.

No decimos todo esto con el ánimo de alardear o para demostrar lo «expertos» que somos como entrenadores (como alguien dijo sabiamente, un «ex» es agua pasada, y el «agua emanada» ya se ha evaporado), sino para demostrar cuánto hemos avanzado en nuestro oficio desde los primeros tiempos, cuando el fútbol se encontraba en estado incipiente en Estados Unidos.

Empezar desde el principio: estudio de un caso a fondo

Empezamos a entrenar en 1977 con sueños de grandeza (no en el fútbol, sino en baloncesto). Sin embargo, cuando nuestro objetivo de subir el listón del segundo equipo al nivel universitario al final quedó frustrado, y en 1984 surgió la posibilidad de crear un equipo de fútbol de chicos universitarios, nos tomamos la tarea con algunos recelos. Después de todo, estábamos entrenando en Georgia, donde son los reyes del fútbol de instituto, y lo que sabíamos de fútbol podría resumirse en dos o tres frases.

El programa de fútbol recreativo local en ese momento era mínimo, y la participación era escasa, lo que significaba que la mayoría de los chicos que venían sabían tan poco de fútbol como nosotros. Sabíamos que llegar a la altura de los programas de fútbol establecidos en nuestra región sería una gran empresa. Pensamos en escribir a toda la selección nacional de Brasil, incluido Pelé, para preguntarles si todavía les quedaba alguna elegibilidad de instituto.

Leímos libros y vimos vídeos de fútbol, hablamos sin descanso con entrenadores expertos, tomando sus ideas y aprendiendo tanto como podíamos sobre este deporte, y conseguimos la ayuda de algunos lugareños que sabían de qué iba el juego. No obstante, muchos de los primeros ejercicios que utilizamos en nuestros entrenamientos eran adaptados del baloncesto. Aun así, el año no fue un fracaso total, ya que nuestra experiencia previa como entrenadores nos había enseñado la necesidad de organización y disciplina. Además tuvimos la bendición de contar con jugadores que, a pesar de su inexperiencia, trabajaban duro y estaban deseosos de aprender. Con chicos así puede hacerse cualquier cosa (es decir, cualquier cosa menos ganar la mayoría de partidos). Hicimos un 2-8-1 de resultado en nuestro primer año de entrenamiento, y acabamos con un empate en nuestra división regional. Esas dos victorias y un empate fueron debidos al hecho de que no éramos los únicos entrenadores en nuestra región que estábamos construyendo un programa de raíz. Sin embargo, para nosotros esos tres partidos sin perder eran oro puro.

Hay muchas razones para aprender de las derrotas (una de las más importantes es que, con más y mejores jugadores, no perderás tan a menudo). Las dinastías se construyen desde la base, con jóvenes atletas entrando en el programa pronto, creciendo con él y aprendiendo sobre la marcha (para terminar sustituyendo a los actuales jugadores, que han hecho parecer a sus entrenadores unos genios en ciernes o unos idiotas en floración.

En nuestro caso, el programa de fútbol recreativo local tenía tres ligas: los Pee Wee (edades 6-9), los júniors (10-12) y los séniors (13-16). En el condado no había campos de fútbol, así que los partidos se jugaban en estrechos campos de fútbol de la liga recreativa. En un principio había dos temporadas de fútbol, otoño y primavera, pero la de primavera había sido eliminada debido a la baja participación y al temor de que interfiriese con el programa de béisbol recreativo. Dado que las reglas de la liga recreativa obligaban a que todo el mundo jugase al menos media parte de cada partido, la estrategia del entrenador consistía en gran medida en enfrentar a sus jugadores de 9 años contra los rivales de 6 años del equipo Pee Wee, jugando a lo que llamábamos «corner al chute» en el nivel de júniors, como si se tratara de rugby, a base de mucho contacto físico pero con poca o ninguna técnica o táctica de equipo en el nivel de séniors. Los entrenadores, la mayoría de los cuales eran padres de jugadores, no sabían nada de fútbol pero lo entendían muy bien. Sabíamos que para elaborar un sistema de cantera eficaz, tendríamos que implicarnos de lleno en cada fase del fútbol local en esta etapa de formación.

Mediante determinados esfuerzos por parte de unos cuantos seguidores de fútbol locales (y vocales), conseguimos persuadir a las autoridades recreativas locales para orientar el programa de asociación de fútbol juvenil de forma que beneficiase a los chicos (por ejemplo, Muppet Soccer para edades 5-6 con reglas simplificadas, sin victorias ni derrotas, menos de siete jugadores por equipo y con permiso de los entrenadores de entrar en el campo para instruirlos, y ligas para jugadores mayores de menos de 10, 12, 14, 16 y 19 años).

Nuestra influencia dentro de GYSA creció a medida que se extendía la joven participación, y nosotros y nuestra creciente lista de aficionados eran elegidos a su presidencia y otros cargos. Al final, el departamento recreativo nos permitió encargarnos del programa de fútbol recreativo entero cuando se hizo evidente que sabíamos lo que había que hacerse para elaborar un sólido programa de fútbol, y ellos no. Ellos eran, después de todo, especialistas recreativos, no especialistas en fútbol. Se adquirieron dos grandes terrenos para la construcción de varios campos de fútbol de distintos tamaños, y ampliamos nuestro nuevo programa de club de fútbol a dos niveles: *recreativo* (para la mayoría de jóvenes que sólo estaban interesados en jugar a este deporte) y de *club* (para los mejores de entre esos jugadores que buscaban el desafío de llegar a altos niveles de competición). Nuestro equipo Excel Premier del año 1990, con jugadores de menos de 12 años, se convirtió en el primer equipo de fútbol local que ganó un título nacional para nuestra escuela.

Ahora, aunque a vosotros no os puede parecer gran cosa, para nosotros fue una montaña de obstáculos que superar cuando lo vivíamos a diario durante un período de varios años. Fue (y no exageramos) virtualmente el equivalente a llevar a la vez tres trabajos en horario completo: enseñar en muchas clases de educación física, entrenar a nuestros equipos universitarios y a los equipos de club mediante los cuales abastecer a nuestros futuros equipos universitarios. Durante ese período de formación también organizamos una asociación de entrenadores voluntarios para enseñar a los entrenadores cómo hacer su trabajo, y una asociación de colegiados de fútbol para asegurar que los partidos fuesen arbitrados por personas cualificadas y con licencia.

¿Fue una tarea difícil? Si no has vivido esta clase de experiencia, no tienes ni idea. A veces, mirando atrás en esos primeros años, nos preguntamos de dónde sacábamos el tiempo para hacer todo lo que hicimos. Pero es como todo en esta vida: *si de verdad es importante para ti, encontrarás tiempo para hacerlo.* ¿Fue frustrante? Constantemente. Y lo que es más importante, ¿mereció la pena? Bueno, dime: *¿cuánto tiempo y energía emplearías en elaborar un sólido programa de cantera si creyeras que podría conducir a tus equipos universitarios a los play-offs nacionales en 9 de los últimos 10 años?*

Créenos, si hubiese habido un camino más sencillo, lo habríamos tomado. Pero puesto que no estábamos bendecidos con la clase de genio que hace que un entrenador transforme al instante jugadores mediocres en superhombres o supermujeres, optamos por la siguiente mejor opción, es decir, considerando todo el trabajo que había que hacer y centrándonos en lo que podía hacerse *hoy* para mejorar nuestro programa de algún modo. En el camino había contratiempos y retrasos que parecían estancar nuestro programa (pero puesto que sabíamos lo que queríamos conseguir y rechazábamos admitir que era imposible, al final vimos cumplirse nuestros objetivos, uno por uno).

Y lo mismo ocurrirá contigo (el éxito logrado en parte por inspiración, pero sobre todo por transpiración).

LLEGAR A DOMINAR TU PROGRAMA

Puede que no afrontes la clase de exigentes premisas para el éxito que nosotros tuvimos que afrontar al elaborar nuestro programa desde la base; de todas formas, esperemos que no. Pero si te enfrentas con una lucha titánica para crear el tuyo, considera algunas de las áreas específicas de mejora que pueden precisar atención.

Ampliar la participación

Esto no es más que una simple y anticuada tarea de relaciones públicas. (Ten en cuenta, no obstante, que la participación se refiere a los padres y a los hijos.)

Cuando empezamos a entrenar a fútbol, sólo jugaban a este deporte 62 niños de una comunidad de 20.000 personas. Buscamos el apoyo de los padres y abuelos de esos jóvenes y confiamos al máximo en ellos para extender nuestra idea en la comunidad en cuanto a nuestra visión de lo que significaría un programa de fútbol ampliado para todo el mundo en la comunidad. En un sentido muy real, «vendimos» nuestra visión a esos padres, y a todo aquel que nos escuchaba. Hablábamos en reuniones de club, comidas cívicas, encuentros conla APA, reuniones recreativas o del departamento de enseñanza y en todas partes. Formamos un *club se seguidores activo* en el instituto, y solicitamos la influencia de esos padres para intentar expandir nuestra experiencia en las categorías inferiores con el programa de cantera, tanto en el nivel escolar como en el de fútbol recreativo. Conseguimos ser entrevistados por una radio local y un periódico, y les pedimos la cobertura de todo el fútbol en la comunidad.

En poco tiempo, nos dimos cuenta (igual que nos ocurre ahora) de que la fuerza y efectividad del «Tengo un sueño», del discurso del Dr. Martin Luther King, radica tanto en su deseo y determinación de proclamar ese sueño, como en el propio mensaje. Tener un sueño es críticamente importante, pero la importancia de proyectar tu mensaje a la gente a quien le importa no puede ser pasada por alto.

La participación en el fútbol recreativo aumentó gradualmente cuando padres y jugadores por igual difundieron el mensaje a otros padres y niños diciéndoles: *¡Oye, el fútbol es divertido! ¡Tienes que probarlo!*

En la actualidad tenemos unos 800 niños que participan en el fútbol recreativo y de club de chicas y chicos. Mediante su crecimiento y continua participación, nos permiten mantener nuestros equipos universitarios llenos de jóvenes preparados para jugar y ansiosos por aprender.

Mejorar las instalaciones de fútbol locales

Éste es en el fondo un problema financiero que no te incumbe, si los poderes de tu comunidad ya se han dado cuenta de que *los partidos de fútbol deberían jugarse en campos de fútbol* y han facilitado instalaciones recreativas especiales sólo para el fútbol. No obstante, si la tuya no es una de esas situaciones afortunadas, no desesperes. No está todo perdido. Tu objetivo debería ser, como con cualquier problema, *hacer lo mejor que puedas con lo que tengas mientras formas la base para futuras mejoras.*

Si has sido entrenador de fútbol durante más tiempo de lo que tardas en leer esta frase, ya sabes que no es lo mismo un campo de fútbol que un buen campo de fútbol; son demasiado estrechos y, en muchos casos, también demasiado cortos. Si eso es lo único que tienes, haz lo que puedas e intenta pasar por alto los constantes saques de banda que retrasan la acción. Cuando haya los suficientes seguidores, aficionados y padres que se cansen de las constantes interrupciones en el juego y unan sus voces en señal de protesta, pedirán el apoyo de los políticos locales y del departamento de enseñanza para que aporten dinero para realizar los cambios necesarios. Recuerda: a menos que hayas nacido y crecido en esa comunidad y conozcas a su gente íntimamente, es probable que no tengas la clase de fuerza política para hacer la protesta por tu cuenta. Necesitas buenos contactos locales que hablen por ti; tu máxima prioridad debería ser conseguir aquellos contactos que sean incondicionales en favor del fútbol.

Preparar a entrenadores y árbitros

Puesto que (al menos según nuestra experiencia) muchos entrenadores, en la liga recreativa, no saben mucho de fútbol, siempre le toca a alguien (¿adivina quién, siendo tú el entrenador universitario principal?) enseñarles cómo se juega, entrena y arbitra.

No esperes que haga esta labor el personal del departamento recreativo (o si lo hacen, no esperes que sea correctamente). Trabaja con ellos; en el 99% de los casos estarán encantados con tu participación y asistencia.

Una vez organizado nuestro club de fútbol, obligamos a todos los entrenadores participantes a asistir a nuestros seminarios. Puede que al principio no dispongas de este tipo de recursos, pero aun así, deberías ofrecer seminarios que cubran tópicos como el reglamento, los procedimientos del juego, técnicas básicas, consejos para enseñar y entrenar, ejercicios prácticos, etc. Cuantos más prospectos entregues a los entrenadores, más se beneficiarán de tus seminarios.

Uno de los mayores beneficios que se derivan de celebrar seminarios en tu programa de cantera es que los entrenadores que saben poco o nada de fútbol aprenderán el juego de la forma en que tú quieras que lo aprendan, al igual que lo harán los jugadores que jueguen para ellos. Las implicaciones de esta frase son importantes. Piensa: si cada entrenador de tu programa de cantera utiliza el mismo sistema de juego y ejercicios que tu equipo universitario (con modificaciones, por supuesto), cuando sus jugadores lleguen a la edad universitaria *comprenderán tan bien tu sistema que podrás concentrarte en pulir errores y no en empezar desde el principio.* El tiempo ahorrado será enorme, y te permitirá trabajar otros aspectos de la preparación de tu equipo.

Éste es, de hecho, el método empleado por el legendario entrenador de fútbol Wright Bazemore, del Valdosta (GA) High School. Todos los equipos recreativos de este condado han jugado a fútbol con el sistema de los Valdosta Wildcats. Cuando un joven llegaba al instituto, estaba casi tan familiarizado con el sistema de Bazemore como los segundos entrenadores. El resultado fue de 13 campeonatos nacionales para Valdosta, con Bazemore como entrenador, y más de un 90% de victorias en su haber. ¿Supones que te diría que valdría la pena considerar el programa de fútbol recreativo local como parte de tu más extensa familia?

Asumimos que hay otros equipos en tu sistema de cantera (p. ej., infantiles, cadetes, juveniles y equipo B o júnior universitario). Haremos una breve mención de ese aspecto del desarrollo del programa, pero por ahora diremos que, si tu relación de trabajo con esos entrenadores es buena, puedes contar con su ayuda para dirigir tus seminarios para los entrenadores de la liga recreativa. Y si tu programa de cantera escolar no está desarrollado, puedes intentar convencer a uno o más expertos ex jugadores de la comunidad para que te ayuden.

No es una exageración decir que *la calidad del fútbol recreativo y de club no será mejor que el arbitraje que éste reciba*. Si te tomas en serio el programa de cantera, debes asegurarte de que los partidos sean oficiados por personal cualificado y contrastado que entienda el juego y sus reglas. La forma más fácil de que así sea es convertirte tú mismo en un cualificado colegiado instructor, para asegurarte de los encargados de dirigir los partidos. Aun así, tú y tus seguidores tenéis que presionar para conseguir árbitros con título en todos los partidos.

Adoptar afiliación nacional y adquirir un formato de club

Si desarrollas un programa de cantera recreativo superior, tus mejores jugadores necesitan niveles más altos de competición que los habituales en el juego de liga recreativa regular. Esto significa equipos que viajen para disputar partidos contra otros equipos superiores de la zona o en todo el estado; a su vez, esto implica adoptar un formato de club que ofrezca niveles duales de competición, y una afiliación nacional que ofrezca acceso al máximo nivel de competición en otras zonas.

En nuestro estado, la Georgia State Soccer Association comprende tres niveles de competición: *recreativo, premier* y *classic,* el último de los cuales corresponde en gran medida a los equipos *all-star* que viajan. En nuestro caso, nuestro club de fútbol ofrece fútbol recreativo para las masas de jóvenes entusiastas, y los equipos Excel juegan con programas *premier* y *classic.* Este formato es obviamente más caro que simplemente poner juntos a todos tus jugadores en un formato de liga recreativa, pero las experiencias a adquirir en los niveles competitivos más altos no pueden duplicarse en el nivel recreativo. El juego de nivel de club es importante para el conjunto del programa de fútbol de tu comunidad, por la misma razón que el Olympic Development Program es importante para la United Sates Soccer Federation.

Si tu comunidad ya tiene un club de fútbol local, trabaja en él ayudando a entrenar y preparar a los equipos. Además de subir a los jugadores que al final configurarán tus equipos universitarios, tu presencia e implicación demostrará a los entrenadores, jugadores y padres que tienes un verdadero interés por ellos. Es un punto añadido para tu programa universitario que no puedes permitirte pasar por alto.

Si no tienes un club de fútbol local, crea uno. La asociación de tu estado puede darte las pautas para hacerlo. Necesitarás el apoyo local, pero considéralo así: si no hubiese una buena afición al fútbol en tu comunidad, no habría un equipo de fútbol universitario para poder entrenar.

Valorar el fútbol femenino

Si al fútbol masculino le ha costado hacerse un lugar en Estados Unidos, su crecimiento ha sido veloz comparado con el del fútbol femenino, que (a pesar del Título IX) ha progresado a paso de tortuga, especialmente en el nivel de instituto. Algunas de las razones esgrimidas para la exclusión del fútbol de chicas de los programas deportivos de instituto son las siguientes (con nuestras respuestas entre paréntesis):

«No nos lo podemos permitir, no produce dinero». (Tampoco el golf ni la lucha libre, dos deportes sobre todo masculinos en el nivel de instituto.)

«No hay interés por el fútbol de chicas en nuestra escuela. No tenemos suficientes chicas que quieran jugar como para formar un equipo». (*Elabóralo [un programa de fútbol para chicas], y vendrán*) «vendrán» no sólo las chicas para formar una plantilla, sino también los espectadores para llenar las localidades cuando se haya creado un programa con éxito. Cuando empezamos a entrenar a fútbol a chicos universitarios en 1984, sólo teníamos de 10 a 15 espectadores en las gradas en los partidos de casa. Ofrece a los aficionados al fútbol un programa de calidad y a los equipos universitarios un lugar decente donde jugar, y no tendrás que preocuparte por el interés de los hinchas o jugadores, o sobre el fútbol de chicos o chicas por ser una ruina para el presupuesto del departamento deportivo.)

«Estamos reservando un puesto para un entrenador de fútbol de P.E.». (Si lo que quieres son entrenadores de P.E., ¿quién dirige los vestuarios de las chicas de P.E.?)

Al menos hay cuatro razones excelentes por las cuales un entrenador debería apoyar el fútbol de chicas, y posiblemente incluso considerar entrenar un equipo de fútbol femenino:

1. *El fútbol es el fútbol*, sin importar si lo juegan chicos o chicas. Los entusiastas del fútbol siempre necesitan darse apoyo unos a otros porque la unidad da fuerza a su causa común (promocionando este deporte). Tal como Benjamin Franklin dijo al firmar la Declaración de Independencia: «Tenemos que estar unidos, o de lo contrario seremos pequeños».

2. *Los aficionados son los aficionados*; tener un equipo de fútbol universitario de chicas atraerá a nuevos aficionados al *Club de seguidores activos*.

3. *Muchas de las chicas de instituto que juegan a fútbol tienen hermanos y hermanas más jóvenes que pueden implicarse en el juego gracias al interés de la hermana mayor. Lo mismo ocurre con los chicos, por supuesto, pero tener equipos de chicos y chicas en tu escuela impactará a más familias de la comunidad.*

4. *Puede ser más fácil formar un equipo competitivo y un programa sólido en el fútbol de chicas que en el de chicos.* A menos que tu escuela sea una de las

únicas de la zona que no tiene creado un programa de fútbol femenino, quizá no tengas que ponerte al mismo nivel o superar a las otras escuelas que practiquen el fútbol de chicas. En nuestro caso, por ejemplo, la mayoría de las escuelas de nuestra región habían tenido equipos de fútbol de chicos universitarios durante 7 años cuando formamos nuestro primer equipo en 1984; íbamos *7 años* más atrasados que el resto.

Existen excepciones, claro está, pero en muchas zonas el fútbol de chicas todavía se encuentra en estado embrionario, y la disparidad en la experiencia y técnica puede que no sea tan grande como para precisar 7 años de implacable esfuerzo para alcanzar al resto. No decimos esto en un sentido despreciativo o condescendiente en cuanto a su juego, ya que siempre hemos sido fuertes defensores de la participación de las chicas en los deportes, sino para destacar que, si buscas un práctico atajo hacia el éxito como entrenador, éste es un ejemplo. Por supuesto que el trabajo será, aun así, difícil y requerirá mucho tiempo, ya que ésta es la naturaleza del oficio de entrenar; sin embargo puede que no precise tanto tiempo elaborar un programa de chicas competitivo, tal como nos ocurrió, para hacerlo desde el principio con uno exitoso de chicos.

Ampliar el programa de cantera escolar hasta los más pequeños

En nuestra escuela tenemos un programa de fútbol de equipo B de chicas y chicos, pero no tenemos equipos en los niveles de enseñanza media o júnior superior; no obstante, hay varias razones de porqué no es terriblemente importante para nosotros ampliar nuestro programa hasta los más pequeños en nuestras escuelas. Primero, y más importante, con mucho esfuerzo hemos desarrollado un programa de fútbol de club local muy eficaz, con equipos *premier* y *classic* preparando a nuestras futuras estrellas universitarias. Dado que estos equipos juegan con programas de desplazamientos, las escuelas están libres de ésos y otros gastos relacionados (p. ej., uniformes y equipamiento) que los equipos escolares contraerían. El sistema escolar no tiene que alquilar entrenadores de fútbol en esos niveles, y no tenemos que prepararlos o persuadirlos de que utilicen nuestro sistema, ejercicios, etc. En cambio, entrenamos a los equipos de club y subimos a jugadores que tendrán su primer contacto con el fútbol escolar en el nivel del equipo B. Este sistema nos ha funcionado muy bien, y no dudamos en recomendarlo a cualquier entrenador que esté elaborando un programa universitario.

Si tienes un programa de cantera escolar que se extiende por debajo del nivel del equipo B, deberías trabajar de cerca con esos entrenadores para facilitar sus esfuerzos en formar equipos ganadores. Cuanto más de cerca te involucres con sus equipos, al final los dividendos serán más grandes para tus equipos universitarios. Podrías y deberías asistir a sus partidos lo máximo posible; organízales seminarios para entrenadores; dales un acceso total a los libros y vídeos de tu biblioteca personal; habla con ellos al menos una o dos veces por semana sobre la evolución de sus equipos, los problemas que puedan encontrarse, o simplemente manteniendo vínculos profesionales y sociales para darles a conocer que lo que están haciendo es importante para ti; proporciónales copias de tus programas de entrenamiento para que las empleen como base para sus propias sesiones, si tú y ellos lo deseáis; habla en sus comidas e invítales a las tuyas; ofrécete para ayudarles en lo que precisen, partiendo de la idea de que cualquier cosa que hagas para ellos será de sobras recompensada con su lealtad hacia ti y tu programa.

Buscar respaldo administrativo y apoyo comunitario

Como hemos apuntado en otros libros, el entrenador es el equipo y el programa, al menos en los primeros estadios de su desarrollo. Mientras que mucha gente es en última instancia responsable del éxito de un equipo o programa, es la visión del entrenador y el planteamiento lo que da forma a su destino. Otros pueden compartir tu visión y apoyar tu planteamiento, pero no deberían y no se les puede permitir dirigir tu programa excepto en términos amplios (p. ej.: la clase de pautas administrativas a las cuales se espera que se unan todos los equipos deportivos escolares). Después de todo, es tu cabeza, no la suya, la que está en juego si el equipo o el programa fracasa sin paliativos al no conseguir lo que otra gente espera que consigan.

Hay tres claves para trabajar con tus superiores administrativos (p. ej.: el director general y el director deportivo). Primero, la *comunicación* (explicar exactamente lo que piensas hacer y lo que necesitarás para realizarlo). Puedes empezar distinguiendo tú mismo entre lo que necesitas para el programa y lo que quieres. En segundo lugar, *dar y recibir*: Tu deseo de comprometerte es necesario en una premisa de a corto plazo, para lograr objetivos de largo alcance (recuerda, no obstante, que el compromiso tiene sus límites: si te comprometes más allá de los principios en los que crees, estás vendiendo tu alma, no tu programa). Y en tercer lugar, *paciencia*. Ya que incluso con el máximo apoyo administrativo no vas a solucionar todos los problemas asociados con la elaboración del programa de inmediato, en consecuencia esa paciencia es tremendamente importante, sobre todo al tratar con los administradores que pueden ofrecer menos del apoyo total a tus esfuerzos para elaborar un sólido programa de fútbol.

Los administradores ven el deporte de distinta forma que los entrenadores; esto es cierto incluso con los administradores que fueron (o son) entrenadores principales. Es una cuestión de prioridades: mientras que los entrenadores tienden a pensar principalmente en ganar partidos, los administradores tienden a considerar las victorias como algo agradable pero secundario en importancia respecto a pagar las facturas. En cuanto a ti, esto significa que si tu programa de fútbol todavía no es una prioridad principal en la jerarquía social del departamento deportivo, deberías priorizar tus necesidades y centrarte en las más importantes, dejando de lado las otras hasta que llegue el momento en que tu programa se convierta en una prioridad principal (o si no, busca fuentes alternativas de financiación para tus otras premisas prioritarias).

Ejemplo. Un nuevo entrenador entró en una escuela y, en la primera reunión de presupuestos que se celebró en el despacho del director deportivo, pidió que se compraran bolsas deportivas para sus jugadores. «¿Para qué?», preguntó el director deportivo. «Ya tienen bolsas y no han ganado un sólo partido en dos años». El entrenador se intranquilizó en su asiento. «Bueno, creo que sería una buena forma de demostrar a los jugadores que no hemos perdido la fe en ellos», dijo. El otro sacudió la cabeza. «No premiamos a nuestros jugadores por perder partidos. Gana unos cuantos partidos esta temporada y hablaremos de ello el año que viene». Si hubiésemos estado allí, podríamos haberle dicho al entrenador que esas bolsas eran una causa perdida, al menos en el presente. Sería mejor que hablase con el presidente del *Club de seguidores activos*, o buscar un patrocinador en un comerciante local, si de hecho las bolsas fuesen una prioridad principal en su lista.

Ejemplo. «Entrené a un equipo en mi instituto durante 5 años antes de que mis chicos universitarios tuvieran acceso al estadio de fútbol en los partidos de casa», nos dijo el entrenador. «Antes de aquello jugábamos nuestros partidos de casa en un campo P.E. de 7° curso o en un campo de *softball* recreativo local. Yo solía decir que en casa sólo teníamos sitio para estar de pie, porque esos campos no tenían gradas.»

¿Por qué no buscaste otro empleo como entrenador en otro sitio?, le preguntamos.

«Porque sabía que aquí podía elaborar un buen programa», contestó. «Teníamos buenos chavales; no eran muy buenos jugadores en ese momento, pero sabía que las cosas cambiarían tarde o temprano, y quería estar allí cuando ocurriera.»

«Cuando entramos en el estadio de fútbol por primera vez, nos parecía que estábamos pisando tierra sagrada. Y luego perdimos el partido, 6-2. Sabía que el director deportivo, que también era el entrenador principal, nos volvería a enviar al campo de *softball*, pero no lo hizo. Sin embargo, por entonces teníamos el suficiente apoyo para nuestro programa, y probablemente no lo podría haber hecho.»

Nuestra conversación con ese entrenador sacó a relucir una cuestión crucial en la elaboración de un programa: asumiendo que tienes dentro de ti lo que hace falta para elaborar un programa con éxito (p. ej., una visión, un plan y el deseo de trabajar tanto tiempo y con la dureza necesaria como para lograr tus objetivos), *¿cuándo aceptas las duras realidades de una verdadera difícil situación y vas a entrenar a otra parte en busca de un entorno más positivo?*

No hay una respuesta a propósito de esta cuestión, pero pensamos que la respuesta del entrenador, «Sabía que aquí podía elaborar un buen programa», dice mucho. Las frustraciones y los fracasos temporales de uno u otro tipo te perseguirán allí donde vayas a entrenar, porque, como tú, la gente con la que tratas son seres humanos. El momento de buscar nuevos territorios verdes donde entrenar es cuando no ves muestras de un progreso actual donde estás y ningún potencial para un futuro progreso en términos de apoyo administrativo, del jugador, familiar y comunitario para tu programa. Si ninguna de estas dos áreas ofrece esperanza de mejora a pesar de tus mejores esfuerzos, en esa escuela estás perdiendo el tiempo y la oportunidad de entrenar a talentos.

De las dos áreas, creemos que el jugador, la familia y el apoyo comunitario es más crítica para conseguir el éxito que el apoyo administrativo. Sin minimizar la necesidad del apoyo administrativo, hemos conocido a muchos entrenadores de fútbol en el instituto que han perseverado y conseguido el éxito a pesar de que las relaciones administrativas presentaban desde falta de entusiasmo hasta antagonismo u hostilidad hacia este deporte. En todos estos casos que conocemos fueron los jugadores, los padres, los abuelos, el equipo técnico y otra gente de la comunidad quienes con su lealtad y apoyo entusiasta hicieron que quedarse en el nivel de instituto mereciera la pena.

Crear un *Soccer booster club*

En un sentido ideal, tus *boosters* (hinchas) no son parte de un *Club de seguidores activos* general que apoya a todos los equipos deportivos de tu escuela. Es una cuestión de simple economía y esfuerzo: cuanto más lejos se encuentre el dinero de tu control, menos porcentaje del mismo recibirá tu equipo; y si tú y tus seguidores sois adeptos a las colectas (como deberíais ser), captaréis dinero para todos los equipos excepto el vuestro si éste forma parte de un bote general para ser dividido entre todos los equipos, según la fórmula X.

Por supuesto, estos puntos pueden resultar dudosos si las políticas de la escuela o las deportivas descartan clubes *de seguidores* separados; si éste es el caso, trabaja dentro del sistema mientras consigues apoyo para cambiarlo. No es fácil de hacer, sobre todo en una escuela pequeña donde es probable que el apoyo esté fragmentado (p. ej.: con padres con niños en varios deportes). También es difícil en escuelas más grandes, pero tener un *Club de seguidores activos* para tu equipo de fútbol ofrece ventajas demasiado importantes para no tenerlas en cuenta, y deberían figurar en primer lugar en tus planes a largo plazo.

La función más obvia de un *Club de seguidores activos* es conseguir dinero (en nuestro caso, de 7.000 a 10.000 dólares por año para nuestros equipos de fútbol de instituto. Nuestros *Clubes de seguidores activos* hacen (y venden publicidad para) nuestros programas de fútbol, que generan beneficios anuales de hasta 3.000 dólares para nuestros equipos. Pero los *Clubes de seguidores activos* son (o deberían ser) mucho más que recogedores de fondos. Pueden utilizarse para dirigir *stands* de concesión, vender entradas, organizar barbacoas o almuerzos después de los partidos, ayudar a organizar banquetes de entrega de premios y similares y, quizá lo más importante de todo, los *Clubes de seguidores activos* pueden servir como enlace vital entre tu programa y los contactos en la comunidad empresarial que puede ofrecer otros servicios para tu equipo y programa.

Lo que los *Clubes de seguidores activos* no pueden hacer (o no se les debería permitir hacer) es tomar decisiones del entrenador o dirigir tu programa. La misma advertencia se aplica a los dirigentes y directores deportivos: si les dejas dirigir tu programa, al final te apartarán del mismo.

Buscar patrocinadores

Una de las mayores ventajas de tener un *Club de seguidores activos* es que si, como la mayoría de escuelas, el instituto pone límites sobre cuántos recolectadores de fondos puede tener un equipo por año, los *Clubes de seguidores activos* pueden evitar el proceso haciendo cosas como vender patrocinios. Nuestros *Clubes de seguidores activos* de fútbol no tienen ningún apuro en pedir a las empresas locales dólares de patrocinio para comprar nuevos uniformes o sudaderas, o servicios como fotografías gratuitas individuales o de equipo para nuestros programas. A cambio colgamos sus estandartes alrededor del estadio en los partidos de casa y, en el caso de las sudaderas, bolsas de deporte, etc., colocamos en este material el logotipo de la empresa en cuestión. (En cuanto esto último, consúltalo con tu departamento deportivo y el director antes de hacerlo, ya que el sistema escolar puede tener reglas que restrinjan o prohíban los anuncios en estos casos. Lo peor que pueden decirte es «no». Sin embargo, no tienen por qué negarse, ya que estás librando al departamento del coste de esos artículos al haberlos comprado independientemente.)[1]

---

1. En nuestro estado, a los equipos escolares se les permite poner un logotipo de empresa que no sea más grande de 5 x 7 cm en la manga de las camisetas (sin el exceso publicitario del tipo «NASCAR el equipamiento del conductor de carreras»), como medio de recompensar a los negocios o industrias locales por su apoyo financiero.

Con los gastos deportivos en aumento cada año, tú y tus *Clubes de seguidores activos* o aficionados tenéis que llevar a cabo una rigurosa exploración a fondo de los patrocinios de empresas en la comunidad. No es probable que os permitan llevar el nombre de «Equipo de fútbol de instituto Funeraria Davis» para satisfacer a un patrocinador (¡pero te sorprenderá lo que puedes hacer con un determinado esfuerzo para asegurar patrocinios!). Sabemos de un entrenador que, cuando necesitaba un campo para su equipo universitario, persuadió a un constructor local para donar los materiales, equipo y mano de obra para construirlo, y sin ningún coste para la escuela, prometiendo poner al campo el nombre del constructor y de su esposa. Puede que no tengas tanta suerte (pero, de nuevo, podrías tenerla). Nunca se sabe hasta que no se pregunta.

Ganar el apoyo del personal médico

La mayoría de institutos solicitan la asistencia de un médico local para realizar los exámenes físicos y también asistir a los partidos de casa. Si tu equipo ya está cubierto en este aspecto, tanto mejor; si no, pregunta a los padres, *Club de seguidores activos* y aficionados qué médicos locales son ex jugadores de fútbol, si hay alguno, claro está. Así lo hicimos, y nos funcionó de maravilla.

Virtualmente todos los ex atletas retienen cierto afecto por su deporte que dura más allá de cuando lo practican; posiblemente debido a que el fútbol ha sido durante tanto tiempo considerado como una presencia extraterrestre en Estados Unidos por las masas de aficionados de deportes que siguen el fútbol americano, el baloncesto y el béisbol con casi fervor religioso, los ex jugadores de fútbol tienden a preocuparse mucho sobre el futuro de su deporte y ansían promocionar su progreso. Nuestro médico del equipo, un fisioterapeuta y ex jugador de fútbol que todavía está apasionado y entregado a este deporte, ha asistido a todos nuestros partidos en casa y en los campos visitantes durante los pasados 12 años; él y su personal ofrecen un tratamiento de rehabilitación gratuito para los jugadores lesionados a lo largo del campeonato. Nuestro quiropráctico, otro ex jugador, ofrece sus servicios de forma gratuita a nuestros jugadores a lo largo de todo el año porque respeta nuestro compromiso con el deporte que adora. Nuestro médico es el padre de uno de nuestros jugadores universitarios.

Buscar cobertura informativa

No importa el éxito que haya conseguido tu programa, porque nunca podrás superar la necesidad de cobertura de los medios de comunicación de manera continuada. La mejor forma de atraer la atención de los medios informativos locales es ganar tantos partidos que no puedan pasar por alto a tu equipo; por desgracia, esto sólo es posible cuando el equipo es capaz de ganar constantemente. Sin embargo, hay otras maneras de cultivar una cobertura de los medios positiva mientras estás formando a tu equipo y programa. Una forma es entender las necesidades de los diferentes medios y ponerte a su disposición *cuando ellos te necesiten*. Los articulistas y reporteros de deportes trabajan en apretadas fechas límite; puedes mejorará tu posición con ellos intentando facilitarles el trabajo al máximo (p. ej.: llegando puntual a las entrevistas y garantizándoles el acceso a los entrenamientos y a tus jugadores; ofreciéndoles resúmenes de los partidos, hojas explicativas y perfiles actualizados de los jugadores para que los utilicen o los guarden en sus archivos, y comunicándoles los inmediatos partidos y los acontecimientos y estupendas actividades nuevas del equipo). Puedes invitar a los medios a asistir a las barbacoas de pretemporada o incluso en plena temporada y a las comidas de entrega de premios de fin de temporada; o, todavía mejor, invítalos a hablar en tus banquetes. Puedes proponer un premio anual, el «Trofeo de los periodistas de fútbol» para los articulistas de deportes o reporteros que lo merezcan. Y si tu cobertura local es menos extensa de lo que crees que debería ser, puedes y deberías hacer una continua y positiva campaña para aumentarla sin recurrir a la queja constante o a los arrebatos. A los representantes mediáticos no les gustan los llorones más que a los colegiados.

En algunos casos, puede que no haya ninguna cobertura de fútbol que realizar en los medios locales; si ése es el caso, puedes hacer tú mismo la labor escribiendo tus propios artículos para el periódico local o preparando cintas o vídeos para la radio o la televisión locales. Este sistema, aunque lleva su tiempo, tiene la ventaja añadida de presentar siempre a tu equipo en su mejor perfil. Si no tienes tiempo o las habilidades técnicas para hacer estas tareas tú mismo, puedes buscar a miembros de la facultad o estudiantes para que te ayuden si lo haces, asegúrate de reconocer y premiar su trabajo para ti y el equipo en el banquete de entrega de premios.)

Al tener en cuenta la cobertura informativa, recuerda que el periódico de tu escuela puede ser una útil herramienta de captación, ya que lo leen las mismas personas que estás intentando captar para tus equipos universitarios. Sabemos de un entrenador de hace unos años que, debido a que su instituto no tenía periódico, creó uno él mismo y sirvió como consejero universitario para asegurarse de que su programa de fútbol recibiese cobertura durante todo el curso escolar.

Si todas las tareas y responsabilidades en esta sección parecen de algún modo desalentadoras o abrumadoras, es porque elaborar un programa de fútbol con éxito es una tarea que ocupa los 365 días del año.

Conseguirás de los entrenamientos exactamente lo mismo que hayas aportado en ellos (ni más, ni menos). La cantidad de trabajo que tienes que hacer por tu cuenta es probable que al principio sea prodigiosa, pero disminuirá a medida que el programa crezca y cada vez más gente desee involucrarse en él.

El único factor que con más claridad separa a los entrenadores que al final tendrán éxito de los que quedarán en la cuneta es el deseo de asumir tantas tareas esenciales y responsabilidades como sea necesario para promover el crecimiento del programa. En este punto, sugerimos que vuelvas atrás y leas otra vez la parte introductoria sobre los programas con éxito, que ahora ya debería tener un nuevo significado para ti en términos de cómo enfocas el entrenamiento y qué esperas conseguir. Luego continúa leyendo el resto de este capítulo para averiguar qué cualidades personales y profesionales serán más útiles en tu intento de convertirte, no necesariamente en el mejor entrenador de la historia, pero sí en el mejor entrenador que puedas ser. Eso es, después de todo, lo que significa entrenar con éxito.

DIEZ CUALIDADES QUE NECESITAS PARA SER UN ENTRENADOR CON ÉXITO

1. Dotes de liderazgo

El liderazgo comienza con una encantadora y simple proposición, o bien un programa (o un equipo dentro de un programa) mejorará poco a poco, o bien se estancará e irá a la deriva. El camino que tome estará determinado por la cantidad y calidad de iniciativa que el equipo o el programa reciba de la persona responsable de su progreso.

Siempre es agradable tener un liderazgo de equipo eficaz de jugadores que desean aportar una influencia positiva sobre sus compañeros; sin embargo, dejando de lado si tales jugadores pueden encontrarse en el equipo, también es importante para todos los implicados que entiendan que *el liderazgo empieza por el entrenador*.

El liderazgo se consigue y mantiene mediante una combinación de *comunicación y motivación*. Cambiando el orden, la motivación consiste en encontrar formas de persuadir a los jóvenes deportistas para que hagan con lo mejor de sus facultades esas cosas que necesitan hacer, y la comunicación consiste en encontrar formas de asegurar que tus jugadores entiendan lo que quieres que sepan o hagan. Por ahora, destacaremos que, como hablar en público, la facultad de comunicar y motivar, entre otras, es un rasgo aprendido, no se trata de un talento otorgado por Dios.

No hay nada de malo en cometer errores mientras intentas comunicar y motivar; los problemas serios surgen sólo si asumes que la continua motivación y la comunicación no son necesarias.

2. Entrenar de forma organizada

Entrenar es, en un sentido muy real, un problema difícil de solucionar. Tienes que ser organizado para identificar las áreas problemáticas con precisión, y también tienes que ser organizado para solucionarlas. Dos claves para resolver los problemas son, por consiguiente, dedicar tiempo para estudiarlas con objetividad y apuntar todo lo que sea importante para no olvidarlo.

Considera lo siguiente: si pasas tu tiempo libre pensando en los problemas de entrenamiento y cómo solucionarlos, y nosotros pasamos el nuestro jugando al golf o al tenis, ¿cuál de nosotros es más probable que solucione los problemas?

O considera: si te ocupas de preparar programas de entrenamiento, subrayando precisamente lo que esperas conseguir, y nosotros improvisamos y hacemos lo primero que se nos pasa por la cabeza de forma espontánea o formamos melés durante toda la sesión de entrenamiento porque «no estamos organizados», ¿cuál de nosotros es más probable que solucione los problemas y enseñe a los jugadores lo que necesitan saber?

La organización es una forma de motivación, da una estructura y sentido a los entrenamientos diarios y sirve de recordatorio constante para los jugadores de que lo que están haciendo es parte de un plan diseñado para hacer que tu equipo y tu programa tengan éxito.

3. La capacidad y el deseo de enseñar

A menos que estés lo bastante loco como para asumir que los jugadores aprenderán a controlar el balón, a regatear, a pasarlo, a recibirlo, a disparar y las técnicas de defensa por su cuenta sin que nadie les enseñe nada, tendrás que aplicarte con rigor a la tarea de enseñar técnicas y corregir errores.

Dejando de lado la edad o el nivel de experiencia que estés entrenando, deberías trabajar bajo los dos principios gemelos que dicen que *la necesidad de aprender es universal y constante*, y que *cuando dejas de aprender, dejas de mejorar*. Por supuesto, lo mismo se aplica a enseñar.

El capítulo 5 ofrece una breve visión de ciertos principios de la enseñanza eficaz, y presenta gran cantidad de consejos y progresiones para enseñar las técnicas básicas del fútbol.

4. Una comprensión del juego y de cómo se juega

No tienes que ser la mayor autoridad del fútbol mundial para entrenar con eficacia, pero tienes que desarrollar una filosofía básica y consistente sobre cómo debería jugarse. Y sin duda es cierto que *cuanto más sabes sobre el juego, sus reglas, sus técnicas básicas, sistemas de juego y estrategias, mejor entrenador es probable que seas*. El capítulo 4 subraya los fundamentos del juego, sus reglas y procedimientos, y los capítulos 7 y 8 investigan los diversos sistemas de juego y estrategias asociados al fútbol.

5. Tener la mente abierta

Hay dos formas de enfocar la tarea de organizar el ataque y la defensa de tu equipo. Una forma es elegir un estilo de juego y hacer que los jugadores lo asimilen; la otra es elegir un estilo de juego que se adapte a los jugadores. La diferencia entre los dos enfoques es más grande de lo que pueda parecer a primera instancia.

La primera, hacer que los jugadores asimilen un determinado estilo de juego, es más probable que dé resultado cuando los jugadores tienen una gran técnica, experiencia y sean lo bastante versátiles para que funcione, o cuando has estado en la escuela el tiempo suficiente como para desarrollar un programa de cantera en el que los jugadores de niveles inferiores ya entienden el sistema cuando llegan al nivel universitario. Es menos probable que dé resultado cuando es el único estilo de juego que entiende el entrenador, ya que el sistema puede fracasar al no tener en cuenta las debilidades individuales o colectivas, las cuales impedirán su efectividad.

El último enfoque para organizar el ataque y la defensa del equipo (adaptando un estilo de juego a los jugadores y su técnica) es especialmente importante con equipos y jugadores con habilidades o experiencia limitadas. Por mucho que lo intentes, no conseguirás adaptar un zapato del 43 en un pie que necesita un 38; hacer que jugadores con pocas condiciones técnicas dominen un complicado sistema de juego que excede sus habilidades es igualmente inútil.

La *mente abierta* se refiere al deseo de aprender del entrenador (o del jugador). En el caso del entrenador, eso puede significar, entre otras cosas, aprender sobre nuevos o diferentes estilos de juego y sistemas para asegurar la compatibilidad entre los jugadores y estilos de juego, o encontrar nuevos ejercicios para desafiar a los jugadores y evitar que los entrenamientos queden obsoletos. Como más de un entrenador ha apuntado, aprendes cuando te das cuenta de que lo que has aprendido sirve para algo.

6. El amor por el juego y el entrenamiento

El escritor James M. Barrie tenía una espléndida noción que se puede aplicar bien al entrenamiento: «No es trabajo a menos que prefieras hacer cualquier otra cosa». Buscar la mejora en tu entrenamiento es imprescindible si quieres tener éxito; pero formar un equipo o programa desde la base, o darle la vuelta a un programa fracasado, es un reto que pedirá la máxima dedicación posible si esperas sobrevivir a la experiencia de seguir luchando otro día. Lo sabemos; hemos pasado por eso. Mientras que la experiencia era incalculable en términos de lo que aprendimos llevando equipos, también era increíblemente exigente y frustrante. Sin un profundo y arraigado amor por este deporte y el entrenamiento, es improbable que un entrenador sobreviva más de un par de años después de que descubra que la carretera hacia la gloria es en realidad una montaña que escalar.

7. Determinación

Lo hemos dicho antes, y lo volvemos a repetir: *estamos encantados de que entrenar no sea fácil*; si lo fuese, la pereza sería una virtud y sería imposible llegar al nivel o superar a otros equipos o programas trabajando más que ellos.

No somos genios (nada más lejos de la realidad). Elaborar un programa de fútbol desde el principio nos llevó cinco largos años antes de tener nuestra primera etapa ganadora. En cualquier momento durante ese período habría sido muy fácil tirar la toalla y admitir que no podíamos cumplir con la tarea de elaborar un programa ganador en la escuela. No es divertido ser un caramelo para los equipos contra los que juegas.

Ahora, sin embargo, habiendo acabado segundos en el Estado en 2 años de competición y habiendo quedado hasta séptimos de la nación según el *USA Today* en el proceso, vemos a entrenadores de nuestra región crear nuevos programas propios; habiendo pasado nosotros por lo mismo y conociendo las dificultades que debe afrontar, nos preguntamos: ¿tendrán la determinación de soportarlas a lo largo del proceso de formación? O, como esos entrenadores que entran en la profesión esperando caminos de rosas en lugar de jardines rocosos, ¿desaparecerán del escenario por la puerta de atrás?

Creemos que la determinación en última instancia deriva del miedo al fracaso. Y puesto que no eres un fracasado hasta que admites que lo eres, sucede que la diferencia entre los entrenadores con éxito y los fracasados radica en el rechazo absoluto de los primeros en aceptar las derrotas u obstáculos como algo definitivo, porque sólo los consideran frenos temporales en la carrera hacia el éxito.

No podemos darte determinación (esa virtud es innata), pero podemos decirte que, si estás determinado a tener éxito como entrenador sin importarte el precio que deberás pagar, tendrás éxito.

8. Paciencia

El invitado al programa de TV Monty Hall una vez dijo que necesitó 20 años para convertirse en un éxito de la noche a la mañana. Sabemos lo que quería decir. En los últimos meses, un número de jóvenes entrenadores nos ha pedido cómo elaboramos nuestro programa; era la misma pregunta que nosotros hicimos a los entrenadores veteranos con éxito de nuestra zona cuando empezábamos. Y la respuesta ha sido la misma que recibimos entonces: «De la misma manera que lo haréis vosotros. Con calma. Con paciencia».

No nos malinterpretes; paciencia no significa aceptar una situación como desesperada o irreversible; tan sólo se refiere a aceptar que tú y la gente de alrededor lo estáis haciendo lo mejor que podéis en determinadas circunstancias, si éste es de hecho el caso.

La paciencia es especialmente importante al enseñar técnicas. Los jugadores inexpertos normalmente se asustan la primera vez que les enseñamos la cinta de control del balón de Franz von Balkom (véase Apéndice A), porque nunca antes han sospechado que el fútbol implicase esos complejos e intrincados juegos de piernas. Se muestran muy escépticos cuando les decimos «Eso es lo que váis a aprender a hacer», y hasta más tarde, en el terreno de juego, no les decimos que no esperamos que lo aprendan todo a la vez. «Aquí tenéis lo que váis a aprender hoy», les decimos, y empezamos a trabajar con un sencillo juego de piernas, dividiéndolo en partes, para concentrar el ejercicio y todo el entrenamiento en aspectos concretos.

La paciencia es una virtud; sin embargo, la impaciencia no es siempre indeseable. Tenemos poca o ninguna paciencia con los jugadores que no quieren *escuchar*, *aprender* o *entrenar* las técnicas que deben dominar para convertirse en buenos futbolistas. Y no tenemos ninguna paciencia en absoluto con los jugadores que con frecuencia se pierden entrenamientos o llegan tarde a ellos, olvidan sus uniformes o equipamiento, violan las reglas del equipo, esperan un trato especial por encima y más allá del concedido a sus compañeros, o son desleales a sus entrenadores o compañeros de equipo. La vida es demasiado corta y nuestro tiempo de entrenamiento demasiado valioso para ser malgastado en jugadores a quienes no les interesa lo que el equipo intenta conseguir.

9. Sentido de la «diversión»

La primera vez que el entrenador se dirige a su equipo universitario de chicos raramente varían sus palabras: «No sé si lo sabéis o no», les dice, «pero estoy totalmente loco de remate. Y si vosotros no lo estáis, no tenéis nada que hacer en este equipo, porque aquí estamos todos locos». Los jugadores nuevos y más jóvenes miran intranquilos alrededor del vestuario a sus compañeros, algunos de los cuales asienten en señal de aprobación, y se preguntan: *¿Dónde me he metido?*

«Exactamente, vosotros también estáis locos», continúa el entrenador. «Se necesita estar loco para tener ganas de pasar dos horas y media cada día, llueva o haga sol, haciendo maratones arriba y abajo en un campo de fútbol y sudando como un cerdo cuando podríais estar haciendo hamburguesas en el Hamburger Heaven para pagar el gas, el seguro y las letras mensuales de un coche para impresionar a vuestra chica». (Risas. Es un viejo y familiar verso de los veteranos, pero siempre arranca una carcajada.)

«De acuerdo, estamos locos», dice, «pero esto no significa que también seamos desgraciados. Este año vamos a trabajar tanto que vuestras glándulas del sudor van a secarse (bueno, quizá no tanto), pero ésa es la clase de esfuerzo que nos llevará ser el modelo de equipo que sabemos que podemos ser. Pero quiero que entendáis que, si alguna vez llegamos a aburrirnos o a odiar venir a los entrenamientos, también es culpa vuestra, no sólo mía.

«Voy a intentar por todos los medios que nuestros ejercicios y entrenamientos sean divertidos en lo posible, pero para conseguirlo necesito que me digáis cuándo estoy fracasando y si caemos en la rutina. Mi puerta siempre está abierta, y siempre estoy dispuesto a escuchar si vosotros lo estáis para decirme cómo podemos mejorar. De vez en cuando puedo preguntaros cómo os gustan ciertos ejercicios o si creéis que son eficaces; si os preocupa el equipo, me daréis una respuesta honesta. Pero no me insultéis; ¡ya me han insultado los expertos!»

El entrenador reparte helados entre los jugadores y los asistentes del equipo. «Iba a traer los pasteles de chocolate que mi hija ha cocido esta mañana», dice para acabar, «pero se le ha caído uno al suelo y ha roto la baldosa». (La historia cambia de un año a otro; el último año les dijo que él mismo hacía pasteles, pero que le había dado uno al perro y se había «hinchado como un pez globo».)

Ahora, dinos: si fueses un jugador de ese equipo, ¿qué clase de expectativas podrías aportar para la sesión de mañana? El entrenador es, de hecho, un profesor de fútbol con un talento increíble, cuyos pupilos siempre son básicamente fabulosos. Él piensa en resumen que la mejor manera de mantener a sus jugadores alerta y concentrados en los entrenamientos es cambiando en ocasiones la rutina, de forma que deja que los jugadores se pregunten cómo será el siguiente entrenamiento y tengan ganas de volver al día siguiente. Entonces, hazte la pregunta: ¿valdría la pena añadir de vez en cuando una pequeña dosis de sorpresa a mis sesiones, en algún momento entre el calentamiento y la ducha?

No queremos decir que los entrenamientos tengan que estar llenos de bufonadas o estupideces (nada más lejos de la realidad). No es necesario llevar al entrenamiento un esmoquin o unas aletas y un equipo de submarinismo para atraer la atención de los jugadores (pero en ocasiones es necesario encontrar formas de atraer su atención sin gritarles). Es tan fácil caer en la rutina de hacer las mismas cosas una y otra vez (después de todo, aprender a menudo es el resultado de la repetición de un movimiento o juegos de piernas hasta que se convierten en habituales), que los jugadores siempre agradecen un cambio en la rutina habitual. Los nuevos ejercicios pueden ser divertidos, pero también los ejercicios competitivos, los partidos de entrenamiento y una actividad ocasional como jugar a «matar», un rondo o el fútbol-golf.

10. Un apoyo familiar, del cónyuge, o una relación afectiva importante

No es tanto una cualidad para entrenar como una absoluta necesidad si estás casado o comprometido emocionalmente con otra persona. Así que hablemos de cómo es probable que emplees tu tiempo una semana normal durante la temporada.

Unas 42 horas y media por semana (o posiblemente más, y sin duda no menos) estarán dedicadas a tus responsabilidades como profesor. Asumiendo que juegas dos partidos por semana, uno como visitante y otro en casa, puedes anotar, digamos, otras 9-11 horas de responsabilidades relacionadas con el equipo en esos días. Las sesiones en los otros tres días añadirán otras 10 horas y media, preparar el planteamiento del partido y el programa de entrenamiento puede subir a 3-5 horas, y las diversas responsabilidades, como el mantenimiento del campo y comprobar los preparativos para los partidos de casa y de fuera, puede llevar tranquilamente 3-5 horas o más por semana. Suma 3 horas los sábados para los clínicos para entrenadores y árbitros, 6 horas a la semana trabajando con tus equipos de club locales o arbitrando otros partidos y 4 horas buscando un futuro rival tu noche «libre», y habrás dedicado un total de unas 81 a 87 horas esa semana a tus responsabilidades profesionales. Y si eres la clase de persona que de vez en cuando necesita dormir, puedes sumar otras 42-48 horas en las cuales podrás roncar sin parar.

De las 168 horas de la semana, es probable que dediques hasta 135 de ellas a actividades que no implican a la familia o a los seres más queridos.

Esto no te deja mucho tiempo para estar con ellos o disfrutar de ellos (en total, un día de cada siete). La mujer de un entrenador dijo que confiaba en que, si moría el día siguiente, su marido encontraría la forma de conservarla hasta que terminase la temporada y tuviese tiempo de darle un bonito funeral.

Resulta aún más difícil cuando añades a los hijos en la ecuación. Crecen tan deprisa que, en retrospectiva, parecen pasar de recién nacidos a pequeñitos, de pequeñitos a adolescentes y de adolescentes a padres jóvenes con hijos en un abrir y cerrar de ojos. Todo entrenador que entre en el oficio afrontará la decisión sobre sus prioridades (la responsabilidad profesional o la personal); la que elijas es cosa tuya, y no hay una decisión «acertada» o «equivocada» para proceder, excepto, tal como hemos apuntado, en retrospectiva (y en la necesidad de que tus seres queridos sean capaces de adaptarse a tu ausencia constante al tratar de alcanzar objetivos profesionales).

Diremos esto y dejaremos el tema: una familia, cónyuge o ser querido es tan maravilloso (y raro) como un diamante pulido, y así debe considerarse. Si tienes la suerte de poseer tales joyas (como nosotros en nuestros en total 36 años de entrenadores), esperamos que sepas reconocerlo, y considera vuestros ratos juntos, aunque fugaces, como momentos para disfrutarlos y no simplemente como momentos azarosos en las móviles manos del tiempo.

Capítulo 2

SOBREVIVIR
AL PRIMER AÑO

Haz lo mejor que puedas con lo que tienes donde estés.

–Teddy Roosevelt

Cuanto más difícil es la victoria, mayor es la felicidad al ganar.

–Pelé

Si acabas de empezar a entrenar, te deseamos muchos años de éxitos y campeonatos, temporadas sin derrotas y honores como Entrenador del año. Sin embargo, también te deseamos una temporada, no más (y temprano, al principio de tu carrera), en la cual nada parezca ir bien excepto tus jugadores cuando no tocan el balón. Decimos esto con humor, pero sobrevivir a los desafíos de una temporada como perdedores, puede dar mucha fuerza para aprender lo que necesitas saber sobre el entrenamiento. Pero no pasa de aquí; las lecciones que derivan de las derrotas pueden aprenderse en una sola temporada.

Una lección para aprender de la derrota es la humildad. Es agradable, por supuesto, entrar en una habitual situación en la que los jugadores ya poseen técnicas futbolísticas dignas de clones de Ronaldo y tu tarea más difícil es distribuir el tiempo de juego equitativamente entre tus muchos candidatos al *all-star*. La tentación siempre existe, sin embargo, de pasar por alto el hecho de que esos jugadores son el producto del trabajo de alguien, no del tuyo. Además de esto, si empiezas ganando a lo grande, no sabrás hasta más tarde dónde residen tus debilidades como entrenador, y tu crecimiento profesional puede estancarse hasta que los actuales jugadores se gradúen. Hasta que no hayas pasado por la experiencia de intentar extraer lingotes de oro a partir de pepitas, puedes no sentirte inclinado a someterte a ti mismo y al equipo a la clase de intenso escrutinio que exige dar la vuelta a una temporada sin victorias o a un programa sin éxito.

Aquí es por donde empezaremos; asumiendo que o bien estás elaborando un programa desde la base, o has heredado un programa con el cual les ha ido mal a los recientes equipos en el sentido de que han ganado bastante a menudo como para haber fomentado una actitud ganadora.

SABER GANAR Y PERDER

Que los partidos de fútbol se juegan para ser ganados es indiscutible; si fuese lo contrario, no tendríamos marcadores. No obstante, la irónica afirmación de algunos críticos de que los deportes de equipo son malos para los niños porque para que haya un ganador tiene que haber un perdedor no se puede entender, a menos que asumas (como ellos hacen) que el marcador final es lo único que importa. Siempre hemos preferido el argumento de Ben Sweetland de que «el éxito es un viaje, no un destino». Hemos dirigido muchos partidos a lo largo de los años (y tú también, si eres un entrenador veterano) que hemos ganado pero nos ha parecido lo contrario porque hemos jugado mal contra un rival inferior. También ha habido muchos otros partidos que hemos perdido en el marcador pero ganado en nuestros corazones, porque hemos jugado bien contra un rival superior. Es una cuestión de actitud y expectativas.

Por desgracia, existe una correlación directa entre ganar con regularidad y fomentar o mantener una actitud ganadora. (Definimos «actitud ganadora» como el *deseo de dar al cien por cien físicamente y mentalmente tanto tiempo como sea necesario en los partidos y en los entrenamientos, con el fin de cumplir con los objetivos del equipo.)* A menos que su mentalidad vaya dirigida hacia otros objetivos, los jugadores que pierden constantemente al final tienden a considerar la derrota como un resultado inevitable más que como un escalón hacia el éxito futuro.

Todo equipo y todo jugador quieren ganar todos los partidos, por supuesto; pero no todos los equipos y jugadores están comprometidos por igual para hacer lo que hace falta para ganar. Cuando los jugadores adoptan una actitud perdedora, sólo darán el cien por cien en determinado partido si creen que tienen opciones de ganar. Cuando deciden que un partido está perdido, puedes apostar la casa y el coche a que tienen razón porque, desde ese momento, no juegan para ganar, ni siquiera para competir, sino tan sólo para terminar el partido. Y la peor parte del tema es que *esa no es su decisión, sino la tuya.* La única decisión que tus jugadores tienen derecho a tomar es ponerse el equipo y salir al campo; más allá de esto, es cosa tuya (no suya) decidir cómo se jugará el partido, tanto a escala individual como de equipo. Aceptar este hecho e intentar jugar según tus expectativas dejando de banda el marcador, el tiempo que queda u otras circunstancias, es hablar de «actitud ganadora».

La salida de la espiral descendente de las expectativas de fracaso, que conduce al mínimo esfuerzo para triunfar, es provocar un cambio de actitud a todos los que estén implicados. Como cualquier psicólogo o psiquiatra te dirá, el cambio de actitud no es nada más que sustituir una serie de objetivos y valores por otros (en este caso, cambiando sus objetivos negativos y valores por los tuyos positivos).

Cambiar actitudes

Hablando en general, los políticos son elegidos para dirigir porque prometen a los votantes algo mejor de lo que tienen. Si cumplen con sus promesas, es otra historia; lo que nos concierne es el proceso implicado: comunicación.

Todo buen político (y también todo buen entrenador) es en el fondo un vendedor; en nuestro caso, estamos vendiendo las virtudes del trabajo duro, la dedicación y el sacrificio como pasos meritorios y necesarios hacia la consecución de algo que al final será de gran valor para todo el mundo involucrado.

Estamos vendiendo una visión del logro personal y de equipo, y un plan para lograr esa visión en algún lugar del trayecto. Puesto que no puedes vender cosas a gente que no escucha tu oferta de venta, es de sentido común que tu primer y más importante objetivo al comunicar tu sueño y tu plan sea encontrar gente que pueda creer lo que les cuentas.

No es que los jugadores que tienen actitudes negativas no quieran creerte cuando les describes tus planes a largo plazo, en términos atractivos y muy positivos; es, más bien, que, habiendo crecido acostumbrados a perder (y habiendo descubierto que su efecto en sus vidas no es fatal ni totalmente inaceptable para ellos) quizá no desean aceptar el resto de tu plan (p. ej.: la parte que trata sobre el trabajo duro que deberán realizar, y al cual no están acostumbrados).

A largo plazo, nada genera actitudes ganadoras con tanta eficacia como ganar constantemente. En una situación perdedora, las actitudes mejorarán gradualmente mientras trabajes con el programa de cantera para subir a jugadores que posean la técnica (y el deseo) de destacar y ganar en consecuencia en niveles competitivos progresivamente más altos. Pero, ¿qué pasa con el equipo de este año? ¿Qué puedes hacer, en caso de que puedas hacer algo, si la ética de trabajo y el compromiso para mejorar y ganar no están muy desarrollados en tus jugadores? Bien, si sólo dispones de limones, haz limonada. Hemos identificado un proceso de cuatro pasos para dar la vuelta a las actitudes perdedoras: rodearte de gente que crea, enseñar a los jugadores cómo ganar, crear objetivos a corto plazo y ampliar las zonas de comodidad de los jugadores.

1. Rodearte de jugadores tenaces

El tema de la «supervivencia» de este libro empieza justo aquí, con tu herencia de un equipo de deportistas sin demasiada técnica y mentalmente indisciplinados, que probablemente creen estar entrenando duro en los entrenamientos como si éstos fueran equiparables a la dureza de los campeonatos estatales de este año. Se equivocan, claro está, y lo descubrirán la primera vez que les pongas a prueba con un riguroso entrenamiento habitual en los equipos de máximo nivel. Algunos jugadores quizás abandonen, y los que se queden lo harán con su negatividad básica intacta. Serán los que se quejan, los marrulleros, los perezosos, los que siempre protestan y los descontentos los que te harán la vida más insoportable ese primer año que cualquier derrota. Nunca conseguirás su confianza, porque eres la persona ideal sobre quien cargar sus defectos. Por eso los entrenadores dicen, «tú evalúas tus problemas» y «se tarda de 3 a 5 años en darle la vuelta a un programa». Después de todo, no puedes expulsar a los jugadores del equipo porque no te gustan, por mucho que quieras hacerlo.

Puedes esperar que el primer año el resto del equipo comprenda un pequeño pero sólido grupo de jugadores con empeño que compartan tu visión y acepten tu plan para llevarla a cabo. Es alrededor de estos jugadores que construirás el equipo, de la misma forma que Jesús construyó Su iglesia alrededor de sólo 12 creyentes (los 12 apóstoles). A veces, incluso las armadas más pequeñas pueden cambiar el mundo. La lealtad de esos jugadores hacia ti y el compromiso por los objetivos que establezcas para el equipo valdrán su peso en oro para ti el primer año.

Si su trabajo duro, apoyo y fe en tu persona significan algo para ti, díselo al menos una vez al día. De la misma manera que tus manzanas podridas extenderán su mal entre sus amigos a costa de tu naturaleza malvada y cruel, los jugadores que crean en ti harán un trabajo mucho mejor comentando a sus compañeros tus buenas cualidades, mejor de lo que harías tú mismo.

En caso de fuerza mayor, ante la disyuntiva de elegir entre los buenos deportistas con malas actitudes y los mediocres con buenas actitudes, nos quedaremos siempre con los últimos. Llamamos a los chicos con actitudes positivas y buena ética del trabajo *emprendedores*: son los últimos que te decepcionarán.

2. Enseñar a tus jugadores cómo ganar

¡¡¿¿¿Qué??!!! ¿Decís que hay jugadores que no saben ganar? Estáis de broma, ¿verdad? Bueno... pues no lo estamos. En un programa perdedor, los jugadores, como cualquiera, entienden que el equipo ganador es el que supera al equipo rival. También entienden que alguien tiene que mejorar y jugar para ganar o, al menos, para no perder. Lo que no entienden es el nivel de esfuerzo físico y mental necesario para hacer que ganar sea posible, y no quieren correr los riesgos que conducen a la derrota o a la victoria. Tales jugadores no entienden conceptos como «arriba el partido» o «pasar al siguiente nivel»; tienden a jugar a un nivel o ritmo confortable sin tener en cuenta la situación, y en última instancia confían en que el rival también juegue a ese nivel[1].

Hay tres fases en la transformación de un equipo que pierde con contundencia y otro que gana también sin paliativos. Cada fase sigue a la previa de manera tan predecible que es muy improbable que un equipo progrese con rapidez de la fase 1 a la 3. La primera fase es *encontrar maneras de evitar desaparecer de los partidos;* la segunda fase es *encontrar formas de ganar los partidos ajustados,* y la tercera es *ganar los partidos con consistencia y convenciendo.* El camino más fácil para cada fase es evitar hablar de ganar, y centrarse en la calidad de los jugadores y en la actuación del equipo.

Es axiomático en todo entrenamiento que, *antes de que puedas ganar un partido, no tienes que haberlo perdido.* En una situación gravemente negativa, puedes en sentido figurado encontrar que tus jugadores levantan banderas blancas de rendición mientras suena el himno nacional. En tal caso, tu tarea como entrenador es diseñar una táctica de partido para empatar con tácticas conservadoras[2]; la misión de tus jugadores es jugar lo bastante bien como para darle a tu táctica una oportunidad de ganar, no necesariamente partidos, sino al menos dando pruebas de que el equipo mejora y avanza para ser la clase de equipo que a todos les gustaría ser.

Cuando los jugadores entran en la fase donde la mayoría de partidos están igualados, tienen que aprender cómo ganarlos. Ello implica no sólo jugar fuerte, sino también ser capaz de soportar la presión en situaciones cruciales con mucha concentración. Debido a que es difícil para los jugadores inexpertos dividir su concentración entre el balón, el rival que les está marcando, sus compañeros de equipo y sus relativas posiciones en el terreno de juego en el mismo

---

1. También los entrenadores pueden ser víctimas de esta mentalidad si se limitan a sentarse deseando tener buenos jugadores y ser mejores entrenadores. Desear está bien pero, al igual que quejarse, no soluciona nada. Como nos dijo un entrenador, «mi padre tiene la culpa de que yo no sea rico. Tenía demasiada pereza para salir a ganar un millón de dólares, y no los pude heredar».
2. Véase la sección titulada «Prioridades del sistema», en el capítulo 7.

momento, esta fase representa un mayor, pero formidable y (normalmente) agonizante, lento paso hacia arriba en la escalera competitiva.

Cuando un equipo alcanza la tercera fase (ganando la mayoría de partidos ajustados y dirigiendo sus propios errores el resto del tiempo), buena parte de los aspectos prácticos del entrenamiento están solucionados y puedes dedicar la mayor parte del tiempo a pulir errores. Esta fase, entonces, es tu recompensa por todo el duro trabajo que has realizado para cambiar las cosas. No tienes que enseñar a los jugadores cómo ganar, porque ya entienden el nivel de esfuerzo que separa a los ganadores consistentes del resto del grupo. Tu mayor problema en este punto es probable que sea el exceso de confianza, o que los jugadores olviden que ellos son los responsables de la victoria y no los rivales responsables de su derrota.

El exceso de confianza explica cómo los equipos inferiores en ocasiones son capaces de sacar mejores resultados contra gigantes dormidos. No deberías tener demasiados problemas a este respecto si te centras en las responsabilidades de los jugadores, y la calidad e intensidad de sus actuaciones, más que simplemente hablando de ganar.

3. Perseguir objetivos realizables a corto plazo

Así, en resumidas cuentas, es como los entrenadores convierten actitudes negativas en positivas. Primero, vendes a los jugadores los méritos de tu sueño, y les dices en qué medida jugar en el equipo enriquecerá sus vidas. Segundo, los pones en forma y les enseñas a jugar tal como a ti te gustaría. Tercero, debido a que tus métodos y planificación se basan en unos buenos principios de entrenamiento, el equipo acaba ganando algunos partidos que anteriores equipos habrían perdido. Y cuarto, habiendo descubierto que ganar es tanto una posibilidad viable como un hecho mucho más divertido que perder, los jugadores se aplican con fuerza a la labor de prepararse para ganar; en consecuencia, se ven ganando cada vez con más frecuencia y minimizando las derrotas que antes habrían sido devastadoras para la moral del equipo.

Sólo hay una cosa mala en este panorama (la palabra *finalmente*). Estas palabras que se leen tan bien sobre el papel no llegarán demasiado lejos si el equipo pierde los primeros cuatro partidos y los jugadores empiezan a murmurar entre ellos cosas como: «Dijo que este año las cosas serían distintas, pero no es verdad. Seguimos perdiendo». «Papá tiene razón; el entrenador no sabe ni lo que dice. ¡Este equipo no hará nunca nada!» «¡Oye, no es culpa mía; yo hago mi trabajo!»

Así que vamos a echar una rápida ojeada al futuro del equipo y reciente pasado con nuestra bola de cristal a mano.

Esta vez, parece ser, tenemos suerte: la bola de cristal nos dice que, dentro de 5 años, nuestro equipo no estará en el campeonato regional. También nos dice que el equipo de este año perderá sus primeros cuatro partidos. Y luego, mirando rápidamente hacia atrás en el tiempo, vemos que el equipo que hemos heredado sólo ha ganado cinco de sus últimos 42 partidos, incluida una victoria la pasada temporada.

Bajo estas malas condiciones, no precisamos perder el tiempo preguntándonos cómo nuestro equipo mejorará tan deprisa como para disputar los *play-off* de la región en sólo 5 años; después de todo, las bolas de cristal no mienten. En este momento, nuestra preocupación más inmediata es cómo mantener el equipo unido cuando todo parece desmoronarse.

De pequeños nos gustaba buscar objetos escondidos en los libros de actividades. La solución para tratar las derrotas constantes mientras intentamos transformar las actitudes negativas en positivas durante ese difícil primer año es, como con esas búsquedas de objetos perdidos, sorprendentemente sencilla una vez sabes dónde mirar: consiste en *no permitir que ganar o perder sea el criterio por el cual el estado o progreso del equipo es juzgado.* Concéntrate por el contrario en áreas de mejora individual y del equipo.

Sí, los escépticos pueden pensar, esto suena bonito pero no funciona así. A la hora de la verdad, los chicos empezarán a murmurar, a poner excusas y a culparse los unos a los otros (o a mí) por las derrotas, ¡y la unidad del equipo se romperá como un castillo de naipes! ¡Pero entrenador, si tú piensas así, haces como los chicos cuyas actitudes estás intentando cambiar!

Lo que necesitamos hacer es, en primer lugar, establecer las reglas básicas para dirigir las actitudes del equipo lo antes posible en los entrenamientos:

Sólo los entrenadores decidirán quién juega bien y quién juega mal. Todavía no sabes lo suficiente sobre qué queremos de ti y el equipo para decidir si tú o cualquiera lo está haciendo tan bien como deberías.

Tu tarea es jugar de la forma que queremos que lo hagas, y apoyar a tus compañeros y entrenadores en todo momento. No importa si ganamos o perdemos[3]; nuestro objetivo es enseñarte las técnicas que harán de nuestro equipo lo mejor que pueda ser. Tu papel es colaborar con nosotros y tus compañeros. Queremos que sientas que puedes confiar en nosotros y tus compañeros para respaldarte en los buenos y los malos momentos; sin embargo, para que esto ocurra, tienes que aceptar que el equipo es más importante que tú, que yo o cualquier otro jugador o entrenador, y que actúes en consecuencia.

---

3. Claro que importa si el equipo gana o pierde, pero, ¿de verdad quieres decírselo a tus jugadores?

Entonces, como un mago que engaña con una mano para ocultar lo que está haciendo con la otra, procederemos en los entrenamientos y los partidos para desviar la atención de nuestros jugadores sobre la victoria o la derrota y hacia la consecución de los objetivos que les hemos marcado (tanto a escala individual como de equipo).

A diferencia de nuestros objetivos a largo plazo, los más inmediatos serán tanto específicos como realizables. Puesto que los jugadores todavía no poseen la clase de técnicas para conseguir objetivos elevados, les pediremos que consigan objetivos más sencillos, como recibir menos goles y/o disparos a puerta que el año anterior, o mejorar las recuperaciones de balón, el tiempo de posesión, las penetraciones en nuestro tercio de ataque, asistencias, disparos a puerta o cualquier otro objetivo que los jugadores sean capaces de asumir.

No obstante... con cuatro derrotas sólo empezar la temporada, quizá necesitemos una «mayor» evidencia para demostrar a los jugadores que están mejorando. Buscaremos las detalladas estadísticas en el nivel global y las compararemos con el día a día (o con las estadísticas del partido del año anterior o toda la pasada temporada) hasta encontrar puntos donde haya habido mayores o menores mejoras. No debería ser difícil, ya que el equipo del año pasado perdió 13 partidos y estamos utilizando un estilo de juego conservador orientado al control del balón, ensanchando el campo y frenando el ritmo del partido al máximo. Encontraremos mejoras en algún punto; cuenta con ello. Ésta es una razón de peso de por qué guardamos las estadísticas de los partidos y las temporadas.

También usaremos la «lista de estrellas» para demostrar los logros individuales: dando estrellas a los jugadores por los robos de balón, jugadas de peligro, intercepciones de balón y otras varias categorías defensivas y de ataque[4]. Y para hacerlo más competitivo, el jugador que haya acumulado más estrellas al final de temporada será el JMV (el jugador más valioso), y otros trofeos serán otorgados a los jugadores con el mayor número de estrellas en las categorías designadas para tal reconocimiento.

Muy de paso, al analizar el rendimiento del equipo, no pasa nada por destacar los aspectos donde el conjunto o los jugadores individuales no han demostrado mejora, o incluso han empeorado (pero deberías estar preparado para ofrecer sugerencias específicas sobre cómo mejorar su rendimiento la próxima vez). Sin embargo, no insistas; los jugadores acostumbrados al fracaso no necesitan ser intimidados o recordarles constantemente sus defectos. Necesitan ser

---

4. También guardaremos las estadísticas negativas, pero no negaremos las estrellas por las malas actuaciones. Además daremos estrellas para los logros del equipo, tanto para reforzar la naturaleza de equipo como para asegurar que todos los jugadores reciben estrellas. Para personalizar el proceso, dejaremos que los mismos jugadores pongan sus propias estrellas en la carta.

guiados, con pasos cortos, a través del proceso de aprendizaje de sus errores, y que les digan cómo evitarlos en el futuro.

Definir papeles. Cada jugador de tu equipo, desde el titular hasta el último suplente, debería tener un papel específico que realizar, y las obligaciones y responsabilidades de este papel deberían ser cuidadosamente explicadas en términos que el jugador entienda a la perfección antes de jugar un partido. Hacemos esto en virtud de nuestros planes de partido. Cuanta más precisión haya en la definición de las expectativas, más probable será que el jugador las pueda satisfacer, siempre y cuando no esperes más de lo que determinado jugador pueda ofrecer (por ejemplo, tus centrocampistas deberían saber de antemano si quieres que se incorporen al ataque o que se queden atrás a apoyar el ataque y reforzar la defensa, y se les debe decir con prontitud cuándo decides cambiar la estrategia. Después del partido es demasiado tarde para informar al jugador que querías que se situara detrás en la defensa y no en ataque durante los últimos 5 minutos de juego).

Crear una mentalidad. No es tanto crear una mentalidad de «nosotros contra el mundo» como explotar una situación ya existente. Después de todo, incluso los jugadores que no están acostumbrados a perder entenderán que hay ciertos individuos y grupos a quienes les gusta verlos perder. Si tu equipo es una habitual perita en dulce para los equipos contrarios, los equipos acostumbrados a las victorias fáciles en el pasado esperarán que tu equipo de este año intente cambiar las cosas y juegue a muerte contra ellos, y se sentirán ofendidos por la fuerte réplica. En algún lugar del camino, al perder los cuatro primeros partidos y llegar al récord en 2 años de 1 victoria y 17 derrotas, muchos seguidores veleidosos, y aficionados que se apuntan al carro del ganador, saltarán del carro, y los árbitros pueden tender de forma inconsciente a otorgar a tus rivales el beneficio de la duda en las jugadas dudosas, basándose en la poca consideración que tienen de las habilidades de tus jugadores. En una situación de perdedor, puede resultar muy cierto que el mundo en general espere que tu equipo pierda y te trate a ti y a tu equipo de acuerdo con esta percepción.

Si todo esto parece paranoico (de acuerdo, lo es), pero la derrota y el pensamiento paranoico van cogidos de la mano.[5] La alternativa para promover esta clase de mentalidad de grupo para mantener al equipo unido en períodos de adversidad y confusión es sentarse en silencio y observar a los jugadores perder su deseo de competir, y de esta forma satisfacer las esperanzas que otra gente tiene en ellos. Pensamos que es mejor contar la verdad a los jugadores, es decir,

---

5. «Que no seas paranoico no significa que no haya gente ahí fuera que vaya a por ti.» (Anon).

que *mientras hay gente ahí fuera que*, por la razón que sea, cree que sóis perdedores que abandonaréis cuando las cosas se pongan mal, hay algunas personas (muy pocas, la mayoría de las cuales están ahora contigo) con cuyo apoyo y amistad puedes contar en los momentos dulces y en los difíciles. Estamos
todos en lo mismo. Puesto que no hay nadie más que nos pueda ayudar, ten-
dremos que ayudarnos a nosotros mismos.

¿Es esto negativo? No lo creemos. Lo que hacemos es decir a nuestros jugadores en quién pueden confiar en los momentos difíciles. Es uno de los muchos
enfoques que un entrenador puede utilizar cuando busca el pegamento que pueda unir al equipo cuando el adhesivo natural (ganar) no abunda demasiado.

Programación competitiva. Hay otra cosa que puedes emplear para hacer
que los jugadores sean más competitivos; es lo que a veces llamamos «programación competitiva».

Enfrentado con verdaderas horribles perspectivas de ganar partidos con frecuencia en tu primera temporada y cambiar así las actitudes, si aceptas el trabajo temprano quizá puedas hacer la programación del año siguiente y evites
algunos de los rivales más fuertes del programa del año anterior, sustituyéndo-
los por equipos más débiles contra los cuales puedas competir en un nivel similar. No es la clase de iniciativa que considerarías con un equipo mejor y más experimentado; sin embargo, siempre es mejor que la perspectiva de palizas de
1-13 contra equipos infinitamente superiores.

Hay básicamente dos enfoques para la programación competitiva. Una es
retener los rivales de la región y tradicionales y llenar el resto del programa con
equipos débiles de fuera de la región. El otro es prescindir de todo el programa
de la región durante 1 o 2 años para darle a tus equipos la oportunidad de mejorar hasta el punto en el que puedas ser competitivo en una región con equipos
siempre potentes.

Las principales diferencias entre estos enfoques se basan en que, si juegas en
un programa de fuera de la región, no te dejarán participar en el torneo de final de temporada, y un programa fuera de la región con equipos débiles probablemente implicará recorrer grandes distancias para jugar los partidos como
visitante.

Sobre la programación: con el resto de cosas siendo iguales, tu primera
prioridad es programar los partidos que te piden que juegues (p. ej.: subregionales o regionales); tu segunda prioridad es programar a todos los rivales
tradicionales que existan, y tu tercera prioridad es rellenar el resto del programa. Si no estás interesado en la programación competitiva (y no deberías es-
tarlo si tu equipo es capaz de ganar más del, digamos, 40% de los partidos),
tendrías que tener en cuenta las prioridades que hemos descrito, o es probable
que te encuentres enfrentándote a conflictos de programación masivos con los

equipos contra los que tengas que jugar. Véase el ejemplo de programa en la figura 2-1.

4. Ampliar la zona de comodidad de tus jugadores

Si tuvieses que preguntar a los jugadores de nuestro equipo de ficción que ha perdido 37 de los últimos 42 partidos por qué han perdido tantos, probablemente te dirían que no tienen tan buenos jugadores como sus rivales. Mientras que esto es probablemente cierto, es posible que haya otro culpable, es decir, el mito universal compartido por todos los jugadores (ganadores y perdedores por igual) de que trabajan igual de duro que el resto. Nunca hemos conocido un jugador que confiese tener malos hábitos de trabajo, excepto de forma oblicua en comentarios del estilo «los partidos están bien, pero no me gusta entrenar». Los jugadores que no quieren aprender son mentalmente perezosos, y los jugadores que van a medio gas cuando el resto va a tope son físicamente perezosos.

Cuando los jugadores pierden con contundencia, tienden a olvidar en qué consiste un esfuerzo total. Debido a que la experiencia les ha enseñado que van a perder la mayoría de veces sin tener en cuenta el empeño o su falta de interés, tienden a decidir (con independencia del deseo de sus entrenadores) que los partidos están perdidos mucho antes de que suene el pitido final. ¿Por qué, después de todo, deberían seguir trabajando duro para un partido que ya está perdido?

Éste es el problema más sorprendente que es probable que tengas que afrontar al asumir el liderazgo de un equipo que ha perdido la voluntad de competir: si les exiges demasiado, te abandonarán; pero si no haces que su voluntad acepte el dolor y la fatiga como partes normales del juego, nunca aprenderán cómo es un esfuerzo ganador. Superar este obstáculo será la tarea más difícil que tendrás que afrontar el primer año en una situación perdedora; sobrevivir a ella precisará toda la técnica de psicología y motivación que posees.

Para cambiar las cosas, es necesario ampliar las *zonas de comodidad* de los jugadores (p. ej.: el nivel de intensidad física y mental al que están acostumbrados a competir), y eso, a su vez, significa ajustar sus hábitos de trabajo hacia arriba para una comprensión más real de lo que implica un esfuerzo total. Los grandes equipos son capaces de jugar cómodamente siendo productivos, a cualquier ritmo de partido, con los jugadores ajustando automáticamente la intensidad de su juego de manera que sea coherente con las necesidades del equipo en cualquier momento del partido o en el entrenamiento. Eso es lo que dice el refrán «cuando el camino se hace duro, el duro avanza». Es una habitual (y aprendida) respuesta a las situaciones de presión.

Ampliar las zonas de comodidad de los jugadores es un proceso que debería empezar el primer día de sesión de pretemporada. Es, en definitiva, el primer día de una nueva temporada que trae nuevas esperanzas y expectativas, y todavía no hay malas actitudes porque no has esperado o exigido nada de nadie. Estamos de acuerdo al cien por cien con esos entrenadores que (...) creen que *el nivel*

Figura 2-1

PROGRAMA DEL GRIFFITH HIGH SCHOOL SOCCER

Día	Fecha	Rival	Hora	Lugar	Equipos
Mar.	17 Feb	EAST COWETA*	5:30/7:00	Griffin	JVB/VB
Vier.	20 Feb	SHAW*	5:30/7:00	Columbus	VG/VB
Miér.	25 Feb	FAYETTE CO.*	5:30/7:30	Griffin	JVG/VG
Jue.	26 Feb	NEWNAN*	5:30/7:00	Newnan	JVG/JVB
Vier.	27 Feb	POPE	6:00/8:00	Pope	VG/VB
Lun.	2 Mar	LaGRANGE*	5:30/7:00	LaGrange	JVG/JVB
Mar.	3 Mar	CARVER*	6:00	Griffin	VB
	5-7Mar	NEWNAN CLASSIC TORNAMENT			VG/ VB
Mar.	10 Mar	NEWNAN*	5:00/7:00	Newnan	VG/ VB
Jue.	12 Mar	LOVEJOY	5:30/7:00	Griffin	JVG/ JVB
Vier.	13 Mar	LaGRANGE*	5:30/7:30	LaGrange	VG/ VB
Lun.	16 Mar	TORNEO FEMENINO GRIFFIN JV			
Jue.	19 Mar	McINTOSH	5:30/7:00	Griffin	JVG/ JVB
Vier.	20 Mar	McINTOSH	6:00/8:00	McIntosh	VG/ VB
Sáb.	21 Mar	FINALES DEL TORNEO FEMENINO GRIFFIN JV			
Lun.	23 Mar	TORNEO MASCULINO GRIFFIN JV			
Mar.	24 Mar	TROUP CO.*	5:30/7:00	Griffin	VG/ VB
Vier.	27 Mar	PARKVIEW	6:00/8:00	Griffin	VG/ VB
Sáb.	28 Mar	FINALES DEL TORNEO MASCULINO GRIFFIN JV			
Mar.	31 Mar	EAST COWETA*	5:30/7:00	E. Coweta	JVG/ VG
Miér.	1 Abril	NEWNAN*	7:00	Griffin	JVB
Vier.	3 Abril	FAYETTE CO.	6:00/8:00	Griffin	JVB/ VB
Vier.	3 Abril	WOODWARD ACAD.	5:30/7:00	Woodward	JVG/ VG
Mar.	7 Abril	UPSON-LEE*	5:30/7:00	Griffin	JVG/ VG
Jue.	9 Abril	UPSON-LEE*	5:30/7:00	Griffin	JVB/ VB
Vier.	17Abril	ST. PIUS X	5:30/7:30	St. Pius	VG/ VB

21-24 Abril   *PLAY-OFFS* REGIONALES
28 Abril; 1, 5, 9 Mayo   *PLAY-OFFS* ESTATALES

* = Partidos subregionales
JVG = Chicas júnior universitarias (Entrenador: Terry Baxter)
JVB = Chicos júnior universitarios (Entrenador: Jerry Fields)
VG = Chicas universitarias (Entrenador: Shane Pulliam)
VB = Chicos universitarios (Entrenador: George Danner)
Preparador físico: Arthur Graves

de intensidad de un equipo se establece para el resto de temporada el primer día. No conseguirás que tus jugadores rindan el resto de temporada como en el primer día de entrenamiento. Los jóvenes músculos están frescos, y en el aire hay una actitud de expectativa, y los jugadores tienen curiosidad por el nuevo entrenador y están ansiosos por demostrarle lo que pueden hacer. ¿Qué mejor momento podría haber para empezar a moldear actitudes positivas para el compromiso, el sacrificio y el trabajo duro?

Preparaciones preliminares. Ya deberías haber empezado el proceso de preparar a los jugadores para lo que sin duda será un impacto para sus mentes y cuerpos. Muchos entrenadores envían cartas a sus jugadores para hablar con ellos como grupo antes del inicio del entrenamiento de pretemporada, subrayando lo que (los jugadores) pueden hacer por su cuenta para ponerse en forma para el primer día de sesión. Nos gusta en especial la idea de reunirnos con los jugadores (y, si es posible, también con sus padres) para presentarnos; hablar de las reglas del equipo, procedimientos y requisitos de elección académicos, y explicar tu concepto del potencial del programa (tu sueño) y tu plan que justifique que ser miembro del equipo de este año es un hecho del que todos saldremos beneficiados (p. ej.: aprender nuevas técnicas y formar relaciones duraderas con los compañeros de equipo que de verdad quieran mantenerlas). Por descontado que no harás referencia a ganar o perder, excepto en un punto importante. En algún momento de la reunión, necesitarás comentar algo a este respecto:

> Al hablar con entrenadores de otras escuelas, me han dicho que, si trabajo con vosotros tan duro como lo hacen ellos, abandonaréis. Creo que no tienen razón, y espero que vosotros estéis de acuerdo conmigo. Este año vamos a trabajar y jugar muy fuertes, y no os puedo asegurar que siempre será fácil o divertido, pero si trabajáis con nosotros y jugáis al máximo desde el primer día de entrenamiento, puedo prometeros que estaréis orgullosos de lo que estamos logrando.

Diciendo esto estás, por supuesto, construyendo una mentalidad de trabajo (pero también estás desafiando a los jugadores a llegar a la altura de tus expectativas y a no permitirles fijar sus propios parámetros de rendimiento igual que lo han hecho equipos anteriores). Estás, en esencia, preparando su mente para lo que deberán soportar sus cuerpos.

«*Estamos en esto juntos*». A algunos entrenadores les gusta repartir sudaderas de entrenamiento con mensajes inscritos del tipo «Yo sobreviví a los entrenamientos de pretemporada» al final de esa fase de entrenamiento, como primer paso para construir un orgullo antes inexistente. También nos gusta el enfoque del entrenador que repartió sudaderas con la inscripción «Yo sobreviviré a los entrenamientos de pretemporada, y tú también» el primer día de entrenamiento como primer paso para fomentar la determinación. El entrenador nos dijo: «la otra forma es más barata, pero pensé que si se las daba temprano, querrían guardarlas para demostrar a sus compañeros de equipo que fueron lo bastante fuertes para afrontar el reto».

El dolor es individual. Los mensajes del presidente Clinton «siento vuestro dolor» eran elocuentes, pero de hecho no estaban arraigados. Nadie siente el dolor del otro. Cuando los músculos y las mentes que no han sido acondicionados adecuadamente para el esfuerzo físico sufren dolor y fatiga, hay que recordar a los jugadores que el dolor de hoy es beneficio para mañana, y que sus compañeros de equipo están experimentando exactamente las mismas dificultades para superarlo. Si no se lo recuerdas, asumirán que nadie más está sufriendo. Nada impedirá el sufrimiento, pero así lo podrán llevar mejor.

«Estamos trabajando más que los otros equipos». Parte de ser sincero con tus jugadores consiste en ayudarles a entender que *dado que nos encontramos por detrás de los equipos rivales, la única forma de alcanzarlos es trabajando más duro que ellos*. Para ejemplificar este «esfuerzo extra" con un equipo de la clase que hemos descrito, podríamos empezar asignando a los jugadores 2 km de carrera antes del entrenamiento.

Para asegurarnos de que no se quejan por ello (y para promocionar la idea, *todos estamos en esto*), correremos los 2 km con ellos cada día.

Ahora bien, 2 km para iniciar los entrenamientos no es demasiado para jugadores que correrán de 8 a 12 km cada partido, y sin duda sólo representará una parte de las carreras que deberán realizar en el transcurso de cada entrenamiento. Sin embargo, no son los 2 km lo que importa, sino lo que significan (es la clase de esfuerzo extra que nos va a ayudar a darle la vuelta a nuestro programa). Así que preguntaremos a los jugadores: «¿Creéis que (uno de nuestros rivales) hoy está corriendo 2 km extra?». Puesto que no tienen la posibilidad de saber lo que están haciendo los otros equipos en sus entrenamientos, responderemos a nuestra pregunta con otra: «¿Correríais 2 km extra al día si no tuviérais que hacerlo para alcanzar a los otros equipos?» La respuesta a la segunda pregunta será dolorosamente obvia para los jugadores cuya previa idea de un segundo esfuerzo ha quedado descartada.

Aprender a luchar es como hacerlo con cualquier otra cosa: *cuanto más hagas, más fácil será todo*. Añadiremos varios elementos a nuestros entrenamientos para enfatizar la lucha, como la norma de *que nadie camine*. Les daremos a los jugadores 2 minutos para beber agua, con castigos para los que no lleguen a tiempo (o recompensas para los que cumplan); después de uno o dos días de hacerlo, la mayoría serán puntuales e incluso les sobrará un minuto.

Discutiremos aspectos específicos de los entrenamientos en los capítulos 10 y 11; por ahora, apuntaremos que tienes todo el derecho a esperar que tus jugadores den el cien por cien en el entrenamiento y el partido; cuanto menos de ello aceptes determinará cuanto menos llevarás a cabo. Para los jugadores, esto se traduce físicamente en no rendirse nunca en un partido, sin importar el calibre de la derrota; si se rinden en las sesiones, se rendirán en los partidos. Mentalmente se traduce en escuchar, concentrarse y enfocar. Ambas son formas de luchar, aunque bastante diferentes (de la misma forma que el trabajo duro de los jugadores en los entrenamientos y los partidos es muy distinto del trabajo intenso que realizas en la preparación de las sesiones y en los encuentros.

Acentuar los puntos positivos. Al subir la apuesta drásticamente mediante rigurosos y exigentes ejercicios y sesiones de entrenamiento, estás pidiendo mucho a los jugadores que no están acostumbrados a esa clase de trato. Nuestra filosofía es *haz lo que haga falta para conseguir que tus jugadores hagan lo que necesitan hacer*. Intenta exponer lo negativo al mínimo acentuando los puntos positivos (felicitando a los jugadores por las buenas jugadas); elogiando a jugadores individuales cuando se esfuercen (y no siempre a los mismos jugadores); recordando a todo el mundo cada día cuántas cosas estamos logrando y qué afortunados somos de tener en nuestro equipo unos jugadores y entrenadores tan buenos, leales y trabajadores; disculpándonos por la dureza de nuestros entrenamientos y agradeciendo a los jugadores su esfuerzo en nombre del equipo, y (lo más importante de todo) enseñando a los jugadores, mediante el ejemplo de nuestro propio trabajo y compromiso con el equipo, que su fe en nosotros y en lo que decimos, hacemos y creemos no es en vano.

Tu desafío personal y objetivo para un equipo de la clase que hemos descrito en este capítulo debería ser no sólo para sobrevivir a ese terrible primer año, sino *para hacerlo sin perder ni un solo jugador en el camino*, no rebajándote a los niveles previos del equipo, sino para lenta y cuidadosamente elevar el actual nivel de rendimiento del equipo a nuevas cotas.

Si puedes hacer estas cosas (mantener el equipo unido y jugar fuerte bajo todas las condiciones), tendrás el equipo del que tú y el resto de la gente se sentirá orgulloso, sin tener en cuenta las victorias o las derrotas. No será una tarea nada fácil, pero, tal como es probable que digas a los jugadores mil veces a lo largo de la temporada, *nada que merezca la pena en esta vida es fácil*.

EL SEGUNDO AÑO

El próximo año será más fácil. Los jugadores que vuelvan serán más receptivos a tu liderazgo y entrenamientos porque sabrán qué esperar de ti y entenderán lo que esperas de ellos. Si tienes suerte, la mayoría de las manzanas podridas se habrán graduado o cedido, o habrán decidido no jugar la siguiente temporada; el resto puede ser eliminado en las pruebas de pretemporada si todavía resiste tus sesiones o se muestra abierta o encubiertamente hostil a ti o a sus compañeros.

Sin la disruptiva y divisible influencia de los líderes negativos del equipo, surgirán los verdaderos líderes; su sana ética del trabajo y actitud positiva tendrán un impacto beneficioso sobre los nuevos y más jóvenes jugadores que participen en tu programa. Con todo el mundo trabajando en la misma dirección, habrá menos distracciones, y verá cómo tanto tú como el equipo conseguiréis más cosas y disfrutaréis de los entrenamientos de formas que el equipo de este año no podía. Con todos trabajando duro desde el principio, mejorarás con más facilidad los niveles de técnica actuales de los jugadores. (No es por casualidad que tus jugadores deberían haber mejorado en la época de las pruebas de pretemporada, habiendo tenido 9 meses para practicar por su cuenta las técnicas que les enseñaste el año pasado, y para jugar en los partidos de la liga recreativa o de clubes durante los meses fuera de temporada.)

Con todos estos elementos a favor, deberías ser capaz de mejorar el año que viene las estadísticas de victorias y derrotas de este año, y de este modo mejorar aún más la moral del equipo y la determinación de los jugadores de llevar a cabo los objetivos que te hayas marcado para ellos. Incluso aunque las victorias no lleguen en abundancia, la calidad del juego del equipo debería mejorar de forma espectacular, y no deberías tener problemas para mantener motivados a los jugadores (tanto individual como colectivo).

Capítulo 3

TÚ Y
TU EQUIPO

Ahora hay fe, esperanza y amor;
pero el más importante de los tres es el amor.

–I Corintios 13:13

ATAJOS HACIA LA EXCELENCIA

Como cualquiera que haya entrenado antes te dirá, *no hay atajos hacia la excelencia*. Sin embargo, hay atajos hacia *la búsqueda de la excelencia*. Consisten en *centrarse en las tareas esenciales* y *eliminar las prescindibles*. Las esenciales son tus objetivos a largo plazo y los pasos del día a día (objetivos a corto plazo) que haces al esforzarte para lograrlos. Las prescindibles incluyen el tipo de distracciones producidas por los jugadores que perturban el entrenamiento o sirven como influencia disruptiva sobre sus compañeros.

Si hemos insistido en el tema de las actitudes negativas de los jugadores en el capítulo previo es porque esas actitudes dividen a los equipos y provocan la desunión y la falta de armonía, haciendo que el enfoque sea difícil, o imposible. En un equipo sólo hay cabida para una visión (la del entrenador). Cualquier otra visión del equipo o el programa es prescindible y contraproductiva para los objetivos del equipo. Un equipo unido es un equipo con dirección.

LOS BENEFICIOS DE PERTENECER A UN EQUIPO

Si un equipo tiene que conseguir lo que se ha propuesto, los jugadores deben estar unidos en términos de adónde van y cómo esperan llegar allí. Aceptando la visión del entrenador y el plan como el mejor para ellos y el equipo, los jugadores reconocen la existencia de un propósito más alto y valioso que ellos; reconociendo que el equipo y no ellos mismos es ese propósito superior, aprenden a subordinar o sacrificar sus propias necesidades a las del equipo (al menos, ésa es la teoría). Entonces surge la pregunta: *¿Por qué debería cualquier jugador considerar el equipo más importante que él o ella misma?* Porque el equipo puede aportar beneficios para el jugador que él o ella no puede conseguir de inmediato o recibir aparte del equipo.

¿Y cuáles son esos beneficios? Varían de un jugador a otro. Algunos jugadores tan sólo quieren ser vistos con el uniforme del equipo para satisfacer a mamá y a papá, que están sentados en las gradas, o también les gusta la autoestima que procede de estar asociado con un equipo deportivo universitario. A otros les gusta la camaradería y la interacción con los entrenadores y los compañeros, o quieren formar parte de un equipo o un programa ganador. Algunos juegan por las más simples y obvias razones: les encanta el fútbol y disfrutan de los desafíos competitivos que les ofrece.

Este breve listado no empieza a explicar las múltiples razones de por qué los jóvenes pueden preferir jugar en tu equipo de fútbol a cualquier otra cosa que podrían hacer en su tiempo libre. Por ejemplo, hemos omitido intencionadamente la que creemos ser la razón más importante de todas: *ser parte de un relativamente gran grupo de gente que les considera especiales.*

EL PLAN FAMILIAR

Como la «Vieja yegua gris», la vida familiar en Estados Unidos no es lo que solía ser, y los cambios no han mejorado la calidad de nuestras vidas. Términos como *hogares rotos, familias monoparentales, familia de trabajo* y *niños con madre que trabaja* dan fe de la efectividad de la vida de la familia moderna. Sin un familiar para dirigir su comportamiento en el tiempo libre, los jóvenes han ido optando progresivamente por las drogas, el sexo, el crimen, la delincuencia o la afiliación a bandas, para aliviar el aburrimiento, para encontrar un sentido a sus vidas o para ganar un sentido de la aceptación o seguridad entre sus compañeros.

Ser un miembro de tu equipo de fútbol puede y será considerado por tus jugadores como una de las experiencias más grandes y valiosas de su vida, dejando de lado si el equipo gana campeonatos o si llega a niveles más modestos de consecución (siendo así, más vale que te esfuerces en crear un ambiente que llegue a satisfacer la necesidad de los jugadores de estabilidad y dirección en sus vidas). Haciéndolo, por supuesto que saldrás beneficiado en tu tarea de entrenador, construyendo equipos de individuos bien conjuntados que conseguirán en bloque lo que no podrían conseguir por separado.

No obstante, más importante es que las relaciones forjadas de este modo tendrán una repercusión más allá del equipo o jugadores de este año, haciendo que las tareas de selección sean más fáciles en el futuro y forjando amistades para toda la vida que los jugadores apreciarán mucho después de acabar su carrera como futbolistas. Lo sabemos; hemos visto que esto también ocurre en nuestros equipos y también en los de otros entrenadores. A menos que seas miembro de este Equipo (lo destacaremos con mayúscula inicial a lo largo del resto de este capítulo para denotar su naturaleza especial que lo separa del resto de equipos), es imposible que puedas imaginar el gran impacto que causará en los que estén implicados.

Primeros pasos

Cuatro características distinguen a un Equipo (p. ej.: una Familia) de un equipo (p. ej., un grupo de individuos): *aceptación, respeto, lealtad* y *amor*.

Al fomentar un clima familiar, deberías esperar y pedir a los jugadores que sigan la regla de oro (que traten a sus Compañeros –que también destacamos con mayúscula inicial– como a ellos les gustaría ser tratados). *Aceptación* significa reconocer su derecho a ser tratados como iguales. *Respeto* implica el reconocimiento de los jugadores de que la contribución de sus compañeros, por muy mínima que parezca, es importante para el Equipo, y tratarlos con dignidad, en oposición a, digamos, ridiculizarlos o reírse de ellos.

Lealtad implica apoyar a los Compañeros dentro y fuera del campo, en los buenos y en los malos momentos, y esforzarse en actuar con responsabilidad en todas las situaciones como corresponde a un miembro de un Equipo. El *amor* se refiere a estar realmente atento al bienestar de los Compañeros. El amor es el motivador más poderoso a tu disposición.

Los jugadores deberían entender estos cuatro rasgos y la necesidad de tratarlos, no meramente como palabras sino como forma de vida (y deberían entender *desde el primer minuto del entrenamiento de pretemporada* que: (a) se les pedirá que participen de tus líneas de conducta en cuanto al tratamiento de los Compañeros; (b) los que violen las reglas serán sancionados, y (c) no se aceptarán ni excepciones ni excusas.

«Todo lo que pido», puedes decirles a los jugadores, «es que dejéis de lado lo que os gusta o disgusta y nos aceptéis como parte de vuestra familia. Si no podéis querernos, será mejor que os busquéis un plan para disimularlo, porque mi objetivo Número Uno para este equipo es *rodearos con Compañeros con los que podáis contar, que se preocupen por vosotros y os consideren importantes y una parte muy especial de sus vidas.* No podemos hacerlo si nos rechazáis.» Este pequeño discurso es esencialmente la vieja «rutina en el futuro» en acción: si no estás aquí después de esto, estaremos aquí después de que te hayas ido.

Eso es todo lo que tienes que decirles (al menos, hasta ahora). Las razones por las que utilizas este enfoque se harán evidentes después de comprobar que los jugadores trabajan juntos en sesiones de entrenamiento formales, y jugando juntos en grupos informales el tiempo suficiente para que descubran que sus Compañeros son especiales de verdad. Es natural considerar a la gente especial si te tratan como si fueras especial para ellos.

Tu objetivo es, por supuesto, que los jugadores se sientan agradecidos a sus Compañeros por preocuparse por ellos y estar obligados a no decepcionarlos de ninguna manera. Cuando llegas a este punto, el resto (incluidas victorias y derrotas) será un aspecto menor en comparación, y no afectará al Equipo en absoluto.

Es importante apuntar que, incluso en un equipo cuyos jugadores carecen de la técnica o experiencia para ganar con solidez, el enfoque de Familia siempre es un objetivo alcanzable, y garantiza producir actitudes positivas sin importar la buena o mala situación en cuanto a victorias o derrotas por la que atraviese el Equipo. Si mantienes a los jugadores centrados en trabajar juntos, mejorando su técnica individual y de Equipo, persiguiendo objetivos de Equipo y llegando a conseguir que se conozcan y aprecien entre ellos, no tendrán el tiempo, la energía ni la inclinación de desarrollar actitudes negativas.

Fomentar la unión

Los jugadores empezarán, sin duda, a conocerse entre ellos mediante sus interacciones antes, durante y después de los entrenamientos (pero eso no es suficiente). El apóstol Pablo escribió sobre «la comunión de las mismas mentes» (lazos de amistad que unen a los individuos hacia un objetivo común) como la fuerza motriz detrás del crecimiento de la primera iglesia cristiana; quieres que los jugadores desarrollen la misma indivisible mentalidad de propósito en la búsqueda de los objetivos del Equipo. Sin embargo, lo que buscamos no es simplemente el compromiso de los jugadores hacia los objetivos del Equipo, sino también su compromiso personal *los unos con los otros y con su(s) entrenador(es).* Tales compromisos aparecen de forma natural en las familias, mediante lazos de sangre (aunque pueden alterarse según circunstancias familiares en todo caso); no aparecen de forma natural en el terreno del deporte de equipo.

Se trata de crear y reforzar las reglas diseñadas para hacer que los jugadores se acepten y respeten; se trata de nuevo de hacer que de verdad se aprecien.

Hacer esto implica que tienen que pasar tiempo juntos conociéndose en ámbitos informales y sociales. Cuanto más tiempo pasen juntos lejos del campo de fútbol, más aprecio habrá entre ellos.

A continuación exponemos algunas maneras de cómo los entrenadores reúnen a los jugadores en ámbitos sociales[1]:

Asistiendo a concentraciones de verano. Lo situamos el primero de la lista porque reúne a los jugadores las 24 horas del día durante una semana, trabajando en técnicas futbolísticas, jugando partidos y exponiendo a los jugadores a una situación que les permite la exploración a fondo de sus personalidades, en un marco inigualable para este propósito. La experiencia de la concentración de verano les ayuda a sentirse relajados entre ellos y a desarrollar la clase de intimidad basada en las experiencias compartidas, que distingue a los amigos de los compañeros de clase o los conocidos.

Fiestas nocturnas con pijama. No necesitas camas, sofás plegables, sacos de dormir ni almohadas, sábanas o alojamiento espacioso. Los chicos pueden traer su propia ropa para dormir y cepillo de dientes. Sólo necesitas suficiente comida y bebida para una cena, palomitas, un vídeo o dos que no puedan mandar a sus padres a buscar un abogado para demandarte por contribuir a la delincuencia de menores, y voluntad para dirigir el proceso hasta que los jugadores empiecen a tener sueño. Sus conversaciones a última hora de la noche sobre los asuntos propios de la edad servirán más para unir al Equipo que todas las charlas para animarlos que hayas tenido con ellos.

Comidas al aire libre con los padres de los jugadores. Con una sencilla preparación, estas reuniones informales no van dirigidas tanto a los jugadores como a los padres, para darles la oportunidad de conocerse entre ellos (y de que te conozcan) en un ámbito informal y no competitivo. También les permite interactuar con los jugadores y observarlos interactuar entre ellos, lo cual siempre es agradable cuando éstos disfrutan de la mutua compañía. Esta idea demuestra a los jugadores y a los padres por igual que consideras a los segundos una parte importante del Equipo.

---

1. Con reglas y una atenta supervisión, por supuesto. Mientras que fumar, beber y las drogas no son nunca aceptables en ningún contexto, en el Equipo o fuera del mismo, también preferimos no permitir que los jugadores traigan una cita a cualquier actividad del Equipo excepto en los partidos. La presencia de miembros del sexo contrario puede crear problemas que ninguno de nosotros necesita, así que nos limitamos a anunciar que determinada actividad del Equipo es «sólo para jugadores» o «para jugadores y padres».

Excursiones. Excursiones al campo de una noche (o un fin de semana), de pesca, a la playa o a un parque de atracciones, allí donde los jugadores quizá quieran ir, o por la razón que sea que quisieran ir. Las actividades son divertidas en sí mismas, pero las interacciones que se dan en la ida y en la vuelta al lugar elegido son valiosas y también pueden ser informativas, (porque pueden poseer claves importantes, como por ejemplo la naturaleza de los líderes del equipo).

No conocemos a tus jugadores, claro está, pero sabemos esto: sus personalidades pueden diferir notablemente, pero son básicamente buena gente que desea ser apreciada por sus entrenadores y Compañeros, o de lo contrario no estarían en el Equipo. Al proponerles ámbitos informales para que se conozcan en términos personales (en oposición a competitivos), les estás simplemente permitiendo descubrir lo que ya sabes, es decir, que son personas con las que puedes contar cuando el resto del mundo te abandona. Al socializarse juntos lejos del terreno de juego, aprenden que, cuando se quitan las máscaras públicas que llevan puestas para mantener el mundo a distancia, siguen siendo apreciados por sus Compañeros con todas sus imperfecciones. Darse cuenta de esto les resultará una sorpresa grande y agradable, ya que la mayoría de adolescentes son inseguros y en privado esconden serias dudas en cuanto a su valía para ser aceptados, respetados y queridos por sus compañeros.

TÚ Y TUS JUGADORES

Todo lo que hemos dicho hasta ahora sobre cómo esperas que se traten los jugadores entre ellos también te concierne a ti, por supuesto. Si no aprecias a los jugadores, no eres la persona que necesitan. Si no eres capaz de apreciarlos por el duro esfuerzo y el sacrificio que hacen en nombre del Equipo, nunca accederás a ellos, y el Equipo nunca será lo que podría haber sido. Los días de los entrenadores que consideraban a los jugadores «carne de ganado» ya hace tiempo que han terminado, y merecidamente. La profundidad de todas las relaciones del Equipo siempre la establece el entrenador principal.

¿En concreto, qué deberían esperar de ti los jugadores? Además de aceptación, amor y respeto, lo primero y más importante es que tienen derecho a un *trato justo, igualitario y coherente* al margen de si son estrellas potenciales o calientabanquillos perennes. Esto implica eliminar dobles consideraciones y aplicar las reglas de la misma manera para todos (pero también significa repartir tus elogios, cumplimientos y críticas en dosis iguales entre todos los jugadores, en lugar de reservarlo para un grupo selecto de ellos que te gustan o disgustan).

Tus jugadores también tienen derecho a que seas honesto con ellos. Tal como lo vemos, será mejor que seas sincero, ya que se darán cuenta de tu falta de honestidad en un abrir y cerrar de ojos; una vez les has mentido te será muy difícil recuperar su confianza. Les decimos a los jugadores: «no nos preguntéis sobre vuestro nivel técnico o vuestra situación en el Equipo a menos que estéis preparados para aceptar la verdad, porque no vamos a mentiros». No siempre somos populares entre esos padres que tienden a considerar las necesidades del equipo y los objetivos como menudencias, comparadas con el goce de ver a su hijo o hija salir a jugar (pero a largo plazo nos da autoridad como entrenadores). La honestidad es la mejor política.

Tus jugadores tienen derecho a esperar que actúes como el *líder del Equipo* en todo momento, de la misma forma que los padres actúan como líderes familiares. Ser querido por tus jugadores puede ser importante para ti; francamente, siempre hemos preferido ser respetados. Sin embargo, si quieres que te aprecien deberías perseguir este objetivo sólo dentro del contexto de actuar con responsabilidad y profesionalidad de una forma madura. A algunos jugadores quizá les «guste» la idea de que les pidas que compartan una o dos cervezas contigo, pero por la mañana no te respetarán (o nunca más). Si tus jugadores no pueden *admirarte*, te *menospreciarán*.

No obstante, un liderazgo responsable significa más que eso. También significa pasar tiempo organizando los entrenamientos, enseñar las técnicas fundamentales, corregir los errores de los jugadores, preparar los siguientes partidos y en general llevar al Equipo como mínimo de una forma semiorganizada. Y ello significa ayudar a los jugadores en sus problemas personales, demostrando preocupación por su progreso académico, e intentando asegurarte de que su implicación en el Equipo es tal que mirarán atrás dentro de unos años y lo verán con orgullo y agradables recuerdos.

Para acabar, tus jugadores deberían esperar que fueses *tú mismo*. Puedes intentar emular o adoptar otros métodos de entrenamiento que hayas visto, pero sólo funcionará si esos métodos se adaptan a tu personalidad. La clave es *consistencia*; puedes ser tranquilo, intenso, un guerrero, un optimista, negro, blanco, hombre, mujer, casado, soltero, judío, católico, budista o musulmán, que a tus jugadores no les importará siempre y cuando el mismo *tú* aparezca cada día en los entrenamientos y los partidos con la misma clase de expectativas. No debes pensar que tienes que ser perfecto o estar libre de errores como entrenador, siempre y cuando tus errores sean el resultado de haber intentado hacer lo mejor para el Equipo. Como un entrenador dijo a sus jugadores, «no somos perfectos (ninguno de nosotros) y especialmente yo. Es por eso que Dios inventó la expresión lo siento y la próxima vez lo haré mejor. Y eso es lo que esperaré de vosotros y lo que podéis esperar de mí: en ocasiones cometer errores, admitirlo y, espero, aprender de ellos».

«Ser tú mismo», por supuesto, no se extiende al uso de la crueldad, rencor, violencia, mezquindad u otras evidencias de una personalidad defectuosa. Simplemente significa 'ser el mejor *tú* que sepas ser', que es, después de todo, lo que la mayoría de nosotros intentamos ser de todos modos.

MOTIVACIÓN

La motivación en los deportes de equipo a menudo está asociada en las mentes de los entrenadores con los eslogans, charlas para dar ánimos y discursos de inspiración que exhortan a los jugadores a salir y ganar por su honor. Pero la verdadera motivación es mucho más que eso; comprende todo lo que haces para asegurar que los jugadores trabajen duro y hagan todo lo que se supone que deben hacer cuando, dejados a la buena de Dios, podrían elegir hacer algo distinto.

Algunos entrenadores nos han dicho, «es imposible que nadie motive a nadie. La motivación procede del interior del individuo». Es verdad, pero también es una evasión de la responsabilidad que da una excusa a los entrenadores para no intentar motivar a sus jugadores.

Sí, la motivación es interna. Pero luchar y trabajar duro no son más que hábitos, y los jugadores pueden cambiar los malos hábitos por los buenos; también se les puede persuadir para que trabajen duro cuando su inclinación natural sería la contraria.

En una situación ideal, todo jugador estará motivado para luchar por la excelencia y la consecución de los objetivos del equipo. Sin embargo, debido a que la naturaleza humana dicta que muchas (si no la mayoría) de personas intentarán salir adelante con un mínimo más que con un máximo esfuerzo, a menos que nos sean inducidas por este último, la mayoría de entrenadores consideran necesario encontrar maneras de motivar a sus jugadores que no rinden.

Incentivos

La motivación a menudo implica el uso de incentivos positivos o negativos para producir comportamientos deseados o eliminar los indeseados. Tanto las recompensas como los castigos son, o pueden ser, valiosas herramientas de entrenamiento; saber cuál de ellas utilizar en un momento determinado o con un jugador determinado depende de si el jugador necesita ser *empujado* (p. ej.: motivado por un *feedback* negativo o la amenaza de castigo) o *atraído* (animado por un *feedback* positivo o la promesa de recompensa). Mientras que los jugadores con poco talento o los que no tienen confianza necesitan generalmente estímulos (y responden más favorablemente si los reciben), los jugadores con talento y confianza, pero que no tienen un sentido de la ética muy desarrollado, pueden precisar una o ambas clases de motivación.

Las recompensas normalmente consisten en cosas simples como la aprobación del entrenador (p. ej., un cumplimento, una palmada en la espalda o una sonrisa); jugar más tiempo en los partidos o un sitio en el equipo inicial o un descanso para beber agua extra, o evitar tareas pesadas como hacer series de esprints en las sesiones de entrenamiento. Para los jugadores motivados, la mayor recompensa de todas es el sentido de satisfacción que deriva de saber que han dado al máximo en un esfuerzo ganador. Es una sensación que ninguna droga podría producir. En cualquier caso, para ser eficaz la recompensa tiene que ser algo que el jugador valore suficientemente como para esforzarse para ganársela.

Que la necesidad de castigo existe se debe al hecho de que todo el mundo quiere ser recompensado, pero no todos están dispuestos a pagar el precio que ello implica. Algunas personas simplemente quieren ser recompensados por el trabajo duro de otros, y a otros quizá no les interesen las recompensas. Por ejemplo, la mayoría (no todos) de los jugadores quiere la aprobación de sus entrenadores y Compañeros, y trabajará duro para conseguirla y mantenerla.

La amenaza de castigo, entonces, es una inducción alternativa a trabajar duro para aquellos jugadores que no responden favorablemente a los incentivos positivos. Debes saber, sin embargo, que crear un aura perpetua de temor en los entrenamientos no es aconsejable y sí contraproducente para los objetivos del equipo, y mientras que la amenaza de castigo puede motivar a los jugadores a trabajar duro y a esforzarse, no puede mejorar su habilidad al ejecutar las técnicas básicas.

Las limitaciones de espacio nos impiden contarte todo lo que puedes necesitar saber sobre la motivación[2], pero aunque no hayas entrenado ni una sola vez en tu vida, diseñarás tu propio sistema de incentivos eficaces si te adscribes a dos simples parámetros:

1. Trata a los jugadores del mismo modo que te gustaría que otra persona los entrenara.
2. Nunca toques a un jugador enojado.

El mejor programa de motivación de todos

La mejor y más fácil manera de asegurar el éxito de tus esfuerzos para motivar es construir la clase de Equipo que hemos descrito en este capítulo. Si tus

---

2. Para un análisis más detallado de la motivación y los deportes de equipo, véase *Dr. Warren's Coaching and Motivation* (Englewood Cliffs, NJ: Prentice Hall, 1983).

jugadores saben que tú y sus compañeros les quieren, eso sólo será suficiente para superar el poder persuasivo de cualquier discurso para motivar que puedas idear. Ponte en su lugar: sabiendo que tus Compañeros y entrenadores te aprecian y cuentan con que vas a dar al máximo, ¿hasta dónde llegarás para no defraudarlos? ¿Cuánto te importa la aceptación, el respeto y el amor de gente que te considera parte de su familia? ¿Por qué tendría que ser diferente para tus jugadores?

Bajo estas circunstancias, la motivación para otra actuación será la menor de tus preocupaciones, ya que casi todo lo que hagas o digas motivará a los jugadores a elevar sus expectativas. Puedes ser tan positivo o negativo como requieran las situaciones, y no perderás a los jugadores siempre y cuando sepan que, en los momentos difíciles, seguirás apreciándolos.

UTILIZAR LÍDERES DE EQUIPO

El liderazgo puede ejercitarse poniendo un buen ejemplo para que los otros lo sigan o ejerciendo la fuerza de una personalidad sobre las otras. La forma más efectiva de liderazgo en un equipo combina estos rasgos.

En un equipo eternamente débil en el que los jugadores no poseen las virtudes técnicas o la actitud positiva necesaria para perseguir elevados niveles de rendimiento, el líder más efectivo es probable , por desgracia, que sea tu crítico vocal más beligerante. La situación cambiará con el tiempo cuando las habilidades de los jugadores mejoren y nuevos jugadores con actitudes frescas y perspectivas positivas sustituyan gradualmente a los que encuentran más fácil quejarse que apoyarte. A medida que tu equipo y programa se desarrollen, encontrarán cada vez más jugadores que ejerzan ambos tipos de liderazgo positivo. Los recién llegados al Equipo admirarán y emularán la ética de trabajo de los jugadores veteranos, algunos de los cuales por entonces se habrán convertido en fervientes seguidores de tu filosofía y métodos de entrenamiento. Su valía para ti y el Equipo es imposible que sea exagerada.

En efecto, se unirán a ti para crear la cola que da cohesión al Equipo. Reforzando tus valores positivos física y verbalmente, motivarán a sus Compañeros cada día hacia la consecución de los objetivos del Equipo en miles de pequeñas formas que nunca verás, a menos que observes muy, muy de cerca.

¿Cómo puede desarrollarse este liderazgo? Despacio. No fuerces papeles de liderazgo en jugadores que no los quieran asumir.

El primer y más importante rasgo que buscas es inquebrantable lealtad hacia ti y el Equipo. Más allá de esto, quieres a jugadores que sirvan de modelos a seguir para todo cuanto quieres que sus Compañeros sean o lleguen a ser.

Pueden o no ser los mejores jugadores, pero deben ser positivos, alentadores del esfuerzo hacia el progreso del Equipo. Estos jugadores, cuando se identifican, son candidatos ideales para ser capitanes del Equipo.

Capitanes del equipo

Siempre hemos seleccionado nosotros a los capitanes del equipo, partiendo de la base de que la posición es demasiado importante para ser dejada en manos del capricho de los jugadores. Si prefieres dejar a los jugadores elegir su propio capitán, hazlo en cualquier caso (pero no si empiezas a encontrarte en una situación de profunda crisis, a menos que estés dispuesto a arriesgarte a que los capitanes elegidos sean aquellos jugadores que te consideran una mala persona que intenta hacerlos desgraciados).

Antes de anunciar la selección de capitanes, habla sobre el tema en privado con los candidatos. Tienen que entender dos cosas: (a) que, por lo que a ti respecta, ser nombrado capitán del Equipo es el honor más alto que se puede conceder a un jugador, y (b) que el honor acarrea responsabilidades. El título *Capitán del Equipo* significa que quienes lo posean serán una extensión del entrenador principal.

Y eso es precisamente lo que debes decir a los jugadores cuando anuncies las elecciones a la capitanía de este año: «hemos dado el poder a nuestros capitanes de Equipo para tomar cualquier decisión en los entrenamientos y partidos que no estén específicamente reservadas para los entrenadores». Mientras que esa declaración puede o no puede tener demasiado peso en términos de responsabilidades reales, consigue hacer entender tu mensaje, es decir, que *estos individuos han sido elegidos para un reconocimiento especial y en todo momento serán tratados con el respeto que se han ganado.*

Hacemos lo mismo con los directivos del Equipo, diciendo a los jugadores, «las responsabilidades de nuestros directivos son diferentes de las vuestras, pero igualmente importantes para el éxito del Equipo. Nunca debéis interferir con ellos cuando lleven a cabo su tarea y responsabilidades». De nuevo, hemos vuelto a exagerar las cosas, pero por las mejores razones. Además de ganarnos la firme lealtad y devoción de los directivos, refuerza nuestro mensaje: *todo aquel que contribuye al éxito del Equipo es importante para nosotros, y digno de nuestro respeto y gratitud.*

Más allá de nombrar a los capitanes de Equipo, es importante darles oportunidades para liderar. Si consideras a tu Equipo como una familia, tú y tus segundos entrenadores sois los padres, los jugadores son los hijos y los capitanes del Equipo son los hermanos y hermanas mayores que tienen responsabilidades para atender a los hermanos y hermanas más pequeños. Utilizamos a nuestros capitanes y otros líderes del Equipo para demostrar técnicas individuales y para trabajar con los jugadores de forma individual o en pequeños grupos. Además de hacerlos dirigir a diario y en el calentamiento de los partidos y en los ejercicios de estiramiento, también les consultamos en cuanto a las estrategias del partido; es, después de todo, su Equipo tanto como el nuestro, y queremos que tengan un sentimiento de preocupación de propiedad por su progreso. Nos conocen por quedarnos al margen en los entrenamientos y dejar que los capitanes dirijan los ejercicios y los partidos de entrenamiento (es una excelente experiencia de aprendizaje para todos) y siempre les pedimos que evalúen la efectividad de los nuevos ejercicios que utilizamos en las sesiones.

Liderazgo de los jugadores veteranos

El viejo eslogan militar «El rango tiene sus privilegios» se aplica aquí, pero con una alteración importante: el rango tiene sus *Obligaciones*. Debes esperar que los jugadores veteranos sean los líderes y ejerzan una influencia positiva sobre sus Compañeros. Un veterano que no quiere liderar, ya sea por dar ejemplo o por fuerza de personalidad, no está interesado en contribuir en el progreso y bienestar del Equipo. Él o ella es un problema potencial, y por lo tanto no lo/la necesitas ni deseas.

Siempre tenemos una reunión «Sólo veteranos» al inicio de las pruebas de pretemporada. En esa reunión, decimos a nuestros veteranos que, talento aparte, esperaremos más de ellos que de los Compañeros menos experimentados y los más jóvenes de categorías inferiores (mejores actitudes y disposición para trabajar duro y animar a sus Compañeros a hacer lo mismo). Si eso les parece injusto, en fin, la vida es así. Los Compañeros más jóvenes tienden a imitar las actitudes y comportamiento de sus entrenadores y veteranos; un veterano que no ejerza un liderazgo positivo es, en esencia, un espacio desperdiciado en la lista del Equipo (o en el equipo inicial) que podría ser ocupado por un jugador más joven que aprovechara más la experiencia. No es nada personal sino una cuestión de que todo el mundo aporte lo que es mejor para el Equipo. Tampoco se trata de deshacerse de los veteranas que no hayan adquirido un buen nivel técnico; sólo queremos que entiendan lo que esperamos de ellos.

Es probable que eso sólo sea un problema cuando eres nuevo en la escuela, ya que los jugadores que ya has entrenado antes entenderán tus expectativas. No obstante, no hace ningún daño recordar a los veteranos que esperas que actúen como referencias positivas para sus Compañeros; la reunión en sí misma reforzará tu creencia de que *el Equipo llegará tan lejos como lo lleve el liderazgo de un veterano.*

UTILIZAR SEGUNDOS ENTRENADORES

Si tienes la suerte de contar con uno o más segundos entrenadores, tu objetivo será descubrir de cuántas maneras puedes utilizar sus talentos, experiencia y conocimiento del juego. Cada tarea que tus segundos entrenadores realizan o te ayudan a realizar, no tendrás que hacerla tú sólo (al menos, no si les has preparado correctamente).

Tienes que esperar la misma lealtad de tus segundos entrenadores que de tus jugadores. Mientras que no es necesario (y probablemente además sea totalmente innecesario) que tus asistentes sean copias de carbón de tu persona, es importante que apoyen tu Plan Maestro para desarrollar el Equipo. Puede que no compartan tu filosofía de cómo se debería jugar o cómo se debería llevar el equipo, sin embargo tienen que dar un apoyo total a tus esfuerzos para conducir al Equipo en una dirección deseada. Un asistente desleal o perezoso no tiene más valor para ti que un jugador desleal o perezoso.

Los segundos entrenadores pueden resultar de gran valor para ti en estas áreas[3]: seleccionando y confeccionando una plantilla; preparando al jugador físicamente y haciendo pesas; ojeando; tareas de administración y de papeles; publicidad y recaudación de fondos; dirigiendo seminarios para entrenadores de la liga recreativa local; preparando y evaluando programas de entrenamiento; sirviendo como supervisores adicionales al evaluar el rendimiento de los jugadores en las sesiones y en los partidos; analizando las situaciones del partido y elaborando estrategias apropiadas, y, por supuesto, trabajando con jugadores a escala individual o de grupo en los entrenamientos. Sin duda se te ocurrirán otras tareas de responsabilidad al estudiar tu situación y las abrumadoras exigencias del trabajo.

Sin embargo, deberías recordar una cosa: los asistentes están ahí para complementar tu propio intenso trabajo, no para sustituirlo. El ejemplo que establezcas para tus segundos entrenadores y jugadores determinará el grado de seriedad con que emprenderán sus propias responsabilidades, de modo que tus asistentes deben esperar de ti lo siguiente: una ética del trabajo positiva; lealtad y respeto; un liderazgo eficaz; apoyo incondicional al realizar las responsabilidades de su tarea; reconocimiento de la calidad de su trabajo de arte del Equipo y tuya propia; disposición para compartir tu conocimiento del juego y recursos futbolísticos personales como entrenador con ellos, con el fin de cubrir los huecos que puedan existir en su preparación o experiencia, y oportunidades

---

3. No pretendemos que nuestros entrenadores asistentes controlen las estadísticas (o los partidos en vídeo o los partidos de entrenamiento) en las sesiones, solucionen los problemas de los jugadores, traten con los padres enojados o gasten su propio dinero en nombre del Equipo, a menos que se ofrezcan voluntarios.

para ejercer su propio liderazgo del Equipo en los partidos y en las sesiones de entrenamiento.

En cuanto al último punto, una entrenadora una vez destacó que iba 2-2 en partidos en los que había permitido a sus segundos entrenadores tomar decisiones de estrategia cruciales. «Asumí la culpa de las derrotas, por supuesto», dijo, «ya que fue mi decisión dejar que encontraran la salida al problema en el que estábamos metidos. Sin embargo, hice lo que debía. Incluso se podría decir que salimos ganadores en los cuatro partidos porque ganamos dos de ellos sin paliativos, y en los otros dos teníamos segundos entrenadores mejores y más sabios en cuanto a experiencia.»

TRATAR LOS PROBLEMAS DEL JUGADOR Y LOS JUGADORES CONFLICTIVOS

Por si no lo sabías, aconsejar a los jugadores será una importante y constante parte de tus obligaciones fuera del campo. Te guste o no, sus problemas también son tus problemas, ya que si los dejas de lado pueden afectar adversamente el desarrollo del Equipo o la química. De esta forma, empezamos ofreciendo un par de sugerencias y pautas para tratar los problemas personales de los jugadores.

Anima a los jugadores a que acudan a ti para contarte sus problemas personales

Hazles saber que lo que es importante para ellos también lo es para ti, y que la puerta de tu despacho siempre la tendrán abierta cuando necesiten hablar contigo. No obstante, deberían entender que el terreno de juego no es el lugar adecuado para resolver sus problemas; en el campo de entrenamiento, deberían estar dispuestos a apartar sus problemas y ayudarte a solventar los tuyos (p. ej.: mejorando el Equipo o preparándose para el siguiente partido).

También deberían entender que las necesidades del Equipo siempre van por delante de cualquier discusión sobre problemas personales, y que no apoyarás ninguna posición o decisión que no vaya a favor de los mejores intereses del Equipo.

Soluciona problemas. Afronta los problemas de frente

Para nosotros, al menos, los problemas más fáciles de solucionar implican disputas entre los jugadores. Son fáciles de tratar porque nuestro eslogan favorito «el Equipo por encima de todo» ofrece acceso inmediato a soluciones sensibles en una fantástica y directa proposición disyuntiva: *O bien te entregas el cien por cien al Equipo y a cada uno de sus jugadores, o perderás esta disputa.*

Al llevar a los jugadores implicados en el malentendido a nuestra oficina, empezaremos por explicar otra proposición o bien que entenderán sin problemas: «O bien los dos solucionáis este problema para vuestra mutua satisfacción y la nuestra aquí, dentro de esta oficina, *ahora mismo,* o lo solucionaremos por vosotros de un modo que quizá no os guste». Después de dejarles explicar y discutir el problema un rato (normalmente involucra a uno o más miembros del sexo contrario) desplazaremos la discusión sobre los propios jugadores y su compromiso el uno con el otro como miembros del Equipo. Lo hemos hecho tantas veces que parece que sigamos un guión.

«¿Aprecias (al Compañero)?», preguntamos a cada uno por turnos. Nunca nadie nos ha dicho que no, porque ello provocaría la respuesta «Entonces, ¿por qué sigues en el Equipo?», y no están en realidad interesados en dejar el Equipo por encima de lo que es esencialmente tan sólo un desacuerdo (si fuese más que eso, habrían abandonado cuando les ofrecimos esta alternativa al final de las pruebas de pretemporada.)

En este punto la luz al final del túnel se convierte en un reflector. Si admiten que se aprecian, encontrarán una manera de limar diferencias y salir con su posición en el Equipo intacta y sin que su ego se vea dañado.

Por supuesto, esto no cubre todos los problemas con los que te vas a encontrar (nada más lejos de la realidad). Pero aplicando el principio «el Equipo por encima de todo», en todos los casos ayudarás a los jugadores a encontrar soluciones que tengan que aceptar.

En una ocasión tuvimos un jugador que vino y nos dijo que otro alumno (no deportista) le estaba molestando e intentaba provocar una pelea. Dijo que recurría a nosotros porque no quería que le castigaran por pelearse. Le dijimos que siguiese evitando problemas ignorando al chico. Dijo que ya lo había intentado, pero que el otro no le dejaba en paz. Le repetimos nuestro parecer: «No te pelees. No le hables. Intenta actuar como si no existiera».

Luego fuimos a ver al otro chico y le dijimos que entendíamos que tuviera problemas con uno de nuestros jugadores. Asintió con resentimiento, esperando que le atizáramos o que le llevásemos al director para proteger a nuestro jugador. Por otra parte, le dijimos que habíamos dado órdenes a nuestro jugador de que no le molestara otra vez o incluso le hablara, y le pedimos al chico que nos dijera si el jugador le volvía a molestar. Estuvo de acuerdo en hacerlo.

Finalmente, le dijimos al chico que esperábamos que él también dejara en paz al jugador, y que si no cumplía traeríamos al director, al *sheriff* o a cualquiera que pudiera poner paz entre ellos. Terminamos nuestra breve charla recordándole que nos hiciera saber si nuestro jugador le volvía a molestar. Dijo que estaba de acuerdo.

Por suerte, no hubo más incidentes entre ellos. ¿Solucionamos el problema hablando con los chicos, o se resolvió por sí mismo de forma natural? ¿A quién le importa? El jugador creyó que lo habíamos solucionado, y eso bastaba para él.

En los problemas que implican a jugadores y profesores, con los años hemos tendido a ponernos del lado de los profesores, incluso cuando están equivocados, porque: (a) el profesor es la figura autoritaria en la clase, y siempre queremos que nuestros jugadores respeten a sus mayores y a la autoridad, y (b) el profesor tiene la paella por el mango. Es como el viejo proverbio sobre los jefes: «Puede que no siempre tengan la razón, pero siempre son los jefes». Una vez le dijimos a un jugador: «en ocasiones pertenecer a un Equipo significa decir lo siento cuando preferirías no decir nada en absoluto. Decirlo por ti mismo, o decirlo por el Equipo, pero decirlo».

Al discutir los problemas de los jugadores, destacaremos como antes que *Coaching and Motivation*[4] se ocupa del tópico con mucha más profundidad de lo que nos es posible aquí.

Aunque hay muchas maneras de que los jugadores puedan crear problemas a los entrenadores o Compañeros, probablemente no vamos desencaminados al aglutinar todos estos problemas en un gran grupo, es decir, *problemas atribuibles al egoísmo o a la deslealtad*. Los jugadores que anteponen las necesidades del Equipo a las suyas propias en todo momento en raras ocasiones causan problemas o se mezclan en ellos.

Convierte la lealtad al Equipo en tu máxima prioridad

Después de casi 40 años entrenando, nuestra mayor lamentación no son las derrotas que podrían haber sido transformadas en victorias con un mejor entrenamiento, o un afortunado descanso aquí y allí, o campeonatos que casi ganamos pero que al final no conseguimos, sino más bien los jugadores que hemos entrenado y que han rechazado creer que pertenecer al Equipo cambiaría sus vidas. Éstos han sido nuestros «jugadores problemáticos», (jugadores que nunca consideraron a sus entrenadores y Compañeros importantes como para recibir su incalificable lealtad).

Al tratar con jugadores problemáticos, intentarás, por descontado, «salvarlos» de todas las formas posibles, intentando corregir comportamientos inadecuados, fomentar valores positivos, o modificar actitudes negativas o egoístas (si

---

4. Prentice Hall, 1983 (cap. 16, «Motivating the problem Athlete»). Este libro también tiene capítulos dedicados a tratar con deportistas superestrellas y calientabanquillos.

salvarlos es por el mejor interés del Equipo). Sin embargo, harás bien en considerar la sabiduría revelada en la moraleja de la fábula del humorista James Thurber «El oso que lo dejó estar»: *más vale que caigas de cara que inclinarte demasiado hacia atrás.*

Después de haber hecho todo lo posible para rehabilitar a un jugador conflictivo o devolver a la línea correcta a un jugador con la mentalidad equivocada, puede que llegue el momento de rendirse, admitir la derrota y sacártelo de encima para que siga el camino que él o ella elija. Por supuesto que no es lo que tú quieres, pero quizá no tengas más remedio para preservar el Equipo. Después de todo, si permites a un jugador perseguir objetivos individuales que no concuerdan con los del Equipo o violan las reglas establecidas, puedes provocar que todos acaben por violar tus normas, o, en todo caso, estás creando un enfermizo doble nivel de aplicación de las reglas que hará que los jugadores pierdan el respeto por ellas y por ti.

Comportarse mal no tiene excusa. Tus jugadores distinguen lo correcto de lo equivocado, y ninguna coartada ocultará este hecho. Ellos saben, por ejemplo, que el abuso de drogas es malo y potencialmente peligroso, y también saben que su continuo abuso perjudicará al Equipo y a ellos mismos; ¿por qué, entonces, podría un jugador estar dispuesto a arriesgar tanto por colocarse? Porque *la sensación inducida por la droga es más importante para el jugador que su compromiso con el Equipo.* Si éste es el caso, si al jugador no se le puede convencer para que cambie de hábitos, en fin, tienes cosas más importantes que hacer con tu tiempo que malgastarlo intentando alcanzar estrellas inalcanzables.

«Un hombre no puede servir a dos amos», dijo Jesús (y es verdad); para citar otra proposición, o bien el jugador comprende el concepto de Equipo y considera sus necesidades de la máxima importancia, o bien el Equipo no necesita al jugador, no importa el nivel de talento que él o ella pueda tener. Prescinde de este hecho, que finalmente volverá a acecharte. Más tarde o temprano, el jugador problemático no arrepentido decepcionará a sus Compañeros (normalmente, justo cuando más necesites a ese jugador).

Para terminar, aquí tenemos un pensamiento sobre los jugadores problemáticos, de una entrenadora que admiramos mucho: «Nunca expulso a una jugadora de mi equipo. Si una jugadora rompe las reglas por sistema o hace algo realmente mal y se perjudica a sí misma o al Equipo, mis castigos serán tan duros que antes decidirá dejar el Equipo que cumplir con el castigo. Pero, como la decisión que ha tomado al principio y le ha causado problemas, ésa es su elección y tiene que aceptarla».

«No quiero que ella o sus padres vengan más tarde y me digan es culpa tuya; tú la expulsaste del Equipo. Esto no puede ocurrir si ella ha decidido abandonar la plantilla y no yo quien la ha educado».

Parte 2

JUGAR AL FÚTBOL

La vida no es sino un partido de fútbol.

–Sir Walter Scott
Poeta inglés (1771-1832)

Capítulo 4

DESARROLLAR LA COMPRENSIÓN DEL JUEGO

El fútbol es una estructura compleja de estrategia,
habilidad y resistencia, con elementos del baile,
el ajedrez y las reyertas de taberna[1].

EL CAMPO O TERRENO DE JUEGO

Para entrenar y jugar al fútbol, tú y tus jugadores deberíais estar del todo familiarizados con el campo sobre el cual se disputará el partido (llamado terreno de juego). Invertimos un tiempo considerable enseñando a nuestros jugadores los campos y sus dimensiones, líneas, marcas y terminología asociada; luego comprobamos su conocimiento haciéndoles dibujar un terreno de juego y nombrar sus partes. Creemos que es importante porque, en el transcurso de su carrera como futbolistas, esos jugadores pasarán cientos, o incluso miles de horas, practicando y jugando en campos de fútbol. Es su lugar de trabajo (y también el nuestro) y todos debemos conocer cada aspecto de ese lugar. Cuanto antes nos familiaricemos, más fácil será la subsiguiente instrucción y entrenamiento.

---

1. «El fútbol tiene su propia lealtad.» *Griffin Daily News* (20 de junio, 1998), pág. 3B.

La figura 4-1 muestra un terreno de juego con sus zonas y líneas marcadas; también hemos incluido un gráfico reproducible (sin marcar) de un campo en el Apéndice C para que puedas comprobar el conocimiento de tus jugadores.

Aunque las dimensiones varían de un campo a otro, todas entran dentro de los límites prescritos por la Federación Internacional de Fútbol Asociación (FIFA), el cuerpo gubernativo del deporte mundial. Los campos de fútbol pueden variar de 90 a 117 metros de longitud y de 45 a 90 metros de anchura.

Las mejores dimensiones para jugadores de instituto son, creemos, 108 metros por 68-72 metros. Mientras que la regulación de un campo de fútbol de instituto que mida 108 por 48 metros puede ser adecuada para escolares de enseñanza media o incluso juveniles superiores, es un campo demasiado largo para los jugadores alevines y demasiado estrecho y reducido para los jugadores mayores que necesitan mayor espacio de maniobra y para pasar el balón. Cuando los partidos de instituto se juegan en campos de fútbol, el resultado es que el balón se sale constantemente de los límites, hay incontables saques de banda y mucho tiempo muerto que resulta francamente aburrido para los espectadores y frustrante para los jugadores.

La buena noticia es que, como observó Bob Dylan en los años 1960, «los tiempos están cambiando». El fútbol está, por fin, ganando aceptación popular en este país. Puedes ver este crecimiento de popularidad, no sólo en los miles de equipos de nivel de club y ligas recreativas que aparecen año tras año en todas partes, o en el creciente número de institutos en toda la nación que añaden equipos de fútbol de chicos y chicas en sus programas de deportes, sino en el hecho de que muchas poblaciones y ciudades están construyendo campos de fútbol (auténticos terrenos de juego, no campos de fútbol con pistas de atletismo alrededor).

Perfil del campo

El terreno de juego está limitado por cuatro líneas: dos líneas de banda y dos líneas de fondo, que se extienden a lo largo y ancho del campo, respectivamente. Estas parejas de líneas paralelas forman el gran rectángulo dentro del cual se juega. Igual que con el béisbol, tenis y voleibol, las líneas fronterizas de un campo de fútbol son consideradas parte del terreno de juego; el balón no está fuera del campo hasta que va más allá de la línea de banda o de fondo.

La línea de mediocampo cruza el centro del terreno de juego, dividiéndolo en dos partes iguales. La línea de mediocampo separa las zonas de defensa y de ataque.

El círculo central divide la línea de mediocampo en el centro del terreno de juego, con un radio de 9 metros desde el punto central. Los saques iniciales se

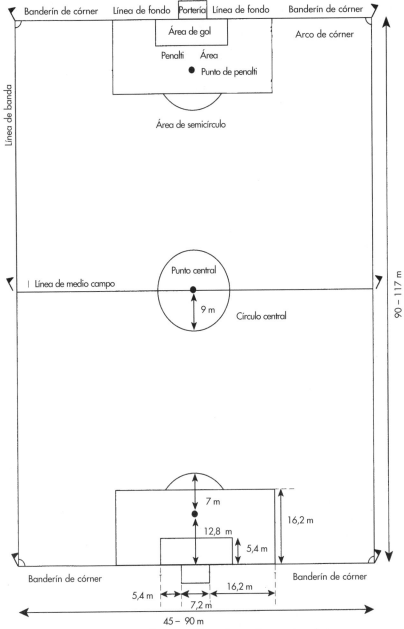

FIGURA 4-1. Terreno de juego: dimensiones, líneas y banderines.

efectúan desde el punto central para empezar cada parte del partido y reiniciar el juego después de la consecución de un gol.

Las porterías en cada extremo de campo tienen 7,2 metros de anchura y 2,4 metros de altura, con unas redes atadas para amortiguar el balón después de marcar un gol. El tamaño de las porterías está diseñado, como el resto del campo, a escala para los jugadores más jóvenes; la asociación de cada estado proporciona información en cuanto a las modificaciones del campo y porterías si se solicita.

El área de gol (con frecuencia llamada área del portero) es una zona relativamente pequeña, rectangular, y mide 18 metros de ancho por 5,4 metros de profundidad delante de la portería. Ya que los palos de la portería están separados por 7,2 metros el área de gol se extiende 5,4 metros más en cada lado de la portería. Los saques de portería se realizan desde cualquier punto dentro de estos 18 x 5,4 metros de área.

La rectangular área de penalti (área grande) mide 40 metros de ancho y 16,2 metros de profundidad desde la línea de fondo. Una infracción defensiva dentro de la misma y que incurra en cualquiera de las 9 mayores infracciones (véase pág. 105) termina en un libre directo desde el *punto de penalti* situado a 10,8 metros del centro de la línea de fondo, directamente delante de la portería.

El área de semicírculo se halla justo fuera del área de penalti y detrás del punto de penalti; su propósito es asegurar que nadie, excepto el atacante y portero, se encuentre a menos de 9 metros del balón en cualquier dirección cuando se lance un penalti. El atacante puede moverse fuera del semicírculo para adquirir más espacio al acercarse al balón.

Los arcos de saque de esquina son pequeños semicírculos, de 0,9 metros de diámetro, situados en cada una de las cuatro esquinas del campo. Definen las áreas desde donde se lanzan los saques desde esta posición.

En cada una de las cuatro esquinas del campo se erige un banderín de, al menos, 1,5 metros de altura[2]. El propósito de los banderines es ayudar al árbitro y juez de línea a determinar si los balones dirigidos a las esquinas salen de la línea de banda (en cuyo caso implicará un saque de banda) o de la línea de fondo (saque de esquina o saque de portería, según qué equipo haya tocado el balón la última vez). No hay que quitar los banderines en los saques de esquina.

---

2. La altura del palo del banderín es un factor de seguridad importante. Un palo corto puede empalar a un jugador con la mala suerte de caer encima. Los palos rotos deberían ser sustituidos o arreglados inmediatamente, y no ser utilizados en un estado incorrecto.

REGLAS Y PROCEDIMIENTOS DEL JUEGO

Las reglas del fútbol son las mismas allí donde se juegue. Mientras que el fútbol mundial es administrado por la FIFA y sus diversas asociaciones nacionales afiliadas, el fútbol americano de instituto y de club es dirigido en los ámbitos locales y estatales, con reglas que varían ligeramente de las aplicadas en la FIFA en algunos aspectos menores (duración de los partidos, límites de sustitución). En el nivel de instituto público, las 50 asociaciones estatales de instituto son miembros de (y juegan bajo las reglas acordadas por) la National Federation of State High School Associations (NFSHSA).

De esta forma, mientras que la FIFA establece la duración de los partidos de fútbol internacionales en 45 minutos cada parte, la NFSHSA dice que son 40 minutos cada parte para los partidos de instituto, y en el ámbito de club, en Georgia, 45 minutos cada parte para los jugadores de 17 a 19 años, 40 minutos entre 15 y 16 años, 35 minutos entre 13 y 14 años, 30 minutos de 11 a 12 años, y 25 minutos o menos para los jugadores más jóvenes, a la discreción de los cuerpos de gobierno locales. Otros estados establecen sus propios límites de tiempo para los clubs.

En cuanto a las sustituciones, la FIFA permite un máximo de cinco suplentes en la lista de un equipo, y tres sustituciones por equipo durante el partido, y los jugadores sustituidos no pueden volver a entrar en el terreno de juego. En Estados Unidos, donde las autoridades del fútbol están haciendo todo lo que está a su alcance para ampliar la participación en todos los ámbitos de juego, estas reglas han bajado el listón de forma espectacular, al menos desde los institutos hacia abajo. Según las reglas de la NFSHSA, los jugadores pueden ser sustituidos libremente y en cualquier momento siempre que lo desee el entrenador, siempre y cuando las sustituciones se produzcan en los tiempos muertos del juego (p. ej.: después de un gol, en la media parte, durante los tiempos en que se atiende a un jugador lesionado, cuando el árbitro muestra tarjetas amarillas o rojas, o antes de un saque de banda, un saque de esquina o un saque de portería). Otras condiciones de las reglas en cuanto a la duración de los partidos, sustituciones y modificaciones para el juego de instituto o de clubes pueden extraerse de sus respectivos reglamentos, los cuales están perfectamente disponibles mediante los cuerpos de gobierno estatales. Las reglas en cuanto a la elección del jugador en el ámbito de instituto se encuentran en un manual separado que las asociaciones de instituto estatales se entregan a los entrenadores cada año.

Estos cambios de forma no afectan a la validez de nuestra frase inicial: las reglas que gobiernan el deporte del fútbol son las mismas allí donde se juegue. El fútbol es, como el *hockey* (y a diferencia del fútbol americano, baloncesto, béisbol o voleibol), un juego de acción siempre continua. Cuando el partido ha empezado con el saque desde el punto central, no hay tiempos muertos, y el reloj se detiene sólo cuando un equipo marca[3], el tiempo se acaba al final de cada parte, hay lesiones en el campo o surgen retrasos inevitables (p. ej.: un perro se cruza en el campo o el balón pierde aire). El árbitro puede también añadir unos minutos al reloj cuando se considera que un equipo ha perdido el tiempo después de que se haya detenido el juego con el silbato.

Marcar

El objeto del fútbol es ganar marcando más goles que el rival. Para que se considere gol, tiene que entrar el balón entero en la línea de gol, bajo el larguero y entre los palos.

Los diversos cuerpos gubernativos del fútbol tienen sus propios formatos para resolver los partidos empatados al final del juego reglamentario. Sin embargo, generalmente, en la mayoría de partidos de la liga regular en todo el mundo los empates al final del juego reglamentario no se resuelven.

Saques iniciales

Lanzando una moneda al aire antes del partido se decide qué equipo va a sacar y qué portería empezará defendiendo. El ganador de este sorteo elige una de las dos opciones primero, y el perdedor tiene que aceptar la opción que desestima el primero. Cuando el balón se sitúa sobre el terreno de juego para el saque inicial, todos los jugadores tienen que estar en su propia mitad del campo y a nadie se le permite entrar en el círculo central excepto a los jugadores que procedan a sacar.

A diferencia del fútbol americano, en el fútbol el equipo que saca lo hace para sí mismo; el balón debe circular hacia delante, y se puede marcar un gol directamente desde el saque inicial. El balón está en juego después de que su circunferencia (es decir, 69-71 cm) se ponga en movimiento, después de lo cual cualquier jugador de cada equipo es libre de entrar en el círculo central o cruzar la línea de mediocampo. El jugador que saca no puede tocar el balón más de una vez hasta que alguien más lo haya hecho.

Después de la primera parte, los equipos cambian de portería. El saque para iniciar la segunda parte lo realiza el equipo que en la primera mitad no lo hizo.

---

3. Ocurre en el ámbito de instituto. El reloj no se detiene después de marcar un gol a escala de club.

Reanudación del juego después de las interrupciones

En el fútbol el juego no siempre es continuo, pero sí lo es hasta que el árbitro silba indicando que el juego debe detenerse. Cuando esto ocurre, el partido se reanuda de una de estas cinco maneras: con un saque neutral, un saque de banda, un saque de portería, un saque de esquina o un tiro libre.

Saque neutral. Cuando ni el árbitro ni el juez de línea saben qué equipo mandó el balón fuera (o cuando el juego se detiene temporalmente por razones como la pérdida de aire del balón o porque un niño ha entrado en el terreno de juego (el árbitro reanuda el juego dejando caer el balón entre los jugadores de un modo similar al *hockey*, con los jugadores cara a cara, excepto que puede participar cualquier número de jugadores, no sólo dos.

Saques de banda. Cuando un equipo toca el balón la última vez antes de que cruce la línea de banda y salga fuera, el otro equipo efectúa el saque de banda en ese punto para reiniciar el juego. El jugador que realiza el saque debe situarse detrás de la línea, sujetando el balón por encima y detrás de la cabeza con las dos manos, y de cara al terreno de juego. Tiene que hacer el lanzamiento bien con ambos pies pegados al suelo o bien con el pie de delante pegado al suelo y los dedos del otro pie deslizándose por el suelo (para generar mayor fuerza en el lanzamiento). No puede levantar los dos pies o saltar al lanzar el balón, ni puede hacer el saque con una mano. Luego, habiendo lanzado el balón, no puede volverlo a tocar hasta que alguien más lo haya hecho.

Saques de portería. Cuando el equipo atacante toca el balón antes de cruzar la línea de fondo y éste sale del campo, el equipo que defiende consigue un saque de portería. Aunque normalmente el portero es el elegido para realizarlos, cualquiera de su equipo puede hacerlo. El balón se coloca en el suelo en cualquier lugar dentro del área de gol (área pequeña). Nadie del equipo contrario puede entrar en el área de penalti hasta que el balón salga de ella. Si el balón es tocado dos veces (o si no sale del área de penalti) se vuelve a lanzar.

Saques de esquina. Cuando el equipo atacante toca el balón antes de que salga de la línea de fondo, el equipo defensor lo pone en juego mediante un saque de esquina lanzado desde el arco de córner más cercano de donde salió el balón. No se permite a ningún jugador de la defensa contraria situarse a 9 metros del balón hasta una vez realizado el lanzamiento. El balón está en juego cuando se pone en movimiento, y el lanzador no puede volverlo a tocar hasta que otro lo toque o lo dispute. Pueden marcarse goles directamente desde los saques de esquina sin que otro jugador toque el balón.

Tiros libres. Hay dos tipos de tiros libres, el directo y el indirecto, cuyas diferencias están en que: (a) mientras los tiros libres indirectos son la consecuencia de violaciones no intencionadas de las reglas (p. ej.: un fuera de juego), los tiros libres directos son concedidos por mayores infracciones (intencionadas), y (b) mientras que alguien además del lanzador debe tocar el balón antes de marcar un gol en el caso del tiro indirecto, el jugador mismo/a puede disparar y marcar de un disparo en el directo.

Tiros libres indirectos. Se concede un tiro libre indirecto a un equipo cuando un jugador contrario comete una infracción menor. Los fueras de juego son una de estas infracciones; otras incluyen el juego peligroso, como levantar demasiado el pie o los remates con la cabeza baja; cargar contra un oponente con el hombro cuando ninguno de los dos disputa el balón (llamado «falta sin balón»); obstruir intencionadamente al rival cuando no disputa el balón; cargar contra el portero cuando no coge el balón; cuando el portero tarda más de 5 segundos en pasarlo o chutar, y las faltas técnicas, como que el mismo jugador chute el balón dos veces al ejecutar un tiro directo.

Los jugadores pueden ser advertidos o recibir una tarjeta amarilla por actos de violaciones menores persistentes, entrar o dejar el terreno de juego intencionadamente sin el permiso del árbitro, discutir con el árbitro o caer en un comportamiento poco decoroso o correcto. Tales infracciones dan al equipo rival un tiro libre indirecto en el lugar de la falta.

A los jugadores se les puede amonestar con la tarjeta roja y expulsar del partido por conducta violenta por utilizar un lenguaje vulgar e insultante o por recibir una segunda tarjeta amarilla. El jugador descalificado no puede ser sustituido; el equipo debe jugar con un jugador menos el resto del partido.

En el ámbito de instituto, los entrenadores pueden ser amonestados con tarjeta amarilla o roja por conducta impropia del tipo descrito antes; además está a total discreción del árbitro proceder a expulsar a los aficionados que insultan o son hostiles del recinto, o descalificar al equipo y considerar el partido ganado por el otro equipo como castigo.

En el fútbol, el árbitro es el juez supremo, y el entrenador, jugador o aficionado que no lo entienda lo puede lamentar. Puedes ser el rey o la reina de tu castillo en casa, Entrenador, pero en el campo la palabra del árbitro es ley. Si tú o alguno de tus jugadores insiste en tener la última palabra en lo que respecta a los árbitros, es probable que la palabra sea «adiós».

Cuando se concede un tiro libre indirecto, no está permitido que ningún jugador rival se sitúe a 9 metros del balón hasta que sea lanzado[4], y no puede haber gol hasta que alguien más toque el balón.

---

4. Excepto cuando el equipo que lanza elige ejecutar un rápido tiro libre, ya sea directo o indirecto. La regla de los 9 metros de distancia entra en efecto sólo cuando lo pide el equipo que lanza.

Tiros libres directos. Los tiros libres directos son el resultado de cualquiera de las 9 infracciones mayores de las reglas: dar una patada a un rival; pisar a un rival; saltar sobre un rival; cargar con violencia o con peligro contra un rival; pegar o escupir a un rival; agarrar a un rival; desplazar a un rival; cargar contra un rival desde atrás, o usar cualquier parte de las manos o brazos adrede para controlar el balón. En todos los casos excepto en uno (véase más adelante), los tiros directos a portería se ejecutan desde el punto de la falta. Ningún jugador rival puede estar a 9 metros del balón hasta que se lance la falta.

La excepción a lo expuesto afecta a los lanzamientos de penalti. Como antes hemos apuntado, cuando se comete una falta mayor dentro del área de penalti, el equipo que recibe la falta dispone de un disparo de uno contra uno desde el punto de penalti, a 11 metros de la portería, y nadie, excepto el jugador que va a ejecutar el penalti y el portero, puede entrar en el área de penalti hasta que se produzca el lanzamiento[5].

Lanzamientos de penalti. Implicando a sólo dos jugadores (un atacante y el portero rival), los lanzamientos de penalti se encuentran entre las confrontaciones más emocionantes y desafiantes del fútbol. Los dos jugadores se encuentran a 11 metros de distancia, con el resto observando desde más allá del área de penalti y su semicírculo; el portero puede situarse en cualquier lugar a lo largo de la línea de gol entre los palos y bajo el larguero[6], y el atacante no puede disparar el balón en ninguna dirección excepto la portería. El atacante tampoco puede disparar el balón por segunda vez hasta que alguien lo toque o dispute.

Si el portero rechaza el balón fuera del campo, se concede un saque de esquina al equipo atacante; si el balón es rechazado dentro del terreno de juego, se considera que está en juego, y el lanzador o cualquiera que acceda al balón puede hacerse con el mismo y disparar a gol; y si el tiro de penalti rebota en el larguero o en el poste, el lanzador no puede tocar otra vez el balón hasta que otro lo toque o dispute. (Penalti: tiro libre indirecto a favor del rival desde el lugar de la infracción.)

Fuera de juego. En baloncesto, hay una estrategia conocida como «palomita», en la cual mientras los otros 9 jugadores juegan en un extremo de la pista, el décimo jugador se queda bajo su propia canasta en el otro extremo, esperando que le pasen el balón para marcar dos puntos fáciles. Esto no puede

---

5. Cuando el equipo atacante comete una infracción dentro del área de penalti del rival se concede a la defensa un tiro libre directo en el lugar de la falta.
6. En el fútbol de instituto, el portero no puede mover los pies hasta que el balón sea lanzado; según las reglas de la FIFA, puede dar un paso en cualquier dirección antes del lanzamiento.

ocurrir en el fútbol, debido a una regla, a veces confusa, llamada fuera de juego. La regla del fuera de juego pretende evitar que los partidos de fútbol degeneren en innumerables sucesiones de pases largos y confrontaciones de uno contra uno cerca de las porterías de cada equipo. Los marcadores de 80-76 o superiores pueden ser la norma en baloncesto, pero no así en el fútbol.

Básicamente, la regla del fuera de juego dice que cuando un jugador está por delante del balón en la mitad del campo rival, al menos un defensa, además del portero, tiene que encontrarse más cerca de la línea de gol que él cuando reciba el balón. No obstante, estar por delante del balón con sólo el portero entre un atacante y la portería no implica estar en fuera de juego, ya que se convierte en una ventaja desleal sólo cuando el atacante recibe el balón de un compañero. *El fuera de juego se determina por dónde estaba el jugador en el momento del pase del compañero, no por dónde estaba cuando lo recibió* (figuras 4-2 y 4-3).

No puede haber fuera de juego cuando un jugador recibe un saque de banda, disparo a gol o saque de esquina.

Todo esto parece en cierto modo confuso para alguien nuevo en el fútbol; después de todo, las *Leyes del Juego* de la FIFA dedica 24 páginas a analizar la regla del fuera de juego y sus aplicaciones. Así que vamos a probarlo de nuevo desde una perspectiva algo diferente.

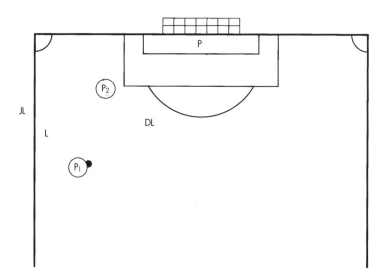

FIGURA 4-2. No son fueras de juego.

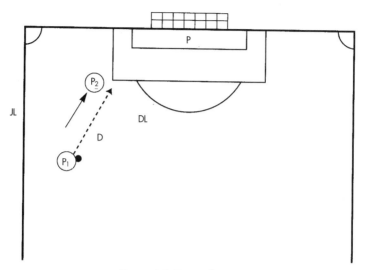

FIGURA 4-3. Fueras de juego.

Eres el atacante con el balón, y yo soy el defensa que te está marcando (vigilando). Si ya tienes el balón en mi mitad de campo, el fuera de juego no es problema siempre y cuando tengas el balón; si puedes regatearme y disparar a portería, uno contra uno con el portero, ¡vaya, no es mi día de suerte! Apúntate un tanto.

Sin embargo, la situación es radicalmente distinta cuando estás en mi extremo defensivo del campo y uno de tus compañeros decide pasarte el balón por delante. Si cuando te pasa el balón te encuentras más cerca de la portería que yo, y ningún defensa excepto el portero está más cerca de la portería que tú, tu posición es de fuera de juego. Al menos tiene que existir una ventaja defensiva de dos a uno (es decir, el portero y yo tenemos que estar más cerca de nuestra portería que tú) cuando te pasen el balón, si no quieres que te señalen fuera de juego[7].

Después de que te hayan pasado el balón (o mientras avanza) puedes correr y superarme, recoger el pase y hacer un uno contra uno con el portero, como se muestra en la figura 4-3; si lo consigues, en fin, apúntate otro tanto. No estabas en fuera de juego cuando te pasaron el balón. Tendría que haber defendido mejor.

La regla del fuera de juego y sus muchas aplicaciones ofrece una amplia evidencia de por qué es importante para ti y tus jugadores comprender las *Leyes*

---

7. «Más cerca de la portería» significa sólo eso; no estás en fuera de juego si el pase se produce mientras corremos uno junto al otro.

del Juego lo mejor posible. Si tus jugadores no conocen las reglas (y si no están lo bastante familiarizados con el campo para reconocer cuándo están en fuera de juego), las propias reglas funcionarán como un jugador número doce en el campo en contra de tu equipo.

Considéralo así: cada vez que unos de tus jugadores está en fuera de juego, el equipo pierde la posesión del balón y es posible que también una oportunidad de marcar, ya que no puedes hacerlo cuando el otro equipo posee el balón. Desperdicia las suficientes oportunidades de marcar y terminarás perdiendo partidos que deberías haber ganado.

Alguien más sabio que nosotros dijo que «un gramo de prevención equivale a un kilo de curación». Entender las reglas del juego es el gramo de prevención que tú y tus jugadores necesitáis si queréis que el equipo desarrolle su potencial y evite perder partidos que se pueden ganar por culpa de errores evitables. Nunca eliminaréis totalmente errores previsibles como las violaciones de los fueras de juego, pero cuanto más cerca estés de ese objetivo, mejor jugará el equipo.

LOS JUGADORES

Un equipo entero consta de 11 jugadores: un portero y 10 jugadores de campo. Estos últimos pueden ser alineados de varias maneras, una de las cuales se muestra en la figura 4-4. Todos excepto el portero juegan al ataque y en defensa, y se consideran defensas, centrocampistas o atacantes.

Los jugadores cuyas principales responsabilidades son defensivas por naturaleza incluyen al portero, el defensa libre, los defensas y el central, los cuales tienen que ser rápidos, fuertes, atentos, agresivos y sobre todo firmes si esperas controlar a los rivales en defensa.

Como veremos en el capítulo 7, la zona de mediocampo es crucial para la estrategia del equipo. Es aquí, en el tercio medio del campo, donde es más probable que surjan las ventajas ofensivas y defensivas; de esta manera, el equipo que controle el mediocampo tiende también a extender ese control a los tercios atacantes o defensivos. Tus centrocampistas son los motores del equipo; tienen que ser jugadores versátiles, hábiles en los pases y en ataque y también en el juego de defensa.

Los extremos y los delantero centros o arietes son básicamente atacantes (es decir, jugadores ofensivos). Los extremos atacan junto a las líneas de banda, abriendo la defensa y creando espacios en el ataque. La tarea principal de los delanteros es conducir el ataque y marcar goles.

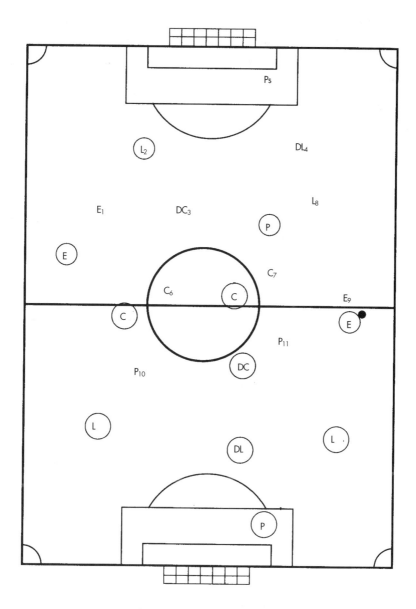

FIGURA 4-4. Típica alineación defensiva al hombre, con el balón cerca de la línea de banda en el mediocampo.

El portero

Los porteros llevan uniformes de un color diferente del resto de los compañeros. Su responsabilidad principal es evitar que el balón cruce la línea de gol, y el secundario es dirigir la defensa. De los 22 jugadores del campo, los porteros son los únicos que siempre tienen una visión completa de lo que ocurre. También son los únicos jugadores a quienes se les permite legalmente usar los brazos y manos para atrapar, rechazar o pasar el balón; no obstante, estas facultades están restringidas al área de penalti.

Puesto que el portero (P_5 en la figura 4-4) representa la última línea de defensa antes de que el rival pueda marcar, en raras ocasiones se aventura a salir lejos del área de gol. Normalmente los porteros están justo delante de la línea de gol, a medio camino entre los palos, y se mueven en paralelo por la línea de gol siguiendo el movimiento del balón. Llamamos este movimiento hacia la zona donde se disputa el balón *reducir el ángulo de tiro*. Implica ceder un buen espacio abierto de la portería en el área alejada (es decir, la parte del campo alejada del balón) con el fin de intensificar la cobertura por donde circula el balón, donde es más probable que ocurra un disparo a portería (figura 4-5).

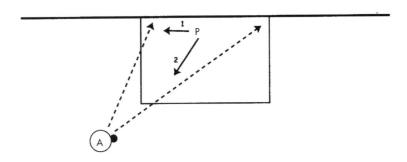

FIGURA 4-5. El movimiento del portero para reducir ángulos de disparo.

Si no hubiese ningún defensa en el área de gol, el delantero en la figura 4-5 apuntaría su disparo al centro de la portería para evitar el mayor margen de error posible. Sin embargo, con el portero parado a medio camino entre los palos, el delantero apuntará, con toda probabilidad, a la esquina izquierda más baja de la portería porque está más cerca que el otro lado. Sabiendo esto, el portero se moverá en la portería hacia el lado del balón, aunque sólo ligeramente, por supuesto, ya que ello dejaría la parte derecha de la portería desprotegida, pero sí lo suficiente como para aumentar sus posibilidades de atrapar o rechazar el disparo más cerrado.

El «1» y «2» mostrados en la figura 4-5 indican las posiciones relativas que un portero poco experimentado y uno veterano podrían asumir para defender un disparo a portería como el del ejemplo, con el principiante (1) moviéndose por la línea de gol y el veterano (2) moviéndose fuera de la línea de gol y hacia el lado del balón. El movimiento exterior del veterano sirve para reducir más el ángulo efectivo a portería del delantero si decide hacer un disparo largo.

A veces el portero incluso puede salir completamente del área de gol para rechazar un balón suelto o desafiar a un atacante libre de marcaje. No obstante, hacer esto puede suponer un gran peligro, ya que si el atacante llega primero al balón (o si frustra el intento del portero de contenerle) no queda nadie para defender la portería.

Habiendo impedido o atrapado un disparo a portería, rechazado un balón suelto o recuperado el balón en juego, el portero puede elegir usar una o dos manos para lanzarlo o pasarlo a un compañero, o disparar con el pie. Puede dar hasta cuatro pasos antes de hacerlo. Lo que no puede hacer es mantener el balón en su posesión indefinidamente. Si no se quita de encima el balón en 6 segundos, es penalizado por pérdida de tiempo, y el equipo rival consigue un tiro libre desde el punto de la infracción[8].

El defensa libre

Si el portero es el último defensa de la línea defensiva del equipo, el defensa libre (DL$_4$ en la figura 4-4) es el penúltimo; es el defensa que cubre el lado del balón del área de penalti entre el portero y el balón. El defensa libre juega básicamente en la zona de defensa al margen de cómo juegue el resto del equipo; sus responsabilidades principales son organizar y dirigir la defensa del equipo, marcar a cualquier rival libre de marcaje que amenace la defensa y detener cualquier regate que rompa la defensa y ataque el área de gol.

Ofensivamente, el defensa libre normalmente funciona como un jugador de apoyo, sobre todo pasando el balón de un delantero a otro o manteniendo la posesión del mismo mientras la delantera se reorganiza después de que un ataque inicial se haya frenado o echado a perder.

Laterales

Los laterales (L$_2$ y L$_8$ en la figura 4-4) marcan hacia delante en la defensa al hombre. En la zona de defensa, deben evitar maniobrar en el centro del campo, o de lo contrario los flancos defensivos en los laterales quedarán abiertos para el ataque rival.

---

8. A menos que el delantero estuviese dentro del área de gol, en cuyo caso el balón se coloca en la línea de 5,4 metros delante de la portería.

Los laterales defienden y atacan por las bandas, se sitúan muy abiertos, intentando abrir la defensa rival en todo el terreno de juego. También pueden servir como «válvulas de seguridad» al mantener la posesión del balón para proteger un resultado, o cuando la delantera no progresa y los jugadores necesitan tiempo y espacio para volverse a situar para un nuevo ataque.

El central

Si Pelé o Maradona todavía jugasen y en su apogeo, probablemente asignarías a un defensa central (DC_3 en la figura 4-4) o un centrocampista, para marcarlo. Marcar a delanteros rápidos y agresivos que tienen más movimientos y recursos que un carterista en una calle abarrotada de gente no es nada fácil, pero es un desafío, y muy satisfactorio cuando se realiza con éxito. Jugando en el centro del campo, los centrales tienen que ser hábiles despejando el balón con la cabeza y sacándolo de peligro.

Queremos que los centrales crean que cada gol potencial que impiden a la estrella delantera rival es equivalente a un gol marcado por nuestro equipo. No lo es, por supuesto, pero queremos que jueguen con rapidez y entrega, ya que sólo un esfuerzo máximo es probable que frene a un delantero con verdadero talento.

Centrocampistas

Jugando sobre todo en el tercio medio del campo, los centrocampistas (C_6 y C_7 en la figura 4-4) sirven de enlace vital entre la defensa y el ataque. En defensa, los centrocampistas funcionan como segundos centrales, marcando a los centrocampistas rivales o a los medias puntas rivales. En ataque, los centrocampistas tienen la misión de subir el balón y hacer pases penetrantes a los extremos o al tercio del campo de ataque.

Extremos

Siendo sobre todo jugadores de ataque, los extremos (E_1 y E_2, en la figura 4-4) deben ser capaces de correr por las bandas y buscar posiciones de disparo a portería, o de hacer series de pases combinados con los compañeros en situaciones de 2 contra 1.

Los extremos deben ser buenos regateadores y pasadores, especialmente cuando se trata de ejecutar pases cruzados precisos. En cuanto a la primera condición, en general resulta más fácil para el extremo avanzar con el balón regateando en las bandas que para el delantero centro intentar hacerlo en el corazón de la defensa en el medio del campo. En cuanto a la última condición, los extremos deben «ver» el campo mientras regatean para localizar huecos en la defensa o encontrar compañeros que se libren de sus marcadores, o para saber cuándo lanzar el balón al extremo opuesto del campo para pillar a los defensas desprevenidos.

Delanteros (también llamados puntas)

Actuando como los principales rematadores del equipo, los delanteros (P_{10} y P_{11} en la figura 4-4) son el corazón y el alma de la unidad de ataque. Su principal función es crear y explotar ventajas en ataque (y marcar goles). Los delanteros deberían ser, tal como el entrenador Jake Gaither describió a sus jugadores, «á-gi-les, mó-vi-les y hos-ti-les», es decir, tienen que ser rápidos, agresivos, dispuestos a arriesgar y capaces de desbordar a sus marcadores y forzar situaciones de ataque con mucha velocidad bajo la intensa presión defensiva. Además de ser hábiles con los pases, regates y disparar a portería con cada pie desde todos los ángulos, los delanteros deben ser hábiles rematando con la cabeza y controlando el balón en carrera para no perder opciones en ataque. Deben ser capaces de presionar a los rivales en defensa después de perder el balón, ya sea para recuperarlo o para frenar el ataque rival y dar a los compañeros tiempo para recuperar y organizar la defensa del equipo.

Los mejores delanteros juegan con una confianza que roza la arrogancia; quieren el balón sin tener en cuenta la situación, y toman la responsabilidad en el límite del tiempo, cuando el reloj apremia y su equipo pierde por un gol. Cuando nada excepto un disparo afortunado a portería puede funcionar, todo equipo necesita un delantero que quiera crear la oportunidad de marcar y espera poder disparar.

Para terminar este capítulo, debemos apuntar que, a diferencia, por ejemplo, del fútbol americano, las posiciones en el fútbol son muy flexibles. Con la excepción de los dos porteros, cada jugador en el campo es probable que juegue en dos o más posiciones de ataque y/o defensa durante el partido. Estos cambios no se anuncian; simplemente suceden de forma natural en el transcurso del partido.

Por ejemplo si un lateral en una defensa 5-3-2 se encuentra fuera de posición para incorporarse al ataque cuando su equipo recupera la posición del balón, otro compañero (posiblemente un centrocampista que esté en posición de hacerlo) ocupará su lugar junto a la banda. Más adelante, quizá, pueden volver a sus posiciones iniciales (o, también es probable, según su versatilidad, que uno de ellos o ambos tenga la ocasión de intercambiar posiciones con otros compañeros).

Lo más importante que hay que recordar es que el *fútbol es un juego donde se aprovechan las oportunidades o se pierden.* No es conveniente ni prudente para el equipo atacante frenar y esperar a que determinado jugador alcance a los compañeros atacantes cuando la defensa está desorganizada y no sabe cómo marcar a los delanteros. Sólo cuando el ataque inicial quede frustrado, los jugadores deberán empezar a considerar volver a sus posiciones habituales.

Lo mismo ocurre con la defensa: si en una defensa al hombre dos jugadores se ven obligados a alterar sus responsabilidades de marcaje, mantendrán los nuevos emparejamientos tanto tiempo como el otro equipo tenga el balón, volviendo a recuperar sus marcajes originales la próxima vez que el rival tenga el balón.

Capítulo **5**

FUNDAMENTOS DEL FÚTBOL

*Mi padre me vio chutar con el pie derecho cuando era niño,
y me enseñó a hacerlo también con el izquierdo para
que pudiera disparar rápido desde cualquier posición
en cualquier dirección. Disparar con potencia depende de la fuerza
de las piernas, pero también tienes que aprender a usar mejor
esa fuerza con la mejor posición del pie sobre el balón.
La posición de impacto es muy importante. Creí todo esto
y empecé a chutar contra la pared, para practicar
con ambas piernas, una y otra vez, hora tras hora. Pie derecho,
pie izquierdo, hasta que tuve la misma fuerza en las dos piernas.*

–Pelé

ENSEÑAR TÉCNICAS DE FÚTBOL

Nadie nace con técnicas futbolísticas o de entrenador. Mientras que algunos jugadores poseen una mayor habilidad para el deporte que otros (p. ej.: mayor velocidad, equilibrio o agilidad), estas ventajas sólo son importantes cuando se dominan las técnicas fundamentales del fútbol. La velocidad y la anticipación pueden situarte en una situación de juego ventajosa, pero no pueden jugar por ti.

Como ocurre en la mayoría de deportes, muchas de las técnicas básicas del fútbol no son naturales; deben aprenderse mediante una enseñanza rigurosa, ejercicios y entrenamiento, tal como apuntó Pelé. Por ejemplo, la forma «natural» de dar una patada a los objetos es con la punta, no con el lateral del pie; sin embargo, controlar la velocidad, la dirección y el efecto del balón en el pase, disparo o regate precisa la superficie lisa del empeine exterior o interior (que a su vez precisa un movimiento en el disparo bastante diferente del que realiza la punta del pie).

Como entrenadores, por supuesto ya sabemos todo lo expuesto; entonces, ¿tenemos razón al asumir que los jugadores lo saben cuando vienen a nosotros la primera vez? ¿Deberíamos asumir que dominarán esas técnicas (o cualquier otra) si no se las enseñamos? ¿Los jugadores con una habilidad natural pueden desarrollar su potencial sin la enseñanza y el aprendizaje de los fundamentos? Por supuesto que no.

La condición ideal sería, lo admito, que los hombres actuasen bien por instinto; pero ya que tendemos al error, lo más razonable es aprender de los que pueden enseñar.

–Sófocles
Antígona (año 442 a.C.)

Si acabas de empezar a entrenar, deberías partir de una sola premisa. A largo término, ésta determinará la efectividad de tu entrenamiento:

Entrenar bien se basa en enseñar.

Los dos aspectos más importantes de enseñar son *comunicar* y *usar ejercicios repetitivos para que la ejecución de las técnicas sea habitual*.

Comunicar consiste en encontrar formas de conseguir que los jugadores entiendan lo que necesitan saber para jugar bien. A veces ello implica la demostración y explicación de nuevas técnicas; a veces implica corregir errores. En todos los casos, requiere paciencia y disposición para intentarlo, y volverlo a intentar si en un primer momento los jugadores no consiguen aprender lo que intentas enseñarles.

Aprender es impredecible; ocurre a su propio ritmo, y nunca se sabe con antelación cuándo va a suceder. Lo mejor que cualquier entrenador puede hacer es crear condiciones favorables para aprender en los entrenamientos, ser un profesor más que un espectador y buscar constantemente nuevas formas de demostrar y decir a los jugadores cómo ejecutar las técnicas fundamentales del fútbol.

El fútbol es un juego de hábitos. Su naturaleza de elevada velocidad y movimiento constante precisa que los jugadores tomen rápidas decisiones mientras ejecutan técnicas fundamentales. La correcta ejecución de las técnicas requiere una práctica y repetición constante. En este contexto, enseñar consiste en comunicar conceptos de forma correcta, y usar ejercicios y actividades que implican técnicas específicas repetidas una y otra vez hasta que los jugadores ya no tengan que pensar cómo se supone que esas técnicas deben realizarse.

Cuatro principios para enseñar y aprender

1. *No puedes enseñar a gente que no escucha.* Tienes que procurar que toda acción y conversación se detenga y todas las cabezas se giren hacia ti cuando hables al equipo, o cuando te dirijas a un jugador en particular en un contexto de equipo. (Esto es especialmente importante al entrenar a niños de poca edad, cuyo margen de atención se mide en décimas de segundo. Constantemente les decimos «préstame tus ojos»). De lo contrario te vas a encontrar diciéndoles cosas que no haría falta repetir más de una vez si los jugadores hubiesen escuchado. Tienes que procurar que tus jugadores se concentren, no sólo en lo que hacen, sino también en lo que dices.

2. *No puedes enseñar a personas que no quieren aprender.* De hecho, no deberías ni tenerlas en tu equipo. Es algo sobre lo que reflexionar al seleccionar la plantilla en las pruebas de pretemporada.

3. Lo contrario de la frase de arriba es igual de importante: *nunca debes rendirte con un jugador que quiere aprender.* El deseo de aprender es lo que hace posible el aprendizaje.

4. *Practicar los fundamentos debería preceder a los ejercicios competitivos.* Es difícil competir cuando eres incapaz de realizar las técnicas necesarias para competir.
   Cuanto más organizados sean tus entrenamientos, más conseguirás. La organización es un hábito (un aspecto aprendido) no un talento dado por Dios. Nunca hemos conocido a un entrenador con verdadero talento que no estuviera organizado. Planificar tus entrenamientos (y apuntarlos para recordar lo que quieres realizar) da estructura a tus sesiones de entrenamiento. Saber de antemano qué áreas quieres cubrir y cómo piensas enfocarlas te da confianza para empezar; también da confianza a los jugadores el hecho de que sepas lo que haces, a dónde va el equipo y cómo planificas llegar allí.

Sugerencias para una enseñanza eficaz

1. *No asumas que los jugadores entienden de qué hablas sólo porque no hacen preguntas.* Quizá se trata tan sólo de timidez para hablar en voz alta, o no quieren parecer estúpidos por no saber lo que creen que el resto entiende.

Si quieres saber si los jugadores te entienden, pregúntales sobre el tema en cuestión. Siempre debes animar a los jugadores a que hagan preguntas siempre que no entiendan algo, sin importar lo insignificante o trivial que pueda parecerles. Si creas un ambiente de equipo en el que ninguna pregunta sea estúpida o insignificante (excepto por supuesto la de «¿Cuánto tiempo durará la sesión?») y si tratas las preguntas de los jugadores con el respeto que merecen, es probable que consigas que hablen con más frecuencia porque quieren aprender y no tienen miedo de tu desprecio o de la desaprobación de sus compañeros cuando no entienden algo. Responder a las preguntas nunca es una pérdida de tiempo. Lo difícil es conseguir que los jugadores las hagan.

2. *Enseñar nuevas técnicas y estrategias en pequeñas dosis.* Sigue siempre este principio: hazlo fácil y estúpido. Usa ejercicios concretos para enseñar técnicas específicas. Fragmenta las técnicas y estrategias de equipo en las partes de que se componen y practica cada parte por separado antes de volverlas a unir. Empieza por su nivel actual, y en ningún momento intentes enseñar más de lo que los jugadores estén preparados para asumir.

Hay dos máximas para la noción de enseñar en pequeñas dosis: *no intentes enseñarlo todo de golpe, y no esperes que tus enseñanzas se reflejen en un éxito absoluto.*

En cuanto a la primera, recomendamos limitar tu enseñanza a una o dos nuevas técnicas en una sola sesión de entrenamiento, utilizando el resto del tiempo del entrenamiento a trabajar en áreas que hayas cubierto previamente.

Intentar abarcar todos los aspectos en cada entrenamiento puede ser frustrante para los jugadores, sobre todo para aquellos individuos cuya inexperiencia limita lo que pueden absorber en cualquier momento. La disciplina puede parecer necesaria o deseable cuando los jugadores tienen mucho que aprender y muy poco tiempo para aprenderlo; sin embargo, poner énfasis en una o dos áreas distintas en cada sesión y utilizar una serie de ejercicios para practicar esas técnicas y ampliar tu enseñanza sirve para mantener a los jugadores centrados dentro de unos estrechos límites. También ayuda a mejorar su concentración y aumenta sus posibilidades de lograr éxitos, por pequeños que sean, en lo que están haciendo. Las sesiones con un amplio enfoque están bien para los jugadores muy expertos, pero, incluso entonces, las nuevas técnicas o pautas deberían introducirse de forma que inspirasen a los jugadores a dominarlas antes de que lleguen a frustrarlos porque no pueden dominar una técnica determinada al instante. La frustración mengua en los jugadores la habilidad de concentración, y de esta forma aumenta las probabilidades de error en los siguientes intentos que realicen.

En cuanto al último punto, ese éxito instantáneo es improbable que lo consigas enseñando. Recuerda esto: *la enseñanza no consigue las técnicas del fútbol;*

las introduce o las modifica. Las técnicas se consiguen mediante un proceso de tres pasos: repetición, repetición y repetición. Una vez hayas introducido una determinada habilidad con las técnicas de demostración y explicación (enseñar y decir) que creas oportunas, tu siguiente objetivo es hacer que los jugadores la practiquen bajo tu supervisión, corrigiendo los errores cuando surjan, hasta que los jugadores sean capaces de realizar la técnica correcta y consistentemente sin darse cuenta. La calidad de tus ejercicios influirá en su grado de interiorización de las técnicas, por supuesto, pero el tiempo también es un factor primordial en el aprendizaje. Anima a los jugadores a practicar en casa y en su tiempo libre las técnicas y ejercicios que emplees en tus sesiones; es el único atajo conocido para tener éxito enseñando y aprendiendo las técnicas del fútbol.

3. *En caso de duda, vuelve a los principios.* Todos los aspectos del juego de equipo, sin importar lo simples o complejos que sean, se basan en la ejecución con éxito de las técnicas fundamentales. Cuando determinado aspecto del juego de tu equipo no funcione, retrocede y trabaja las técnicas individuales que correspondan. El tiempo empleado trabajando en técnicas básicas nunca es tiempo perdido.

4. *Usa todas las fuentes disponibles al enseñar las técnicas.* Si nunca has jugado al fútbol, y no te sientes cómodo con la idea de demostrar la forma correcta de la ejecución de las técnicas, quizá puedas encontrar a alguien del lugar (un jugador universitario de instituto o un adulto experto) para que te ayude. Hay una serie disponible de muy buenos vídeos sobre fundamentos (véase Apéndice A), y conocemos a entrenadores que coleccionan fotografías de fútbol de revistas para elaborar montajes a modo de pósters que representan varias técnicas. Hemos dejado libros y vídeos a jugadores de nuestra biblioteca profesional, y hemos animado a los más jóvenes a que revisen también los libros de la librería local y escolar.

Los jugadores jóvenes que todavía se encuentran en los primeros estadios de su desarrollo como futbolistas deberían entender desde el principio que hay una forma correcta y otra incorrecta de ejecutar los fundamentos; el desarrollo de sus técnicas de juego requiere que los jugadores vean estas técnicas, demostradas correctamente por alguien que las ejecute debidamente. Como el rey Salomón apuntó con sabiduría: «Enseña a un niño cómo debe avanzar, y cuando sea viejo no sabrá hacerlo de otra forma». (Proverbios 22:6)

Las proyecciones en pantalla de partidos y vídeos son herramientas excelentes para enseñar; pueden usarse para demostrar técnicas y corregir errores. Ofrecen la ventaja de enseñar a los jugadores lo que hacen (en contraste con lo que creen estar haciendo), lo cual es importante para los jugadores demasiado inexpertos para haber desarrollado un sentido cinestésico de sus propios cuerpos en movimiento. Junto a esta misma línea, filmar en vídeo a jugadores individualmente (o al equipo en general) mientras juegan puede resaltar los puntos fuertes y las debilidades sobre las cuales a veces no tienen conciencia.

5. *Enseña nuevas técnicas o estrategias al inicio del entrenamiento, cuando los jugadores están frescos física y mentalmente.*

6. *Haz que los jugadores practiquen las técnicas básicas sin moverse del sitio, antes de llevarlas a cabo en movimiento.* La progresión habitual es sin movimiento, caminando, al trote y corriendo. Varias incorrecciones ocasionales para ejecutar una técnica a una velocidad determinada indican que esta técnica no ha sido interiorizada. Haz que el jugador retroceda a la velocidad inferior.

   La misma regla se aplica a los ejercicios individuales y de grupo. La progresión es individual, por parejas, grupos de tres o más jugadores, y ejercicios de equipo. Cuando estos ejercicios no funcionen con demasiada frecuencia, retrocede a los grupos.

   Para los ejercicios de ataque de equipo, la progresión debe ser: (1) caminar sin oposición; (2) caminar contra un marcaje pasivo (no agresivo); (3) ir al trote contra un marcaje pasivo; (4) correr contra un marcaje pasivo, y (5) correr a velocidad de partido contra un marcaje activo (agresivo). En todos los casos, las secuencias del ejercicio deberían finalizar con los atacantes disparando a portería.

7. *Intenta que los entrenamientos sean agradables.* «Me gusta ver sonreír a los jugadores entre sudor y lágrimas», dijo un entrenador. Sin duda, esto es a veces más fácil decirlo que hacerlo; no obstante, debería considerarse un objetivo deseable, ya que la alternativa es que los jugadores odien venir a entrenar cada día. (*Nota:* no estamos diciendo que los entrenamientos siempre tienen que ser divertidos en el sentido de que reine un ambiente informal, o que haya que dejar que los jugadores hagan lo que quieran, porque disfrutar también deriva de cumplir objetivos, mejorar las técnicas y participar en ejercicios competitivos y actividades.)

   Hay varias maneras de hacer que las sesiones sean agradables, una de las cuales es variar los ejercicios y actividades de un día para otro, evitando así la sesión repetida que conduce al aburrimiento. Otro método que hemos utilizado es preguntar a nuestros jugadores si les ha gustado determinado ejercicio que hemos probado. (Sin embargo, ten en cuenta que la naturaleza humana demuestra que a las personas a menudo no nos gusta algo nuevo que no nos proporciona un éxito inmediato.) Algunos entrenadores reducen gradualmente la duración de sus sesiones a medida que transcurre la temporada, de 2,5 horas a principios de la misma, a tan sólo 45 minutos cuando falta poco para que termine. Algunos entrenadores en ocasiones conceden al equipo un día libre de entrenamiento, tanto como recompensa para los jugadores que han trabajado duro, como para dar a los entrenadores una sesión de entrenamiento entera para centrar toda su atención en el resto del equipo.

Hemos interrumpido nuestros entrenamientos para actividades tan inusuales como tomar un helado, dejar a los jugadores que coman palomitas mientras observan partidos en el vídeo, jugar a *futvoley* con una pelota de playa o jugar al fútbol-golf con conos de seguridad como «hoyos» el día antes de un importante partido de *play-off* regional (cualquier cosa para que los jugadores sigan preguntándose (más que temiendo) qué vendrá después.

No obstante, la mejor forma de todas (y el método que subraya gran parte de lo que hacemos en los entrenamientos una vez nuestros jugadores ya dominan, al menos parcialmente, las técnicas básicas) es hacer que los ejercicios y actividades sean competitivos y estén relacionados con los partidos en la medida en que sea posible. Los chicos son muy competitivos (como tienen que serlo los deportistas) y les encanta el reto de competir en los ejercicios o en sesiones de partidos de entrenamiento. Si en la sesión hacemos jugar al equipo inicial en un bando, nos gusta ponerlos en desventaja, ya sea dando al otro equipo jugadores adicionales, reduciendo así su número de delanteros, o con cualquier cosa que se nos ocurra para que trabajen más duro. Cuanto mejor son, mayores obstáculos les prepararemos. A los jugadores con talento les encantan los retos, y además se aburren sin ellos.

8. *Sé alumno y profesor.* Para ser un buen entrenador no tienes que saberlo todo sobre fútbol, pero al menos tienes que saber tanto como los jugadores y, si puede ser, más. No necesitas una experiencia profesional como jugador para enseñar los fundamentos del fútbol con eficacia, pero necesitas entender conceptos de la forma correcta en cuanto a los pases, los disparos, el juego aéreo, los regates, las entradas y el control del balón. Si no entiendes qué constituye la forma correcta de ejecutar las técnicas, no sabrás cuándo los jugadores desarrollan malas costumbres que limitarán su efectividad. A menos que no reconozcas sus errores como tales, no sabrás cómo corregirlos. Hacer las cosas bien no hace ganar siempre los partidos, pero puedes apostarte lo que quieras a que hacerlas mal los hace perder.

9. *Aprender las reglas del juego (y enseñarlas a los jugadores).* Uno de los muchos aspectos del fútbol que siempre nos ha gustado es que, a diferencia de algunos deportes (p. ej.: el baloncesto), sólo hay una serie de reglas que gobiernan el juego. Sin que importe si estás dirigiendo a un equipo en Abilene

o en Abu Dhabi, un equipo olímpico o un grupo de niños de 6 años que no sabrían decirte si el balón es redondo o cuadrado, las reglas son siempre las mismas para todo el mundo.

Desarrolladas por la Federación Internacional de Fútbol Asociación (FIFA), las *Reglas del Juego* del fútbol varían entre sexos o grupos de edades sólo en términos de las dimensiones del balón y el terreno de juego, la duración de los tiempos de juego y el número de sustituciones permitidas. Más allá, el juego es el mismo sin importar quién lo juega, o dónde. ¿Es excusable, por lo tanto, que un entrenador o jugador no entienda las reglas?

En el caso de aceptar entrenar a un equipo, el primer paso que cualquier entrenador de fútbol debe dar es conseguir un libro del reglamento de la FIFA y leerlo de arriba abajo hasta que comprenda perfectamente las reglas. La segunda cosa que debe hacer es explicar las reglas a sus jugadores. No dar estos pasos preliminares es una negligencia tan grave como intentar dirigir un negocio sin entender las leyes federales, estatales y locales que corresponden a emprender un negocio. Sin embargo, con los años, hemos visto a muchos entrenadores, jugadores y aficionados reaccionar ante las decisiones arbitrales como si las reglas sobre los fueras de juego se hubiesen añadido al libro del reglamento la semana anterior.

Hazte un favor a ti y a los jugadores: aunque hayas leído antes las reglas, vuelve a leerlas. Consigue un nuevo reglamento cada año, y estudia cualquier cambio que se haya producido desde el año anterior. Si los jugadores tienen la edad suficiente para leer y entender las reglas, haz que ellos también lean las *Leyes del Juego*, o al menos tómate tiempo para explicarles las reglas de manera que las puedan entender[1].

Puesto que tú (y también tus jugadores) intentas dedicar una buena parte del tiempo a entrenar y jugar al fútbol, tienes que estar agradecido a todo el mundo que se preocupa para que el equipo entienda las reglas por las cuales se rige este deporte.

TÉCNICAS BÁSICAS DEL FÚTBOL

Las técnicas fundamentales del fútbol son el *pase, el disparo, el juego aéreo, el regate, el control, las entradas* y *las paradas del portero.*

---

1. Los catálogos de la lista del Apéndice A ofrecen cintas de vídeo aprobadas por EE.UU. y cubren las reglas del fútbol.

Pasar el balón

Los golfistas profesionales tienen una máxima que coloca los fundamentos del golf en su correcta perspectiva: *haces un* drive *para la afición, pero conseguir un hoyo es para dar a tu bolsillo satisfacción.* El equivalente del fútbol a esta frase podría muy bien ser: *regateas para la afición, pero pasas el balón para ganar.* Regatear es importante, sin duda alguna, pero es la habilidad para dar pases rápidos y precisos a compañeros desmarcados (o a zonas abiertas del campo hacia las cuales corren los compañeros) lo que conduce a la mayoría de triunfos (figura 5-1). Sin buenos pases o controles del balón, sólo existen las patadas al esférico. Es mucho más fácil defender a un equipo que regatea bien que a uno que dé buenos pases. En el primer caso, todo lo que hay que hacer es controlar al jugador que regatea; en el último caso, tienes que controlar a todo el mundo.

FIGURA 5-1. Pase.

La habilidad para hacer pases rápidos y precisos con ambos pies o con la cabeza es una técnica que requiere muchas horas de práctica y concentración. Igual que la interacción entre un *quarterback* y sus receptores en el fútbol americano, pasar y controlar el balón en el fútbol requiere un alto nivel de intuición del momento, precisión, ritmo, fuerza y movimientos engañosos que sólo puede dominarse un entrenamiento constante. El resultado de este dominio son los jugadores que, mediante la familiaridad con otros hábitos de juego, siempre parecen encontrarse en el lugar adecuado en el momento preciso para dar o recibir pases. La habilidad para pasar bien el balón supone una gran presión para los defensas, ya que cuando éstos lo tienen en su posesión no confían en el apoyo de sus compañeros porque temen dar un pase precipitado a un delantero contrario.

Los pases básicos. Mientras que para pasar el balón puede utilizarse el interior y exterior del pie, el empeine, el talón o incluso la cabeza, se consigue una mayor precisión cuando se emplea el interior del pie (la «carne del pie») para efectuar pases de corto y medio alcance. El más común de estos pases es el *pase con el interior del empeine*, con el cual el jugador aleja el balón de su cuerpo (figuras 5-1a y 5-1b).

FIGURA 5-1 a. Pase con el interior del pie (véase a-b).

FIGURA 5-1 b.

Al realizar el pase con el interior del pie, el pie que no dispara del jugador debe plantarse en el suelo a 15-20 cm del otro, y los dedos del pie, en la dirección del pase. Cuando el pie que dispara inicia su movimiento hacia abajo, el jugador lo gira hacia un lado, inmovilizando el tobillo y apuntando al centro del balón. El movimiento del disparo consiste en un barrido de la pierna en forma de péndulo resiguiendo el balón que continúa en movimiento, con el jugador encarando la dirección en la que intenta conectar el pase.

Los pases con el interior o exterior del pie deben ser bajos y están dirigidos al pie del compañero, o hacia el espacio abierto. Igual que con todos los pases descritos en este capítulo, los jugadores deberían, con entrenamiento constante, ser capaces de ejecutarlos con precisión con ambos pies.

El exterior del pie se utiliza para hacer pases cuando un jugador no está en posición de equilibrio respecto al balón y por lo tanto es incapaz de golpearlo lateralmente con el apoyo del cuerpo. Al ejecutar un pase con el exterior del pie (que, por cierto, es un pase difícil para que dominen los principiantes) el jugador utiliza su pie derecho para lanzar el balón hacia su compañero de la derecha en una situación de pared («pared» se refiere a la técnica de ataque que consiste en pasar el balón a un compañero y correr doblando al defensa contrario para recibir otro pase rápido, como se demuestra en la figura 5-7). Las figuras 5-2 a y 5-2 b muestran a un jugador efectuando un pase con el exterior del pie.

Figura 5-2 a. Pase con el exterior del pie (véase a-b).

FIGURA 5-2 b.

Para los pases largos, como despejar el balón del tercio de defensa del campo, o pasar de un lado del campo al otro (llamado *cambio de juego*), el empeine, o la zona de los cordones de la bota, se emplea para conseguir más potencia; pasar o chutar el balón de esta forma se denomina *envío largo del balón* (figuras 5-3 a-d).

La potencia de disparo procede de una combinación de coordinación, tiempo y continuación. Dar un paso largo y una base sólida (para mantener el

FIGURA 5-3 a. Envío largo del balón (véase a-d).

FIGURA 5-3 b.

FIGURA 5-3 c.

equilibrio) con la planta del pie de apoyo[2] permite la utilización total de los poderosos muslos, al generar fuerza de una forma fácil y natural. Flexionar la rodilla del todo en el balanceo antes de golpear el balón permite que la pierna

2. A veces conocido como el «pie diana», porque cuando se planta en el suelo antes del disparo, apunta hacia el objetivo, es decir, en la dirección deseada del lanzamiento.

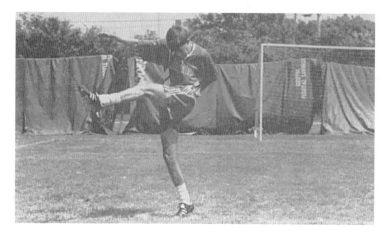

FIGURA 5-3 d.

«azote» el esférico, añadiendo velocidad a la fuerza generada por los muslos. Una extensión total de la pierna que dispara en la continuación del lanzamiento asegura la aplicación de la máxima fuerza en el mismo. Ilustramos estos principios para los principiantes para que asuman una posición al estilo «Frankenstein», con las piernas rígidas, cuando disparen a cierta distancia o con potencia; aprenden muy deprisa que este método no funciona, y que las únicas formas de maximizar la fuerza de sus golpeados son: (a) usar un paso que no sea ni incómodo debido a la longitud ni corto para acercarse al balón en su impulso para el tiro; (b) flexionar las rodillas totalmente en la fase de preparación, y (c) dar bien al balón. Si fallan en cualquiera de estos factores, ya sea mucho o poco, perderán el equilibrio y generarán menos fuerza en la dirección del balón. Les decimos a nuestros jugadores: «no tenéis que pesar 100 kg para disparar con fuerza; sólo tenéis que hacerlo bien».

Controlar el efecto y la curva de los pases. La altura a la cual se eleva un balón de fútbol cuando se pasa o dispara se determina en gran parte por donde el pie del jugador (o cabeza) contacta con el balón. Como puede verse en las figuras 5-4 a y 5-4 b, los tres puntos de contacto que determinan la cantidad de efecto que el balón adquiere en el aire son la línea media y las áreas por encima y por debajo de esta línea. Si se produce un contacto encima o en la línea media, conseguiremos un pase bajo; si el pie golpea el balón por debajo de la línea media, éste se elevará más.

FIGURA **5-4 a.** Puntos de contacto
y efecto (véase a-b).

FIGURA **5-4 b.**

Al hacer pases largos cruzados o pases al espacio libre, los jugadores deben colocar la planta del pie 15-20 cm por detrás y a un lado del balón, apuntando hacia el objetivo. Los brazos deben estirarse lo necesario para mantener el equilibrio sobre una pierna durante el chute. Los dedos del pie que dispara deben extenderse y ese pie debe mantenerse rígido en todo el disparo, formando casi una línea recta con la espinilla de esa pierna. El balón debe ser golpeado por debajo de la línea media, haciendo que se eleve más y que se mantenga en el aire más tiempo que en la mayoría de otras formas de pase. Si no se mantiene rígido el pie que dispara, con los dedos hacia abajo en todo el lanzamiento, hará que el pase sea flojo y no esté colocado. Inclinarse ligeramente hacia atrás en el momento del contacto permite una continuación más completa (y por consiguiente una fuerza mayor en el disparo) con la pierna de lanzamiento. (*Nota:* cuando enseñes, ten cuidado de no dar demasiada importancia a la inclinación del cuerpo hacia atrás. Inclinarse hacia atrás antes de tomar contacto con el balón puede provocar que se toque sólo por encima y salga con poca fuerza y a poca distancia dando botes por el suelo.)

A menos que se les diga, los jugadores normalmente no son conscientes de que el efecto lo determina el punto donde el pie contacta con el balón. Es fácil demostrar qué producen los diferentes puntos de contacto en el efecto, y los jugadores lo entienden rápido.

Cuando se golpea el balón en ambos lados del centro del mismo, el giro resultante impartido al balón provocará una curva en la dirección contraria (figuras 5-5 a y 5-5 b). Por ejemplo, golpearlo en la parte derecha con el empeine o el interior del pie derecho hará que el balón dibuje un arco en el aire de derecha a izquierda. Estos pases, en Estados Unidos llamados *banana passes*, normalmente son largos, y se utilizan para despejar o cruzar el balón. La curvatura es innecesaria en los pases cortos, donde la dirección y la velocidad son las mayores prioridades.

Figura 5-5 a. Puntos de contacto y curva.

FIGURA 5-5 b. Puntos de contacto y curva

Otros pases. El pase elevado se realiza por encima de la cabeza de uno o más rivales (al disparar a portería, se utiliza para elevar el balón por encima de la cabeza del portero). Se provoca un efecto golpeando el balón por debajo de su línea media.

Para ejecutar vaselinas cortas, la planta del pie del jugador debe estar justo al lado o ligeramente detrás del balón, y la rodilla de la pierna que dispara debe estar totalmente flexionada. A diferencia del pase fuerte, en la vaselina el pie que dispara no se extiende, ni los dedos deben inclinarse hacia abajo; en este caso el pie permanece paralelo al suelo cuando se produce el contacto. En el movimiento oscilatorio hacia abajo, la pierna que golpea queda recta y los pies se deslizan por debajo del balón, en realidad muy por debajo de la línea media, haciéndolo rodar por encima del empeine y elevándolo muy deprisa con poca o ninguna continuación (figuras 5-6 a-c).

Aunque las piernas y los pies (más que los brazos y las manos) se usan para realizar la vaselina, el movimiento es similar al disparo *chip* en el golf; ambas técnicas consisten en golpear el esférico por debajo para producir un efecto, y reducir la continuación para impartir giros controlados hacia atrás del balón.

Para los pases elevados de más de 18 metros, el pie que no dispara se coloca lejos del balón, y el pie que dispara gira de lado, los dedos hacia fuera, y se mantiene rígido. La parte inferior del balón se golpea por debajo usando el interior del empeine; aguantando la continuación provoca giros del balón hacia atrás, reduciendo en cierta forma la potencia del disparo pero ofreciendo un mayor control del esférico.

Útil en el pase, el despeje y el disparo, la semivolea es una técnica que todo futbolista debe aprender. Como en el tenis, es una técnica de tiro rápido en el que el balón es golpeado justo al tocar en el suelo y rebota hacia arriba. En la semivolea se puede usar tanto el empeine como el interior del pie, el primero para dar fuerza y el segundo para dar precisión.

FIGURA 5-6 a. Pase elevado (en ocasiones llamado de vaselina); (véase a-c).

FIGURA 5-6 c.

FIGURA 5-6 b.

En las primeras fases de practicar la semivolea, los jugadores deben empezar por parejas, cogiendo el balón con las manos y dejándolo caer para hacer sus primeros intentos. Luego, todavía parados, sus parejas pueden lanzarles el balón a los pies para practicar el impacto del balón a partir del rebote. Los jugadores deben cambiar de ejercicios de semivolea en movimiento sólo cuando hayan conseguido un cierto dominio de las técnicas básicas.

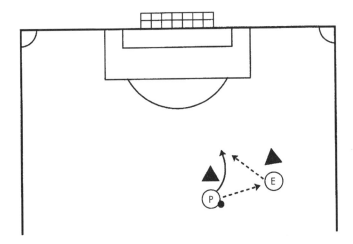

FIGURA 5-7. Pared.

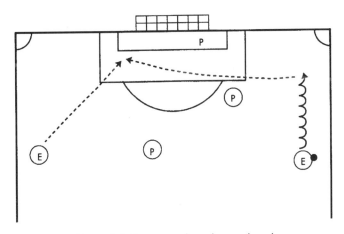

FIGURA 5-8. Pase cruzado o al segundo palo.

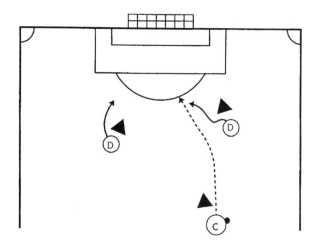

FIGURA 5-9. Pase en profundidad.

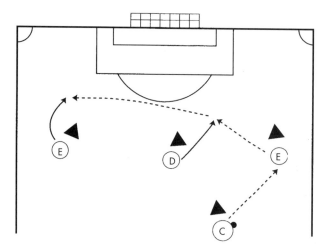

FIGURA 5-10. Típica combinación de pases.

La *pared,* el *pase cruzado* y el *pase en profundidad* son jugadas tácticas que incorporan otras técnicas de pases previamente descritas.

La figura 5-7 muestra una típica jugada de ataque de pasar y correr. En esta secuencia particular, el extremo (E) actúa como una pared que hace rebotar el balón hacia el delantero (D) que ha iniciado el pasar y correr. El rápido pase del extremo devolviéndole el balón, que es en realidad un pase con el interior o exterior del pie, se denomina tácticamente *pase de pared* o *pase 1-2.*

El *pase cruzado* se utiliza para hacer un cambio de juego (figura 5-8). Los jugadores acostumbran a avisar con un grito al compañero que va a recibir el balón en el otro extremo del campo. Básicamente los pases cruzados son potentes y se efectúan con el empeine del pie que dispara; pueden hacerse con pases directos sin efecto o elevados con efecto.

El *pase en profundidad* a veces es denominado «pase de la muerte» porque en ocasiones se utiliza para establecer duelos de 1 contra 1 entre el delantero y el portero; sin embargo, el término *pase en profundidad* puede referirse a cualquier pase realizado entre o por encima de dos defensas, y cuyo receptor es un delantero en carrera (figura 5-9).

La esencia del ataque en los más altos niveles de fútbol implica secuencias de combinaciones de pases cortos, bajos y pases seguros que pretenden mantener la posesión del balón mientras los delanteros avanzan hacia la portería rival. Como se demuestra en la figura 5-10, estas secuencias generalmente implican paredes entre dos jugadores, cuya posición y situación del balón cambia a medida que avanzan hacia la portería contraria.

Enseñar la progresión: *los pases.* Enseñar a progresar en cualquiera de las variantes de pases empieza con ejercicios estáticos: los jugadores forman parejas y se sitúan a unos 9 metros de distancia entre ellos para pasarse el balón de un lado al otro. Puesto que todos los ejercicios de pases lo son también de control del balón, los jugadores también deben practicar el control del balón con el empeine, el interior y el exterior del pie que recibe (practicando con ambos pies, por supuesto), así como recibir el balón con el pecho y los muslos, ya que no todos los pases dirigidos a ellos en situaciones del partido irán directamente a sus pies. La última fase de los pases sin que el jugador se mueva es la del primer toque, pasando el balón sin controlarlo previamente.

Dado que el fútbol no es un deporte estático como el ajedrez o las herraduras, los jugadores deben dominar los ejercicios en movimiento en cuanto demuestren precisión en los pases y el control. Algunos de los mejores ejercicios de pases y control que hemos visto y utilizado se describen en el capítulo 6.

El tiro

El fútbol es un deporte difícil y complicado en cuanto se refiere a jugar y entrenar. Para los entrenadores, la dificultad radica en formular estrategias defensivas y ofensivas que sincronicen los movimientos de 11 jugadores en un esfuerzo de equipo compacto cada segundo del partido. Para los jugadores, la complicación se basa en la presencia de 22 jugadores en el campo al mismo tiempo, los cuales ocupan espacio y en consecuencia tienden a limitar el espacio efectivo de maniobra disponible para cada jugador en cualquier momento. Aunque grande en términos de metros cuadrados, el campo puede resultar extremadamente pequeño cuando 11 de esos jugadores están confabulados de forma activa para quitarte el balón.

No obstante, hay dos aspectos muy relacionados de estrategia básica del fútbol que entienden con facilidad tanto jugadores como entrenadores en cualquier nivel de juego: *si no tiras, no puedes marcar, y si no marcas, no puedes ganar*. Tu equipo puede defender con la misma tenacidad que el ejército ruso luchando contra las tropas de Hitler en Estalingrado en el invierno de 1942, pero si los jugadores no son capaces de poner el balón en la red, al menos de vez en cuando, no puedes ganar. El equipo que marca más goles gana el partido; es así de sencillo. Sólo hay una manera de marcar en el fútbol (golpeando con el pie o la cabeza y cruzando la línea de gol). Tiros de penalti aparte, hay dos formas de marcar con el balón en juego: consiguiendo regatear al defensa para crear una situación de gol, o recibiendo un pase en una zona donde sea factible un tiro a portería.

Para conseguir un sólido éxito en el tiro, los jugadores deben mostrar una actitud agresiva y de confianza. Ambas cualidades derivan a su vez del desarrollo de la forma correcta de ejecutar tiros a portería. Cuanta más supervisión en los entrenamientos de tiro reciban los jugadores (y más practiquen en su tiempo libre fuera del entrenamiento ordinario), más pronto desarrollarán las técnicas y la confianza necesaria para convertirse en tiradores precisos.

Les decimos a nuestros delanteros que el tiro es como la ciencia de los cohetes: pueden y deben «alcanzar las estrellas» en sus esperanzas, sueños y aspiraciones, pero a menos que empleen el tiempo para desarrollar las técnicas necesarias para que les conduzcan donde quieren llegar, jamás lograrán despegar.

En términos de técnica, tirar es exactamente lo mismo que pasar. De hecho, el tiro es un pase, excepto que el delantero envía el balón hacia la portería y no hacia un compañero o una zona abierta del campo. Entonces, en este sentido el tiro es más fácil que el pase porque la portería tiene 7,2 metros de longitud y nunca se mueve. (Para no parecer demasiado simplistas en este punto, debemos destacar que no es fácil dirigir el balón en la mayoría de áreas de gol, porque éstas se encuentran precisamente obstaculizadas por férreas defensas compuestas por bastantes jugadores rivales.)

En este aspecto, todo lo que tus jugadores necesitan saber sobre el tiro es que las técnicas que practican en los ejercicios de pases son las mismas que usarán al tirar. Puesto que para marcar puede usarse cualquier forma de golpear el balón del repertorio del jugador (pase con el interior o exterior del pie, con el empeine, de vaselina, de volea, de semivolea o de cabeza), hay que practicar todos los días con ambos pies (excepto la cabeza, por supuesto), y desde todos los ángulos los disparos a portería.

Al igual que los pases, el tiro implica la integración de muchos elementos separados en una técnica, incluyendo el tiempo, el objetivo y la fuerza del tiro; la mecánica de la planta del pie, la oscilación y la continuación, y cualquier movimiento engañoso que se utilice para burlar al portero u otros defensas. A veces es necesario un tiro con el empeine; otras veces, una volea o simplemente un pase con el interior o exterior del pie será suficiente para superar al portero. Teniendo en cuenta que los defensas es improbable que se queden alrededor sin hacer nada cuando el delantero decide qué modo de golpear utilizar o adónde dirigir el chute, la única forma de enseñar a los jugadores a tomar estas decisiones de décimas de segundo correctamente es incluir ejercicios de tiro en un simulacro de partido como parte integral de cada sesión de entrenamiento. Para muchos entrenadores (incluidos nosotros), todo ejercicio individual y de equipo al final se convierte en un ejercicio de tiro.

Los jugadores deben saber que, en la mayoría de casos, el tiro más difícil de defender es el disparo bajo y potente hacia un lado de la portería (figuras 5-11 a-c). El tiro bajo es en general preferible a menos que el portero esté fuera de posición porque, como dijo un entrenador, «los brazos del portero están situados en la parte superior de su cuerpo, lejos de los pies». Una forma de practicar el tiro raso a portería es alargar una cinta o cuerda a lo largo de la portería, a media altura respecto a los palos, y contar como goles sólo los tiros que crucen la línea por debajo de la cuerda.

Al ejecutar tiros bajos en línea recta, el pie que golpea debe contactar con el balón en los cordones, con los pies hacia abajo, y por encima de la línea media del balón; golpear en la línea media o por debajo de ella normalmente conduce a tiros que pasan por encima del larguero y fuera de los límites.

FIGURA 5-11 a. Dirigir el balón por debajo superando al portero (véase a-c).

FIGURA 5-11 b.

FIGURA 5-11 c.

El otro imperativo en esta clase de disparo es mantener la continuación al mínimo. Ésta crea efecto, lo cual puede estar bien para largos y desesperados tiros que pasan por encima de la cabeza del portero, pero no es deseable en los lanzamientos efectuados desde cualquier punto cerca de la portería.

Además, hay un viejo jugador de béisbol, Wee Willie Keeler, que da un famoso consejo: «tira donde no haya nadie». Cualquier tiro, no importa lo fuerte que sea, es probable que sea interceptado o despejado si va dirigido directamente al portero.

Para resumir los aspectos básicos del golpeo: el interior o exterior del pie se usan para acariciar el balón y superar al portero cuando está fuera de posición. El empeine, o parte superior del pie, se utiliza para dar fuerza al disparo. La potencia máxima se consigue con todo el empeine; curvar el balón en un disparo largo a portería se consigue con la parte interior y exterior del empeine.

Volea. Aunque difícil de dominar, la volea es no obstante una técnica importante en el repertorio de cualquier jugador. Para efectuarla, tanto en el tiro como en el pase, el jugador avanza hacia el camino del balón mientras éste se encuentra suspendido en el aire. Manteniendo los ojos en el balón y con la cabeza recta, se inclina hacia el esférico y lo intercepta en el aire por el centro con el empeine, terminando en dirección al chute para dirigir el balón hacia la portería (figuras 5-12 a-c).

Al enseñar este disparo, igual que con el resto (y también en los pases), les decimos a los jugadores, «concentra los ojos en el balón y la mente en el lugar donde quieres que vaya». En el mismo sentido que los bateadores de béisbol «miran» la pelota a través de los bates y los jugadores que defienden la miran a través de sus guantes, los futbolistas deben mirar el balón a través del pie que golpea, sin importar qué clase de tiro utilicen.

FIGURA 5-12 a. Disparo de volea (véase a-c).

Semivolea. Aplicada como tiro a portería, las oportunidades para la semivolea a menudo son consecuencia directa del pase de un compañero. En la semivolea, en lugar de controlar el balón, el jugador procura que su tiro coincida con el rebote, golpeando el esférico cuando empieza a elevarse y dirigiéndolo fuerte y raso hacia una esquina de la portería (figura 5-13).

FIGURA **5-12 b.** Golpeo de volea (véase a-c).

Figura **5-13.** Golpeo de semivolea.

FIGURA **5-12 c.**

Juego de cabeza

El juego de cabeza es una variación de la volea en la cual el balón es golpeado con la frente y no con el pie. Los principales usos del juego de cabeza incluyen despejar el balón fuera de peligro, pasarlo a un compañero y rematar.

Debido a las dificultades que comporta enseñar técnicas de juego con la cabeza por el rechazo de los jugadores a practicarlo o por los riesgos que implica (p. ej., morderse la lengua, agarrotamiento de los músculos del cuello y dolores cervicales), el juego de cabeza es una de las técnicas más olvidadas del fútbol, en particular en los niveles más bajos de este deporte. Se trata de un descuido desafortunado que retrasa la evolución de los jugadores, ya que es de una técnica importante que todo jugador debe aprender[3]. Una buena instrucción puede minimizar cualquier riesgo que pueda existir:

- Recuerda constantemente a los más jóvenes que los *verdaderos futbolistas nunca sacan la lengua mientras golpean con la cabeza.*

- Utiliza un balón de playa, de voleibol o uno para el entrenamiento de fútbol (una versión más suave de la habitual reglamentaria) en los ejercicios de cabeza, para ayudar a los jugadores a superar su temor al esférico.

- Enseña a los jugadores a mantener el cuello rígido y a conectar con el balón.

Pájaros carpinteros, serpientes de cascabel y rematadores de cabeza. Al enseñar la mecánica del toque de cabeza, puede ser útil a los jugadores considerar el pájaro carpintero o la serpiente de cascabel. Los pájaros carpinteros no esperan que los árboles acudan a ellos, ni las serpientes de cascabel esperan que la presa vaya hacia sus colmillos. Ambos animales inician la acción de una forma poderosa.

El primer paso para jugar bien de cabeza es situarse en la trayectoria del balón. Con los ojos centrados en el balón (y la lengua dentro de la boca), el primer movimiento del jugador cuando se le acerca el balón es arquear la parte superior del cuerpo hacia atrás como una cobra preparada para atacar (figura 5-14 a). Cuando el balón está a unos 10 cm, balancea su torso superior hacia delante y, con el cuello rígido y sin doblarlo, usa el impulso de la parte superior del cuerpo para dirigir la frente hacia el balón, todavía observándolo mientras se aleja (figura 5-14 b). Como un entrenador que conocemos dice a sus jugadores: «Empuja los ojos hacia el balón. Lanza los hombros hacia el balón. Y mantén las manos levantadas como un boxeador».

---

3. En las finales del mundial de 1998, el sorprendente resultado de 3-0 contra Brasil tuvo dos goles de cabeza del jugador Zinedine Zidane.

FIGURA 5-14 a. Toque de cabeza (véase a-b).

FIGURA 5-14 b.

El jugador debe chutar el balón desde abajo para ejecutar el toque de cabeza defensivo (es decir, despejar el balón), y golpearlo «por arriba» al rematar a portería, en este último caso para mantener el balón bajo e impedir que se vaya por encima del larguero.

Enseñar a progresar: *disparo de cabeza.* Una buena forma de iniciar el entrenamiento del tiro de cabeza con los más jóvenes es hacer que sujeten el balón a 5-9 cm de sus frentes y, sin mover la cabeza, hagan rebotar el balón en ellas y lo atrapen con las manos. Este sencillo ejercicio pretende familiarizarlos con el contacto del balón en sus frentes. Todavía sujetando el balón a 5-9 cm de sus frentes, en el siguiente ejercicio se arquean lejos del balón y balancean el torso superior, la cabeza y el cuello hacia delante para golpear el balón con la frente, manteniendo el cuello rígido y observando el balón en todo momento. Ya que este ejercicio introduce una mecánica correcta, además de propiciar un conocimiento del balón en este sentido, deberías controlar de cerca aspectos como el punto de contacto (es decir, donde la frente del jugador contacta con el balón), que los ojos observen el balón y que mantenga el cuello rígido.

La fase del siguiente ejercicio consiste en que los jugadores se sienten en el suelo con los pies abiertos para mantener el equilibrio. Se lanza el balón hacia la frente del jugador, el cual lo golpea devolviéndolo, con un movimiento oscilatorio de la parte superior del cuerpo (figuras 5-15 a-c). Luego el jugador hace lo mismo de rodillas, añadiendo continuación y apoyándose en las manos al caer (figuras 5-16 a-d).

La posición de la rana (es decir, con el jugador sentado apoyando las manos y los pies) se utiliza para practicar la *plancha*, en la cual se lanza el balón suavemente a un lado u otro y el jugador lo golpea con el cuerpo suspendido en el aire (figuras 5-17 a hasta 5-17 c).

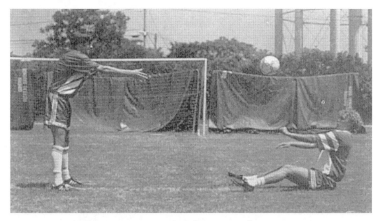

FIGURA 5-15 a. Toque de cabeza sentado (véase a-c).

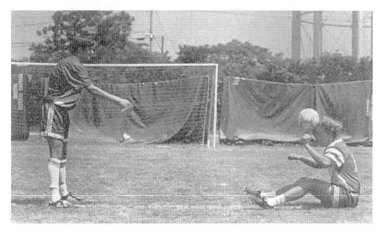

FIGURA 5-15 b.

FIGURA 5-15 c.

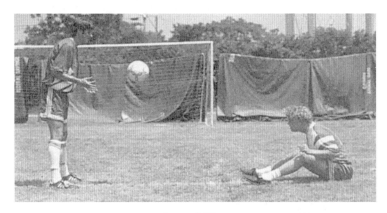

FIGURA 5-16 a. Toque de cabeza de rodillas (véase a-d).

FIGURA 5-16 b.

FIGURA 5-16 c.

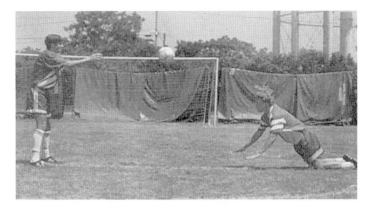

FIGURA 5-16 d.

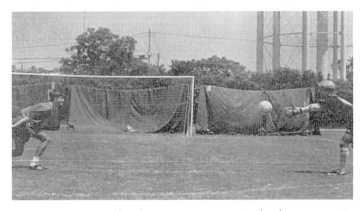

FIGURA 5-17 a. Toque de cabeza (a veces remate en plancha) (véase a-c).

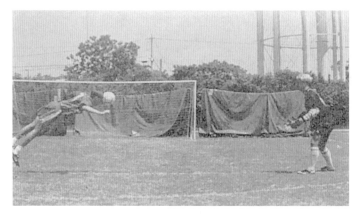

FIGURA 5-17 b.

FIGURA 5-17 c. Toque de cabeza en plancha.

En el *toque de cabeza de pie*, las preparaciones de los jugadores incluyen la observación del vuelo del balón, el arqueo de la espalda, doblar las rodillas, levantar los talones del suelo y dirigir la frente hacia el balón en la dirección que quieren que vaya (figuras 5-18 a-c).

El siguiente paso en la progresión de la enseñanza es el *salto en el aire*, el más difícil de todas las técnicas de toque de cabeza. Al practicarlo, el balón se lanza lo bastante arriba para que el jugador tenga que saltar para golpearlo, arqueando la espalda para añadir mayor potencia (figuras 5-19 a-c).

Una vez practicadas estas técnicas sin oposición, los últimos pasos son añadir una defensa primero pasiva y luego agresiva.

FIGURA 5-18 a. Toque de cabeza de pie (véase a-c).

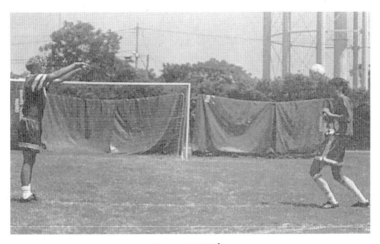

FIGURA 15-18 b.

FIGURA 5-18 C.

FIGURA 5-19 a. Juego de cabeza
con salto (véase a-c).

FIGURA 5-19 b.

Figura 5-19 c.

El regate

Si tuvieras que preguntar a tus jugadores qué parte del fútbol consideran más divertida, la mayoría de ellos diría probablemente marcar goles y después regatear.

El fútbol es sobre todo un juego de enfrentamientos de 1 contra 1, y el regate es la forma más básica de esta confrontación. El regate es (o, al menos, puede ser) un arma muy creativa y versátil, que incorpora movimientos y paradas, cambios de ritmo y de dirección, y movimientos engañosos para marear a los defensas (figura 5-20 a).

Figura 5-20 a. Regatear con el rival encima.

Regatear es esencialmente una técnica individual más que de equipo. Muchos de los jóvenes jugadores que vienen a nosotros, aunque poseen la velocidad, el equilibrio y la agilidad para convertirse en excelentes regateadores en poco tiempo, tienen lo que podríamos llamar una mentalidad de «retroceso» en cuanto al ataque del equipo, es decir, *cuando reciben el balón, creen que les toca regatear*. Nuestra misión es enseñarles que el regate es una herramienta, no una finalidad en sí mismo. Todo regate debe tener un propósito, e ir dirigido hacia objetivos específicos, como superar al defensa que entra a por el balón, disparar a portería, pasar el balón a un compañero o mantener la posesión del esférico.

FIGURA 5-20 b. Regate.

Técnicas de regate y consejos. Regatear no es más que dar una serie de toques cortos y suaves (no con los dedos) para controlar el balón y conducirlo mientras el delantero sube campo arriba (figura 5-20 b). Aunque el último objetivo es hacer que los jugadores sean capaces de regatear con ambos pies a cualquier velocidad, deben empezar regateando mientras caminan, procurando que el balón avance hacia delante con suavidad y no golpeándolo de frente y practicando con los dos pies[4]. La mayoría de regates se efectúan con

---

4. Para ayudarles a familiarizarse con el balón, algunos entrenadores hacen que los jugadores entrenen con los pies descalzos en las primeras fases de la instrucción del regate y los ejercicios.

el interior o exterior del pie cerca de los dedos. El empeine, o la zona de los cordones del pie, se usa cuando el jugador que regatea tiene que recorrer una larga distancia a alta velocidad.

Una progresión óptima para enseñar a los jugadores a conducir mientras andan, puede incluir: (1) andar en línea recta, conducción con el pie derecho; (2) andar en línea recta, conducción con el pie izquierdo; (3) andar en línea recta, alternando los pies en cada regate, y (4) andar y sortear una línea de conos.

Cuando los jugadores son capaces de hacer esto, deben sustituir caminar por el trote, y luego correr, efectuar *sprints* y, finalmente, técnicas avanzadas como el *cambio de velocidad* y la práctica de fintas (p. ej.: movimientos de *bicicleta* y *doble bicicleta*). En el movimiento de tijera simple, el jugador que regatea, esperando sacar al defensa de su posición, da un paso por encima del balón en una dirección, se planta en ese pie y se gira inclinándose hacia la otra dirección, tocando el balón en esa dirección con el otro pie a punto de iniciar una carrera para superar al defensa. La finta de doble bicicleta repite estos movimientos con los dos pies engañando al defensa en la misma dirección en la que el regateador se dirigía al principio.

Controlar el balón

Debido a que no es emocionante o bonito de cara al público, el control no siempre figura entre las preferencias de los jugadores sobre las cosas con las que les gustaría invertir el tiempo trabajando, a diferencia de nuestras preferencias como entrenadores. Sin embargo, preferencias aparte, el control es una parte crucial del ataque y defensa individual y del equipo; también es una técnica engañosamente compleja que implica anticipación, reacción, dominio del tiempo y del espacio, percepción de la profundidad y coordinación. Es imprescindible para las posibilidades de un equipo de ganar partidos (o seguir siendo competitivos en ellos) que, habiendo recibido el pase del compañero, interceptado el pase de un rival o despejado el balón en una entrada, los jugadores sean capaces de controlar un balón deprisa para mantener su posesión y forzar cualquier ventaja de ataque que exista. Tu objetivo al practicar técnicas de control del balón es potenciar a los jugadores para que puedan recibir un balón, controlarlo y pasarlo a un compañero, regatear o disparar en un movimiento sencillo y fluido. Tus jugadores no tendrán problemas para entender este concepto de «tres en uno» si te refieres a ello como *controlar, pasar y moverse*. Mediante el conocimiento de la posición del campo y de la situación de los compañeros, los mejores futbolistas saben lo que van a hacer con el balón antes de controlarlo.

El control del balón no se consigue con facilidad; sin embargo, se practica sin problemas, ya que cada ejercicio de pases que utilices también es un ejercicio de control del balón. Parte de toda sesión de entrenamiento debe dedicarse al control del balón en el suelo, en el aire y desde los lanzamientos de portería, voleas y saques de esquina. El entrenamiento debe incluir el control con los pies, muslos y el pecho. Los dos aspectos más importantes del control son: (a) tener el balón delante de ti, y (b) impedir que el balón rebote en tu cuerpo.

Habiéndose posicionado para controlar el balón, el receptor adapta su cuerpo para que impacte contra él con suavidad, creando una amortiguación para aplacar el control. Esto no es siempre fácil de hacer, pues el balón no siempre llega en el ángulo deseado, y las decisiones sobre cómo habrá de controlarse tienen que ser instantáneas; no obstante, no conseguir amortiguar debidamente el balón provocará que el receptor tenga que recuperarlo para volver a hacerse con su control, y pocos jugadores y equipos se pueden permitir estos lapsos de tiempo demasiado a menudo.

Recopilar técnicas. El interior del pie, y no la suela, se utiliza para controlar pases fuertes y rasos, tanto si el balón se encuentra suspendido en el aire como si va por el suelo (figura 5-21). En cuanto al último caso, si la suela del jugador pierde el contacto con el balón, ni lo parará ni lo controlará.

Figura 5-21. Control del balón con el interior del pie.

La clave para el éxito en el control con el interior del pie es ceder el peso y «conducir con la rodilla», manteniendo la rodilla receptora en alto, levantándola por encima del balón de modo que un rebote inesperado por encima del pie quede amortiguado en la parte inferior de la pierna. Moviendo el pie de control hacia la trayectoria del balón, los dedos hacia fuera y los tobillos rígidos y bloqueados, el jugador permite que la pierna contacte suavemente con el balón, absorbiendo el impulso y haciendo que caiga sin problemas al suelo. Entonces el jugador impedirá cualquier rebote con la suela de la bota, una técnica llamada *caminar sobre el balón*.

El *empeine* se utiliza para amortiguar los balones aéreos bastante altos, como los lanzamientos arqueados tipo voleas, despejes o los pases cruzados. Para los principiantes es difícil controlar un balón con el empeine, e incluso para los jugadores avanzados, porque la superficie de control se reduce en gran medida comparada con la que permite el interior del pie.

Para controlar un balón con el empeine, el jugador levanta la rodilla hacia la pelota, con los dedos extendidos, y con el contacto, baja el pie con el balón en los cordones, frenando el impulso y dejándolo caer suavemente en el suelo (figuras 5-22 a-d).

FIGURA 5-22 a. Control del balón con el empeine (véase a-d).

FIGURA 5-22 b.

FIGURA 5-22 c.

FIGURA 5-22 d.

FIGURA 5-23 a. Control del balón
con el pecho (véase a-c).

FIGURA 5-23 b.

FIGURA 5-23 c. Control del balón con el pecho.

FIGURA 5-24. Control del balón con el muslo.

Lo ideal, por supuesto, es que el balón se controle con los pies; cuando está en el aire, sin embargo, el receptor puede elegir jugar el esférico con el pecho (figuras 5-23 a-c), amortiguando el impacto inclinando el cuerpo hacia atrás o lejos del balón en el momento del contacto; o, al controlar un lanzamiento raso directo, puede usar un muslo levantado para detenerlo, como se muestra en la figura 5-24. En todos los casos, el jugador controla el balón con el pie antes de que caiga al suelo.

Enseñar a progresar: *control del balón.* Al practicar el control, empieza con jugadores estáticos que utilicen el interior y exterior de los pies, y los empeines para controlar balones lanzados por sus compañeros con la mano desde 9 metros. A medida que su técnica mejore, pueden empezar a moverse para recibir los lanzamientos con la mano o las vaselinas, trabajando su coordinación y desarrollando el sentido de la trayectoria del balón cuando no va dirigido directamente hacia ellos. Es importante la anticipación para aprender a no correr más que el balón.

Los jugadores también deben estar estáticos al principio cuando controlen balones suspendidos en el aire. Tienen que practicar a controlar pases suaves, vaselinas y otros más fuertes, aumentando su progresión empezando con el interior y exterior del pie, y siguiendo con el empeine, el muslo y el pecho. Cuando practiquen estos aspectos tan concretos, no permitas que los compañeros vuelen la cabeza de los receptores con disparos lineales; se espera que los jugadores (no está de más advertirlos) tengan sentido común en este punto.

A partir de aquí, la progresión debería ya acceder a las técnicas de control del balón más complejas, corriendo para controlar balones en vaselina, con los compañeros a 25 metros de distancia, y utilizando todas las partes del cuerpo para controlar el balón; corriendo para controlar balones con potencia, utilizando varios ángulos y distancias, y controlando balones bajo la presión de un rival, primero con presión pasiva y luego con presión agresiva y ambos jugadores corriendo a por el balón. Trabajando en técnicas avanzadas de control de balones, hay que enseñar a los jugadores a mirar alrededor antes de que les llegue el balón. Deben saber qué hacer con el balón antes de controlarlo. Luego, habiendo analizado el campo y decidido qué estrategia van a seguir, deben centrarse en el balón y prescindir del resto de aspectos.

El siguiente imperativo es la amortiguación, consiguiendo un toque suave para ganar el control del balón rápidamente y evitar así rebotes innecesarios.

Finalmente, habiendo ganado el control del balón de forma rápida y eficaz, deben estar en posición para pasar o regatear con el mínimo tiempo perdido. Su objetivo tiene que ser controlar y avanzar el esférico en un movimiento fluido que no lleve más de un segundo del tiempo de partido. Hasta que el control del balón se haga efectivo con rapidez en una situación habitual con una serie de obstáculos, no habrán asimilado de verdad el arte de la recepción.

El control del balón no es una técnica fácil de dominar; requiere muchas horas de práctica concentrada que debería empezar cuanto antes. Parte del entrenamiento debería dedicarse a practicar los diferentes métodos de control del balón, y habría que animar a los jugadores a practicar estas técnicas también por su cuenta. El control del balón no es la clase de actividad que aparece en las estadísticas del partido o que atraiga el entusiasmo de las masas, pero es la clase de técnica que todo jugador de categoría se siente orgulloso de dominar, y es sin duda una de las características claves que atesoran los equipos ganadores y de las que carecen y necesitan los equipos perdedores para ganar partidos.

Entradas

Las entradas en el fútbol son radicalmente diferentes de las asociadas con el fútbol americano, en las cuales los defensas agarran al rival y lo derriban. En el fútbol, las entradas no son más que una maniobra defensiva que pretende alejar el balón del jugador rival (figuras 5-25 a-b); es, de hecho, la única forma de conseguir el balón del contrario a menos que salga de los límites. Hay contacto corporal sin intención, pero los brazos y las manos no pueden emplearse para empujar o ganar una ventaja injusta; sólo puede usarse un pie para disputar el balón, y no se permite el juego sucio.

Mientras que quitar el balón al rival siempre es deseable, lanzarse hacia el mismo no es aconsejable excepto en ciertos casos. Los delanteros hábiles pueden utilizar todo tipo de engaños en el regate para atraer al defensa y sortearlo. Hay que enseñar a los defensas a no caer en las trampas de los delanteros, sino a

FIGURA 5-25 a. Robando el balón.

FIGURA 5-25 b. Una entrada por el suelo.

mantener los ojos en el balón y esperar el momento para entrar. El sentido táctico, del tiempo y la paciencia son ingredientes esenciales para entrar con éxito.

Hay cuatro clases de entradas básicas: el *bloqueo*, el *desplazamiento*, la *entrada por el suelo* y la *carga con el hombro* (que en realidad no es una entrada, sino más bien una forma de conseguir que el rival pierda el control del balón o la trayectoria hacia el mismo).

Entrada por delante (frontal). Como se muestra en la figura 5-25 c, el defensa bloquea el balón con el interior del pie cuando el delantero lo golpea. El defensa debe presionar el balón y no sólo bloquearlo; si lo consigue, quizá se haga con el esférico. Aunque no llegue a quitarle el balón, el simple contacto con el mismo impedirá que progrese el regate del delantero, y en consecuencia reducirá la ventaja de ataque del equipo rival.

FIGURA **5-25 c.** Entrada con bloqueo.   FIGURA **5-26.** Entrada con desplazamiento.

Entrada con desplazamiento. Esta entrada a menudo se emplea cuando el delantero usa su cuerpo para proteger el balón del defensa, o cuando el defensa se acerca al balón con el pie (figura 5-26). Al ejecutar la entrada con desplazamiento, el defensa llega al balón con los dedos del pie y aleja el balón del delantero. Estas entradas pueden realizarse por atrás o junto al delantero; normalmente se producen cerca de la línea de banda.

FIGURA 5-27 a. Entrada por el suelo (véase a-c).

FIGURA 5-27 b.

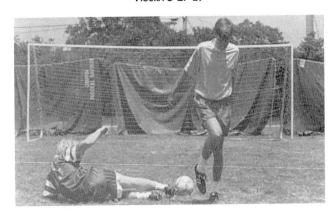

FIGURA 5-27 c.

Entrada por el suelo. Esta entrada es una versión extensa (y más arriesgada) de la entrada con desplazamiento. En lugar de alargar la punta del pie para alejar el balón del delantero, el defensa se desliza hacia el balón, en una posición baja y con la intención de arrebatárselo (figuras 5-27 a-c). Los pies del defensor tienen que estar cerca del suelo, con uno de ellos extendido hacia el balón; la otra pierna que no realiza la entrada tiene que quedar por debajo, igual que el jugador de béisbol deslizándose hacia la segunda base. El deslizamiento puede realizarse por delante, de lado o por atrás; este último es más difícil de hacer sin incurrir en una falta por derribo.

El derribo es, de hecho, siempre una posibilidad en las entradas por el suelo; se añade a los otros riesgos que implican las entradas, con las posibilidad de lesionar al delantero (o de que el árbitro enseñe la tarjeta roja y el defensa sea expulsado del partido). Para evitar derribar al rival, el defensa debe mantener las piernas en el suelo durante toda la entrada.

Las entradas por el suelo sólo deben utilizarse de vez en cuando y siempre que sea absolutamente necesario. Después de todo, es difícil jugar al fútbol con efectividad mientras el jugador está tumbado en el campo, y a menos que el defensa consiga ocultar su intención con habilidad hasta justo antes de realizar la entrada, el delantero puede detenerse de repente o cambiar de dirección mientras el primero da contra el suelo y su entrada sólo encuentra aire.

FIGURA 5-28. Carga con el hombro.

Carga con el hombro. Esta técnica implica el uso del hombro por parte del defensa (pero no los brazos o las manos) para alejar al jugador rival del balón o de su trayectoria cuando ambos se encuentran a una distancia razonable para disputarlo (figura 5-28). Se trata de la única situación en el fútbol en la cual los jugadores pueden efectuar a propósito un contacto corporal con el rival.

Consejos de entrenamiento: entradas y defensa

1. Encuentra una zona blanda para enseñar a entrar; si es posible, un lugar húmedo para el deslizamiento.

2. Siempre procura que los jugadores prueben la técnica de las entradas andando antes de efectuarlas a mayor velocidad.

3. Inculca a los jugadores la importancia de usar una técnica apropiada en las entradas. Ejecutar mal las entradas puede terminar lesionando al delantero o con una tarjeta roja para el defensa.

4. Los jugadores deben trabajar para mejorar el momento de entrar, es decir, dentro de los límites precisos: si se lanzan al balón demasiado pronto, lo perderán, y si lo hacen demasiado tarde, se arriesgan a que les enseñen una tarjeta por derribo.

¿Cuándo es el momento preciso para entrar a por el balón? Quizás estos parámetros puedan ayudar:

a. Entra en cualquier momento que tengas un buen ángulo sobre el balón.
b. Intercepta el balón antes de que el rival lo reciba.
c. Entra en el momento que el rival reciba el balón, es decir, antes de que consiga un completo control del mismo.
d. Entra inmediatamente después de que el oponente controle el balón (puede que centre su atención en el balón y no en ti.)
e. Entra antes de que el delantero entre en el área de penalti (las entradas hombro con hombro aquí a menudo son eficaces).
f. Entra cuando el rival tenga más delanteros que defensas tu equipo para detenerlos.
g. Entra cuando recuperar el balón sea de vital importancia (p. ej.: cuando tu equipo pierda y falte poco para terminar el partido, y no puedas permitirte que el rival consuma el tiempo que queda).

¿Cuándo, por el contrario, no es momento de entrar? Cuando tu equipo gane con comodidad y no necesites arriesgar. Cuando tengas al delantero contenido o bajo control y tus compañeros estén en posición de defensa. O cuando no puedas acceder al balón sin derribar al delantero.

5. La distancia entre el defensa y el delantero es un factor importante; si el defensa está demasiado cerca, el delantero puede superarlo; demasiado lejos, y el delantero podrá pasar el balón.
6. Hay que enseñar a los defensas a mirar siempre el balón (no al delantero o las fintas de sus pies).

No puedes motivar a los jugadores para que disparen a portería, pero puedes hacerlo para que se muevan constantemente en ataque. Igual de importante es que puedes motivarlos para que trabajen duro en defensa. Las técnicas de pase, tiro, juego de cabeza y de regate se adquieren lentamente mediante un entrenamiento paciente y con ejercicios repetitivos; la defensa, por otra parte, es una actitud, no una habilidad. *Cualquier jugador, sin importar sus habilidades en ataque, puede convertirse en un excelente defensa con empeño y trabajo duro para mejorar sus marcajes.*

El portero

Quizá deberíamos empezar diciendo que el portero es diferente del resto de los jugadores de campo, y por lo tanto el desarrollo del entrenamiento tiene que ser distinto.

Sí, las reglas del juego tratan a los porteros de forma diferente, precisando que vistan un uniforme que contraste en el color con el de sus compañeros. *No*, los porteros normalmente no corren campo arriba y abajo a por el balón como los otros jugadores. *Sí*, los porteros son únicos en el hecho de que se les permite usar las manos para coger y lanzar el balón. Sin embargo, cualquier entrenador que se olvide de las técnicas de los porteros con el pie, se pierde una fase crítica del desarrollo de estos jugadores.

Un reciente cambio de normativa (la regla del «balón hacia atrás», que exige que los porteros utilicen el cuerpo o los pies, no los brazos o las manos, al recibir el balón hacia atrás de los compañeros) insiste en la necesidad de que los porteros dominen todas las facetas del juego y ha forzado a los porteros a ser más creativos manejando el balón.

Postura. La postura de «alerta» del portero al defender el área de gol puede describirse en términos positivos o negativos. En lo positivo, es el equivalente a la postura de la «triple amenaza» de tiro: pies separados, rodillas dobladas, espalda hacia abajo y recta, y cabeza y hombros arriba. En lo negativo implica no estar de pie relajado con los pies juntos y las rodillas bloqueadas, y no inclinarse por la cintura. En ambos casos una postura correcta comporta mantener un centro bajo de gravedad para mejorar la rapidez y la agilidad, y una amplia base con la espalda del portero recta para maximizar el equilibrio (figura 5-29).

El movimiento lateral en la postura se consigue manteniendo los pies en el suelo, las rodillas, dobladas y separadas, y un movimiento mediante una serie de pasos rápidos y deslizantes de 5-7 cm con cada pie mientras se observa el balón. En el movimiento lateral, los porteros nunca deben permitirse cruzar los pies o que se junten sus rodillas; girarse y correr para proteger una zona de la portería tiene que ser un recurso sólo cuando sea inminente un disparo en una zona desprotegida de la portería.

Defender la portería. La primera prioridad del portero siempre es evitar que el balón cruce la línea de gol; para hacerlo, se mueve por la línea de gol siguiendo el movimiento del balón, manteniéndose entre el esférico y la portería e intentando reducir el ángulo de tiro del delantero. La distancia a la que se debe situar respecto a la línea de gol depende de su nivel de experiencia y de dónde esté el balón. Siempre que sea posible, debe usar las manos para coger el balón; si no puede interceptarlo, tiene que intentar rechazarlo por encima del larguero o a un lado de la portería, aunque tenga que estirarse para enviar el balón lejos (figuras 5-30 a-c).

FIGURA 5-29. Postura del portero.

FIGURA 5-30 a. El portero protegiendo la portería (estirándose para bloquear o despejar un disparo) (véase a-c).

FIGURA 5-30 b.

FIGURA 5-30 c.

Estos bloqueos y despejes, llamados *paradas*, son el aspecto más visible del juego de los porteros; pero no es todo lo que hacen. Puesto que ve el campo entero frente a él, el portero es el más indicado para dirigir la defensa, avisando a sus compañeros cuando haya espacios en la cobertura o los delanteros se muevan en zonas desprotegidas. La comunicación es la clave para el control de la defensa; un portero eficiente también avisará a sus compañeros que se aparten cuando vaya a recibir el balón, y con rapidez iniciará el ataque al recogerlo, no importa cómo lo haya hecho.

Ejercicios. Los ejercicios de disparo deben ser una parte integral de todo entrenamiento; estos ejercicios son, por supuesto, también para el portero. Incluimos a nuestros porteros en los ejercicios de control del balón, regates, pases y de control del balón (no sólo para tenerlos ocupados, sino porque creemos que estas prácticas siempre son útiles).

Si quieres que los porteros mantengan una postura de alerta baja y con una base amplia cuando estén parados o en el movimiento lateral, puedes utilizar ejercicios de *cortos deslizamientos* para que se acostumbren. Mantener las rodillas separadas y dobladas más de unos segundos cada vez puede resultar doloroso y cansado a menos que el portero esté acostumbrado (pero también es crítico en términos de tener una salida rápida, moverse lateralmente o hacer cambios rápidos de dirección). Una postura contenida facilita al portero literalmente «abalanzarse» sobre la acción cuando su portería está amenazada.

En el desplazamiento corto, los porteros empiezan asumiendo la postura correcta y cantando la letanía de su ejecución: *pies separados, rodillas dobladas, espalda hacia abajo y recta, y cabeza y hombros arriba.* Luego, sin levantarse, empiezan a hacer desplazamientos con los pies en una dirección determinada (dando un paso con un pie y deslizando el otro) manteniendo las rodillas separadas y dando pequeños pasos. Finalmente, habiendo recorrido, digamos, 5 m en esta postura, cambian de dirección hacia donde se encontraban antes, dando pasos con el pie deslizante original y deslizándose con el otro pie. Hay que insistir en mantener una postura exagerada con las rodillas separadas y la espalda flexionada hacia abajo, ya que una postura alta y estrecha no reforzará los músculos implicados.

Dar pasos y deslizarse no es la clase de ejercicio por el cual tus porteros te van a apreciar, ya que de hecho se trata de una actividad bastante agotadora; pero les preparará para maximizar sus actuaciones en los partidos cuando la situación sea difícil y pesada y sólo un esfuerzo máximo pueda salvar el día.

Capítulo **6**

EJERCICIOS
DE FÚTBOL

*Sólo los que tengan paciencia para hacer las cosas sencillas
a la perfección adquirirán la técnica para hacer las cosas
difíciles con facilidad.*

–Johann von Schiller
Poeta alemán

Si estás satisfecho con el dominio del balón de los jugadores, sólo tienes que
enseñarles las reglas del juego, dividirlos en dos equipos en el entrenamiento e
improvisar un partido. Incluso tú también podrás mantenerte en forma jugando
con ellos. Pero si quieres más que eso (por ejemplo, si quieres que los jugadores
aprendan cómo ejecutar las técnicas de fútbol correctamente) tendrás que enseñarles.

Aquí es donde entran los ejercicios. Éstos ofrecen un formato perfecto para
enseñar y practicar técnicas de fútbol.

LA IMPORTANCIA DE LOS EJERCICIOS

Dos aspectos de los ejercicios hacen que sean un vehículo ideal para enseñar. Primero, los segmentos individuales del ejercicio tienen una duración relativa, así que puedes intentar mejorar en técnicas específicas o áreas, y segundo,
la repetición de movimientos específicos y aislados fomenta la técnica y permite

la corrección de errores de forma que los partidos de entrenamiento no pueden aportar con tanta eficacia o efectividad.

Los ejercicios no pueden ser una réplica exacta de las condiciones de juego, pero sin duda tampoco puedes enseñar o practicar nuevas técnicas en las condiciones de juego. Los ejercicios insisten en las técnicas mentales y físicas que pueden aplicarse en situaciones del partido; muchos de los ejercicios más efectivos son los que simulan condiciones del partido en pequeñas dosis.

Los ejercicios, entonces, son para enseñar y aprender mediante la repetición; los partidos de entrenamiento son para practicar lo que se ha enseñado y aprendido.

Sin embargo, hay más. A diferencia, por ejemplo, del béisbol y el fútbol americano, el fútbol fue desarrollado en otra parte del mundo y es mucho más importante en el ámbito mundial que estos deportes. Por ejemplo, a los niños en Europa y en Suramérica se les enseña casi desde su nacimiento que la mejor forma de proyectar un balón es dándole una patada, no lanzarlo con la mano, golpearlo con un bate o llevarlo mientras se corre. Este conocimiento da a esos niños una tremenda ventaja para aprender a jugar al fútbol, por encima de los niños de EE.UU. cuya trayectoria en los deportes de equipo (y también la de sus padres) está más bien orientada al béisbol, baloncesto o al fútbol americano, y no al fútbol. En los deportes, la familiaridad no fomenta el desprecio, sino el deseo de practicar ese deporte.

Todo esto significa que, debido a que los conceptos y técnicas del fútbol son desconocidos para muchos niños en EE.UU., *tenemos que hacer que este deporte sea divertido desde el principio de su participación, o de lo contrario dejarán de jugar antes de que desarrollen las técnicas necesarias para disfrutar del fútbol por ellos mismos.* Lo mismo puede decirse de cualquier deporte de equipo, por supuesto, pero con el fútbol todavía no hemos llegado al punto de aceptación en el que las madres y padres de toda la nación por rutina ponen un balón de fútbol en la cuna del recién nacido.

Aprender no es siempre divertido; nosotros lo sabemos, y tú también. Pero puede resultar más que un trabajo penoso cuando las técnicas implicadas están casi totalmente enfrentadas con la que parece ser la forma natural de jugar (es decir, con las manos y no con los pies, o golpear el balón con la punta del pie y no con el empeine o el interior del mismo). Por ello, en capítulos anteriores, hemos insistido en la necesidad de *hacer que el entrenamiento de fútbol sea divertido para los jugadores.* Si esperamos que los jugadores corran de 5 a 7 km o más en las carreras de los entrenamientos y que practiquen en casa las técnicas que les hemos enseñado, será mejor que encontremos maneras de que las carreras y los ejercicios sean divertidos, o si no empezarán a buscar formas menos rigurosas y exigentes de rellenar su tiempo de ocio, y no a trabajar para mejorar sus habilidades futbolísticas.

También por eso encontrarás muchos de los ejercicios de este capítulo descritos en términos como «divertido», «emocionante» o «agradable». Divertirnos no es nuestro objetivo, sino *aprender* (o, para ser más precisos, *hacer que el aprendizaje sea divertido*). Si puedes hacerlo, ya sea mediante estos ejercicios que ofrecen una muestra representativa de lo que hacemos en los entrenamientos o con otros ejercicios recopilados de cualquiera de los buenos libros de ejercicios futbolísticos, revistas o cintas de vídeo que aparecen en el Apéndice A, nunca tendrás problemas para motivar a los jugadores para que vengan a las sesiones, sean puntuales, jueguen en serio o aprendan.

PREPARACIÓN FÍSICA

Voy a las Bahamas cada invierno a ponerme en forma para
la temporada. Corro 25 km cada día. De pronto me canso y digo,
«¿qué estoy haciendo?». Pero si quieres marcar goles y jugar bien
no puedes tumbarte en el sofá y decir «esperaré a mañana».

–Giorgio Chinaglia

Ejercicios de estiramiento

Viniendo de la edad oscura de la teoría y práctica del entrenamiento, no siempre fuimos partidarios fervorosos de los ejercicios de estiramiento, pero ahora lo somos. O lo diremos más claro, cuanto más ágiles y flexibles sean los jugadores, menos probabilidades tendrán de sufrir contracturas (sobre todo en los climas más frescos o cuando hace frío). Es un error a tener en cuenta, como ya hemos dicho, que, dado que los jugadores están en forma para correr de 5 a 8 km cada día, no necesitan hacer ejercicios de estiramiento al inicio de cada entrenamiento o antes de los partidos (o antes de la calistenia o del entrenamiento con pesas).

Deben dedicarse al menos 10-15 minutos por entrenamiento a esta parte preventiva importante.

En cuanto a los ejercicios específicos, recomendamos sin duda que consultes a un entrenador de atletismo, preparador físico o un fisioterapeuta en la escuela o comunidad. Esto es lo que hicimos hace varios años, y nunca nos hemos arrepentido. Puesto que hemos adoptado un enérgico estilo de estiramientos propios del atletismo como parte de los entrenamientos, las lesiones sin contacto muscular de nuestros jugadores son tan raras como un perro verde o un político honesto.

Jogging

Como actividad puramente de calentamiento, hacemos que los jugadores den tres vueltas alrededor del campo de entrenamiento al principio del entrenamiento, cada uno con un balón y regateando mientras avanza. No es gran cosa, sólo una parte rutinaria de la sesión que ayuda a preparar a los jugadores para lo que se les avecina.

Las carreras

Ya sea por la naturaleza del juego o por el hecho de que muchos jugadores practican fútbol de competición todo el año, estos deportistas son probablemente los mejor preparados físicamente de los deportes de equipo. Sin embargo, no existe una respuesta única y definitiva a la pregunta *¿cuánto necesitan correr mis jugadores?*, excepto ésta: *necesitan resistencia cardiovascular suficiente para que aguanten los partidos sin quedarse sin gas en los últimos minutos.*

Mientras que los entrenadores no podemos disponer siempre de jugadores dotados de una gran técnica en nuestros equipos, podemos y debemos esperar que estén en forma y jueguen fuerte toda la liga. Excepto los jugadores que se reincorporan después de una lesión o enfermedad, siempre es culpa del entrenador cuando no se encuentran en buenas condiciones para jugar al máximo todo lo que se espera de ellos.

Algunos entrenadores fomentan poco o nada la resistencia en la carrera en sus sesiones de entrenamiento, argumentando que la resistencia que necesiten la adquirirán de forma natural mediante los ejercicios y en el partido de entrenamiento. Este entrenador, cuyo tiempo de entrenamiento es limitado, insiste en que la resistencia en carrera que no está directamente relacionada con las situaciones del partido o con mejorar las técnicas del fútbol es una pérdida de tiempo. Otros entrenadores, cuya situación es diferente, incorporan actividades de carreras como los *sprints* progresivos en los entrenamientos. Mientras que cada uno o ambos enfoques pueden ser correctos, no debes asumir automáticamente que los jugadores están en forma cuando llegan a ti, incluso aunque jueguen al fútbol todo el año. También creemos que es un error asumir que los ejercicios y los partidos de entrenamiento mantendrán a los jugadores en forma sin carreras adicionales; tienes que estar completamente seguro de que no se vendrán abajo en los últimos minutos de partido.

Si envías cartas para formar un equipo durante el verano, asegúrate de advertir que hay que venir preparado para trabajar desde el primer día de las pruebas de pretemporada. Puedes recomendar específicamente que, antes de empezar a entrenar, tienen que trabajar por su cuenta cada día, corriendo, digamos, 10 *sprints* de 40 m, 7 de 80 m, siete de 120 m y 3 de 170 m, volviendo al trote al punto de inicio para los primeros 3 y caminando en los de 170 m. Los candidatos serios lo harán porque saben que esto les ayudará a prepararse para la temporada.

Las carreras progresivas

Una actividad de carreras llamada *Indian Run* (también conocida como carreras progresivas) es una buena forma de mejorar la resistencia de los jugadores. En esta actividad, dan vueltas alrededor del campo de entrenamiento, en una sola fila, con un tiempo específico (puedes empezar con 10 minutos 3 veces a la semana, añadiendo 3 cada semana hasta la previa a los 2 meses). Todos los jugadores van al trote excepto el último de la fila, el cual hace un *sprint* hasta la cabeza de la fila antes de frenar. Tan pronto como un jugador acelera, el jugador de detrás del mismo se convierte en el nuevo último jugador de la fila y empieza su *sprint*, etc.

Nos gusta el *Indian Run* porque, aunque implica correr mucho, también incluye una carrera tranquila, siendo justificable para los jugadores (¿preferirían hacer *sprints* convencionales?).

Además de las carreras cronometradas, hay otras maneras de mejorar la resistencia. Más que correr continuamente durante una cantidad de tiempo predeterminada como en el *Indian Run*, los jugadores pueden: (a) correr una media distancia (p. ej.: de 1,5 a 3 km al principio o final del entrenamiento), o (b) correr una media distancia con un tiempo determinado (p. ej.: correr 1,5 km en, digamos, 6 minutos y medio o menos); sin embargo, el primero puede consumir más tiempo de lo conveniente, y el último es tan exigente físicamente que pocos entrenadores usan esta técnica más de una vez por semana en el entrenamiento de pretemporada (o en absoluto una vez haya empezado la temporada).

Un problema familiar asociado con la pura resistencia en la carrera es superar la resistencia natural de muchos jugadores en un aspecto que no está directamente relacionado con el fútbol. La mejor manera que hemos encontrado de tratar este problema es entrenar con ellos (si, claro está, no tienes limitaciones físicas serias aparte de no estar en forma que te impidan esta participación). Después de todo, es difícil que los jugadores se quejen de las carreras, la calistenia, el entrenamiento con pesas, etc., que se les obliga a hacer cuando el entrenador está sudando junto a ellos. Las carreras de larga distancia son ideales para la participación del entrenador, igual que el *Indian Run* si eres un corredor aceptable. Correr una distancia cronometrada no es para pusilánimes, a menos que estés en muy buena forma física.

No importa cómo lo hagas, entrenar con los jugadores es bueno para la moral del equipo; más allá de su valor inspirador y motivador, refuerza tu mensaje de *estamos juntos en esto*, y ofrece una evidencia sólida de que estás trabajando tan duro como ellos.

Otras actividades de condición física

Durante la temporada, tenemos calistenia dos veces a la semana. Puesto que la mayoría de nuestros jugadores juegan al fútbol todo el año, evitamos un trabajo de piernas demasiado extensivo. Nuestra calistenia consiste en:

➡ Flexiones (regulares)
➡ Flexiones elevando los pies (cajas de 30 cm)
➡ Flexiones elevando las manos (cajas de 30 cm)
➡ Flexiones de abdominales altos (con el estómago hacia
  arriba, las rodillas bloqueadas y las caderas arriba) } 3 series de 10

➡ Abdominales boca arriba (abdominales bajos)
➡ Elevaciones de la pantorrilla (tumbado de espalda) } 3 series de 25

También utilizamos otras dos actividades de posición además del *Indian Run* en lo que llamamos nuestro «*complejo de carreras*». Consisten en *correr por las escaleras del estadio* un escalón a la vez y dos escalones a la vez, y *saltando con (y debajo de) cajas* de 40, 50 y 60 cm de altura, sucesivamente. Estas actividades potencian la fuerza explosiva del jugador de forma que las carreras no pueden conseguir.

Entrenamiento con pesas. Durante la temporada universitaria no trabajamos con pesas, y no recomendamos demasiado peso en el entrenamiento para los jóvenes menores de 16 años. Pasar un examen físico efectuado por un médico debe ser un prerrequisito para *cualquier* jugador que participe en un programa de entrenamiento con pesas.

El programa de entrenamiento con pesas que utilizamos está descrito en el Apéndice S, y en el Apéndice T aparece un cuaderno de trabajo reproducible.

EJERCICIOS DE MANEJO DEL BALÓN

Manejar el balón es regatear con finura, o con tacto; como tal, es sin duda la técnica más difícil en ataque. Mientras que cualquiera puede aprender bastante deprisa a golpear el balón y correr detrás del mismo, o disparar en la dirección general de la portería, lleva años de práctica dominar el arte de protegerlo o de burlar a un defensa en el tercio de ataque en situaciones de 1 contra 1 (figura 6-1).

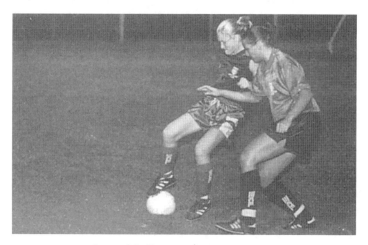

FIGURA 6-1. Empezando un movimiento.

El juego de piernas controlando el balón es complejo y muy diferente de las técnicas de juego de piernas asociadas a los otros deportes. Por eso, cuando los niños empiezan a jugar al fútbol contigo, tienes que enseñarles inmediatamente las directrices básicas del juego de piernas, y dedicar al menos 15 minutos al día a los ejercicios de juego de piernas y al regate. La habilidad de manejar el balón con tacto separa claramente a los verdaderos futbolistas de los que no lo son. Todos (incluso los primeros) deben practicar el juego rápido de piernas y el manejo del balón.

Piernas, regates, fintas y entrenamiento pertenecen a la excelente serie de cintas de vídeo pedagógicas de Frans van Balkom, *Soccer on the Attack*[1]. El apartado de «Juego rápido de piernas» es el mejor de su clase que hemos visto, y no dudamos en recomendarlo a cualquiera que entrene a futbolistas en cualquier nivel. Usamos las técnicas de juego rápido de piernas de Balkom como parte regular de nuestra rutina de calentamiento[2].

1. Van Balkom, Frans. *Soccer on the Attack: A Comprehensive Look at Attack Skills.* St. Louis: Budweiser-Busch Creative Services Corporation, 1986. Parte 1, «Juego rápido de piernas y fintas»; Parte 2, «Regates», y Parte 3, «Disparar y juego de cabeza».

2. Estas diez técnicas son: 1) *la fundación;* 2) carrera a por el balón hombro con hombro; 3) hacer la «V»; 4) *step on.;* 5) giro por detrás de la pierna de apoyo; 6) *step over;* 7) alternativo *push out/pull back;* 8) giro lateral; 9) giro sobre toda la suela de la bota, y 10) la garrincha.

Al enseñar las técnicas de manejo del balón, seleccionamos a 10 jugadores y les enseñamos una técnica a cada uno, y luego hacemos que la enseñen a los compañeros, pero sólo una técnica a la vez. Esto es, por supuesto, un largo proceso de sólo 15 minutos al día dedicados a los ejercicios de manejo del balón y juego de piernas, pero a lo largo de los años nos ha funcionado bastante bien, y a ti también te funcionará si no pretendes enseñar muchas cosas demasiado pronto. Empieza enseñando las técnicas de manejo del balón y juego de piernas cuanto antes mientras formas a tus jugadores. Las montañas no se suben con saltos gigantes hacia arriba, sino con pequeños y aplicados pasos.

Finalmente, cuando los jugadores hayan aprendido los fundamentos básicos del juego rápido de piernas, podrás conseguir en total 10 técnicas en 10 minutos; con un balón por jugador, deben ser capaces de dar 500 toques por jugador antes de que puedas pasar a otro aspecto.

Toques de balón

A diferencia de los ejercicios de juego rápido de piernas, los toques de balón no están específicamente relacionados con el partido. Es, no obstante, una actividad desafiante y agradable que exige concentración y que potencia la autoconfianza ayudando a los jugadores a fomentar el toque del balón con los empeines de los pies.

Tal como sugiere el propio término, los toques de balón consisten en mantener el esférico en el aire con una serie de golpes suaves y controlados con ambos pies. Muchos entrenadores inician las secuencias de toque de balón con los jugadores sentados en el suelo, insistiendo así desde el principio en que el balón tiene que ser *acariciado*, no *golpeado* (para los jugadores más jóvenes puede utilizarse una pelota de playa o un balón blando de entrenamiento). Se crea una plataforma lisa para entrar en contacto con el balón, con los dedos del pie en acción hacia fuera. Los jugadores lanzan el esférico arriba y hacia delante en dirección al pie de contacto, y luego le dan un pequeño toque con el empeine o el interior del pie, y lo cogen. A medida que progresan y consiguen mantener un ritmo con el balón, intentarán que siga vivo sin cogerlo. Por supuesto, deben practicar con ambos pies.

Al practicar estando de pie, el jugador simplemente deja caer el balón al empeine e intenta dar, digamos, cinco toques consecutivos con cada pierna, sin que el esférico caiga al suelo. Más adelante, puedes pasar de contar los toques a establecer límites de tiempo. También puedes organizar competiciones para ver quién es capaz de estar más tiempo dando toques.

Más arriba del cuerpo, también tienes que hacerles practicar los toques con los muslos y la cabeza, siendo estos últimos mucho más difíciles de dominar. En los toques con la cabeza, el jugador inclina la cabeza hacia atrás y le da al balón con un movimiento punzante aunque suave hacia arriba, contactando con la parte superior de la frente, y luego moviéndose para quedarse bajo el esférico.

A partir de aquí, pueden añadir a un compañero y hacer turnos dando toques y pasando el balón suavemente de un lado al otro, o formar pequeños grupos de tres a cinco jugadores, o también dar toques en movimiento.

Consejos para entrenar: los toques de balón

1. Mantener los ojos en el balón.
2. Formar una plataforma lisa para el balón.
3. Tocar el balón con suavidad («controla el balón, no dejes que él te controle»).
4. Equilibrio (concéntrate en los pies. Empieza dando pequeños saltos entre cada toque; a medida que mejores, intenta desplazarte mientras das los toques).

EJERCICIOS DE CONDUCCIÓN

Para controlar sus conducciones, los jugadores deben mantener el balón cerca de los pies y practicar el toque con el interior, el exterior y el empeine de cada pie. En las fases iniciales del entrenamiento de las conducciones, deben practicar primero conduciendo en línea recta y despacio, y luego cambiando la velocidad y la dirección de la conducción en una zona limitada, sin oposición.

Conducción con obstáculos

Los jugadores usan partes designadas de cada pie mientras sortean una serie de conos. Haz que empiecen andando o trotando y que luego pasen a velocidades mayores a medida que consigan control.

Jugar a atrapar

Todo jugador tiene un balón en una parrilla de 18 x 18 m. La persona elegida intenta atrapar a otro compañero dentro de los límites sin perder el control del balón. Nadie puede salir para evitar ser atrapado. No está permitido volver a atrapar, o atrapar a la persona que te ha atrapado. No vale atrapar si quien lo hace pierde el control del balón.

Al ser una excelente actividad para practicar situaciones variables y velocidades mientras se conduce, este juego precisa que los jugadores mantengan la cabeza alta y observen al jugador que intenta cazarlos, mientras hacen movimientos disuasorios. El juego también te enseñará qué jugadores tienen una aceleración superior o inferior; funciona mejor cuando se limita como máximo a 5 minutos.

Desviar el balón

En este juego todos tienen un balón en una parrilla de 18 x 18 m. El entrenador selecciona a dos jugadores (llamados *hot dogs* o *hot men*) cuya misión es mantener la posesión del balón mientras intentan desviar el esférico de los otros jugadores. Igual que con el juego de atrapar, nadie puede salir de los límites, y los desvíos del balón no cuentan si alguno de los jugadores citados pierde el control de su esférico. Cuando son eliminados del juego, los jugadores practican los toques fuera de los límites hasta que todos hayan sido eliminados, en cuyo punto puede reiniciarse el juego con nuevos *hot dogs*.

(*Sugerencia: no* utilices los jugadores menos capaces en la conducción como *hot dogs* si quieres que el juego termine antes de media noche. Una forma de evitar este problema es que los dos últimos jugadores que quedan sean *hot dogs* la próxima vez.

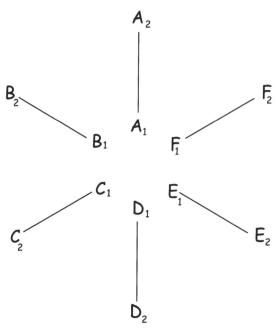

FIGURA 6-2. Formato del ejercicio en doble círculo.

Movimientos de ataque de 1 contra 1

Al aplicar movimientos de ataque en secuencias de 1 contra 1, usamos un formato de doble círculo (figura 6-2) con jugadores con habilidades más o menos similares. Una parrilla de 18 x 18 m absorberá de 6 a 8 parejas de jugadores, así que puedes necesitar más de una para asegurar que cada jugador tenga espacio suficiente para actuar.

Las secuencias empiezan con los defensas fuera pasando el balón a sus compañeros (delanteros). Al principio, los delanteros avanzan hacia los defensas estáticos para realizar sus movimientos, después de lo cual los dos jugadores intercambian su posición y repiten el proceso. Más adelante, los defensas pueden caminar hacia los delanteros, incluso correr cuando los delanteros tienen la habilidad suficiente para manejar el reducido tiempo de que disponen para preparar sus movimientos.

El receptor recoge el balón y, cuando el espacio entre el defensa y el delantero es adecuado[3], ejecuta cualquier movimiento que decida. Para asegurar que la ventaja sigue a favor del delantero mientras se aprende el movimiento, puedes establecer que los defensas se muevan un poco más despacio que los delanteros: si el delantero va al trote, el defensa camina, y si el delantero camina, el defensa debe mantenerse estático hasta que se complete el movimiento.

Además de la sección de «regates» de la serie de cintas de vídeo *Soccer on the Attack*, de van Balkom, que incluye movimientos como la sencilla y la doble bicicleta, y el Matthews sencillo y doble entre sus 14 técnicas de regate, también practicamos algunos de los movimientos de ataque que se enseñan en la serie de cintas de vídeo de enseñanza de Wiel Coerver, *Coerver Fundamental Series*[4]. Además de otras cintas de enseñanza que aparecen en la lista del Apéndice A, Coerver ofrece una red nacional de campamentos de verano, donde los niños de todas las edades y ambos sexos pueden aprender a jugar al fútbol de la forma popularizada por la estrella holandesa.

Consejos para entrenar: la conducción

1. Hay que enseñar a los jugadores a mantener el balón cerca de los pies al conducirlo. Se trata de una técnica llamada *control de cerca*. Este control permite que los jugadores cambien rápido la velocidad o la dirección de su conducción, incorporen fintas en el mismo, eviten entradas o protejan el balón del rival[5].

3. Véase la siguiente sección sobre consejos para los regates, n°.4.
4. Ames, I. A.: Championship Books and Video Productions, 1986.
5. La diferencia entre *proteger* (lo cual es legal) y *obstruir* (ilegal), se basa en la proximidad del delantero al balón. Si el atacante está lo bastante cerca del balón para disputarlo (es decir, a 60-120 cm), es proteger; si esta distancia va hasta los, digamos, 180 cm y el atacante todavía intenta bloquear al defensa sin disputar el balón, es obstrucción. Aunque los aficionados en las gradas no siempre reconocen estas distinciones, los buenos árbitros y entrenadores entienden la diferencia entre los dos casos.

FIGURA 6-3. Protegiendo el balón.

2. Insiste en los «ojos bien abiertos» con las conducciones. La visión del delantero debe centrarse en la situación del campo, no en el balón, que tiene que aparecer en la periferia inferior de su visión. Sin embargo, hay por supuesto veces en que los jugadores tienen que mirar sin duda al balón, pero incluso entonces deben dividir su atención entre el balón y el defensa. Cuanto más practiquen los jugadores el cambio de dirección y velocidades sin mirar directamente el balón, menos tendrán que confiar en la visión directa del mismo en las situaciones de presión.

Les decimos a nuestros jugadores: *cuando miras el balón, estás en tu propio mundo, sólo tú y el esférico, pero a menos que lances un penalti, ahí fuera hay otros 21 jugadores a tener en cuenta. Once de ellos son rivales, los cuales quieren quitártelo; los otros son tus compañeros, algunos de los cuales intentan desmarcarse para recibir un pase tuyo. Pero no puedes darlo si no sabes dónde están o adónde van.*

3. Enseña a los jugadores a evitar conducir con velocidad grandes distancias. La forma más rápida de que el balón avance con el máximo recorrido es pasándolo.

4. Quizá la finta más común es ladear el hombro fingiendo ir en esa dirección y, cuando el defensa da un paso o se inclina en esa dirección, el delantero se va por la contraria. Para que esta finta (o cualquier otra) tenga éxito, tiene que parecer real y el delantero tiene que encontrarse lo bastante cerca del defensa para terminar el movimiento mientras el otro se desequilibra, pero lo

bastante lejos del defensa para que éste no pueda entrar a por el balón. Mientras que las distancias adecuadas entre el delantero y el defensa varían según las habilidades en el manejo del balón del delantero, la velocidad y la habilidad para ejecutar movimientos reales, las distancias eficaces para realizar fintas raras veces superan los 1,5 m.

Sin importar la situación, mientras se realizan las fintas el delantero tiene que observar las caderas y la rodilla del defensa para ver si está desequilibrado o inclinado hacia uno u otro lado. Luego, habiendo superado al defensa, el delantero debe mirar arriba para ver qué compañero está desmarcado. Un pase rápido de pared en este punto asegurará sin duda que el defensa superado no se recupere y siga la jugada.

Las cintas de vídeo *Soccer on the Atack*, de van Balkom, ofrecen una instrucción soberbia de 10 movimientos de fintas: 1) *Let it be*; 2) *Come Off*; 3) *Kick Up Knee*; 4) *Step over*; 5) *Cruyff*; 6) *Pull Behind*; 7) *Feint Kick*; 8) *The «V»*; 9) *Roll in Front*, y 10) *The Cap*. No son títulos muy imaginativos, creemos, pero aprender algunos o todos aumentará considerablemente las técnicas de ataque de tus jugadores, como comprobarán nuestros tres séniors del GHSA State All-Star Soccer Game de este año.

EJERCICIOS DE PASES/CONTROLES

Habiendo cubierto la estructura básica de las formas más elementales de ejercicios de pasar/controlar en el capítulo 5, empezaremos aquí asumiendo que ya estás familiarizado con actividades como el *pase estático entre compañeros* (utilizando el formato familiar de dos círculos mostrado en la figura 6-2).

Dejando de lado las clases de pases, hay tres técnicas para pasar el balón a tener en cuenta: el control en un regate; pases de dos toques (es decir, controlar el balón antes de pasarlo), y el pase al primer toque, o pasar con el primer contacto con el balón. De los tres, el pase al primer toque es el más difícil de ejecutar con precisión, y por lo tanto precisa el máximo trabajo.

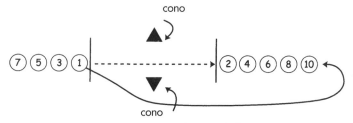

FIGURA 6-4. Ejercicio de pase al objetivo.

Pase al objetivo

Este pase es un ejercicio sencillo de dos filas, en el cual los jugadores hacen turnos pasando el balón a sus compañeros entre dos conos dispuestos a 2,5 m de distancia, y luego van al final de la fila para esperar el siguiente turno (figura 6-4). Puedes empezar con los jugadores separados 9 m y aumentar la distancia gradualmente entre los que pasan y los que reciben. Puesto que la tendencia natural es avanzar hacia el balón antes de recibirlo, puedes usar conos o líneas pintadas para separarlos. Los jugadores siempre corren por su derecha (la izquierda del receptor) después del pase.

Golf

Cada jugador tiene su propio balón en esta desafiante y bastante agradable actividad. Usa el mayor espacio posible del campo de entrenamiento para disponer 9 conos y simular un Par 3. Escalona la distancia entre los conos para hacer que unos «hoyos» sean más fáciles que otros, añade algunos obstáculos aquí y allá, como porterías móviles y redes con rebote del balón, aumentando así el reto, agrupa a los jugadores en grupos de cuatro, explica las reglas y déjalos jugar[6]. Eso es todo, a menos que quieras dar a cada grupo papel y lápiz para anotar los puntos por cada agujero (es decir, cuántos toques dan para derribar un determinado cono). Después de jugar 9 o 18 conos, los ganadores son los jugadores con el marcador inferior de cada grupo.

Para evitar el retraso de jugadores que esperan para empezar, puedes repartir los puntos de inicio en el recorrido y así no todos tienen que empezar en el mismo *tee* (el área de «*tee*» para cada cono debe asignarse con antelación, ya sea usando yeso para marcar las líneas del campo o conos situados, digamos, 2,5 m a la izquierda del cono anterior. Como sea y donde sea que asignes las zonas de *tee*, todos deben empezar desde el mismo lugar para ese cono).

Técnicamente el golf podría ser considerado perfectamente un ejercicio de tiro; lo consideramos un ejercicio de pase debido a la extraordinaria precisión y delicadeza de toque que se precisa para derribar los conos.

Triangulación

Como se muestra en la figura 6-5, el 1 pasa al 2 y va entre el 2 y el 3 para crear un nuevo triángulo. Luego, el 2 pasa al 3 y corre entre el 1 y el 3, después de lo cual el 3 pasa al 1 y va entre el 1 y el 2 (figura 6-6), etc., con los jugadores moviéndose constantemente a nuevas zonas para crear nuevos triángulos en

---

6. Para evitar que utilicen su pie preferido en lugar del otro, haz que cambien de pie en cada cono (no en cada tiro).

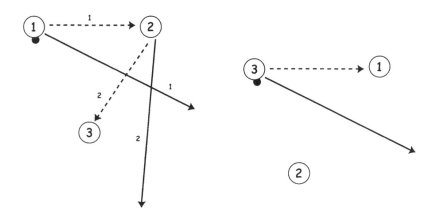

Figura 6-5. Ejercicio de triangulación (véase 6-5 y 6-6).

Figura 6-6.

este ejercicio de pase y movimiento que introduce a los jugadores el concepto de correr en el espacio libre.

El ejercicio holandés (o círculo)

Este ejercicio, cuyo origen está en el equipo nacional holandés de la década 1970, es tanto una actividad preparatoria como un ejercicio de pase y control. Se practica mejor en una zona extensa que mida al menos 35 x 35 m. El ejercicio incluye nuestros viejos conocidos círculos interiores y exteriores de jugadores que practican técnicas como el regate, los pases al primer y segundo toque, el juego de cabeza y el control.

Inicialmente, todos los jugadores excepto los porteros (que trabajan aparte) se reparten en el perímetro de un círculo grande exterior (cada jugador con un balón). Después de numerar a cada jugador con alternancia 1-2-1-2 sucesivamente alrededor del círculo, los 1 ponen en el suelo su balón y van hacia el centro para formar un círculo interior de cara hacia el exterior. En efecto, entonces cada uno de los números 2 tiene dos balones, con el fin de reducir el tiempo perdido cuando uno de los balones sale del círculo al hacer un pase.

Después de la señal del entrenador, cada uno de los números 1 llama al 2 por su nombre, hace un *sprint* hacia ese jugador a toda velocidad pero controlando y devuelve el pase al primer toque, luego se gira y vuelve otra vez al centro, buscando un nuevo pasador a medida que regresa. Cuando localiza un 2 que no está pasando el balón a nadie, lo llama por su nombre y hace un *sprint* hacia él para recibir y devolver el pase. El juego prosigue de esta manera (encuentra un pasador, llámalo, haz un *sprint* hacia él, devuelve el pase y vuelve corriendo al centro mientras buscas un nuevo pasador) durante 60 segundos, después de los cuales el juego se detiene mientras los 1 y 2 intercambian posiciones y los 1 descansan un minuto.

Además del valor obvio como actividad de pase y control a alta velocidad, este ejercicio también enseña a los jugadores a levantar la cabeza y controlar en el tiempo sus movimientos para evitar chocar contra otros jugadores. A veces ponemos a los porteros en el centro para que también practiquen.

Es importante destacar que los jugadores vuelven corriendo al centro cada vez; de lo contrario llamarán al siguiente 2 en fila y darán la vuelta al círculo corriendo despacio. Mientras que en algunos casos eso está bien, nos gusta usar este ejercicio como una actividad de preparación de alta velocidad, que se caracteriza por la calidad del pase y la recepción.

Doblar al compañero en carrera

También es necesario para los jugadores practicar este tipo de carreras, que, en el caso presente, consisten en movimientos alrededor o detrás de un compañero para crear un espacio en el cual recibir el balón.

Cuando el 1 pasa al 2 en la figura 6-7, el 3 dobla al 2 por el lado y recibe el pase de éste. La continuidad consiste en que el 3 pasa al 1 y el 2 dobla por el lado al 1 y recibe su pase (figura 6-8), y luego el 2 pasa al 3, con el 1 doblando por el lado al 3 para recibir el pase de éste (figura 6-9). Puesto que los triángulos se mueven constantemente y cambian de forma, asegúrate de separar a los grupos lo suficiente para que no interfieran entre ellos.

Triangulación con dos jugadores

El ejercicio mostrado en las figuras 6-5 y 6-6 puede realizarse con dos jugadores en lugar de tres, con el tercer punto del triángulo como espacio libre hacia el cual corre el pasador.

Al principio de la acción, el 1 tiene el balón (figura 6-10), y el 2 puede correr a ambos lados de 1. Según qué camino tome el 2, el 1 dirigirá su pase no al 2, sino al espacio libre hacia el cual corre el 2. Después del pase, el 1 correrá al lado que quiera del 2, que, como antes, no pasará el balón directamente a 1, sino al espacio libre hacia el cual está corriendo (figura 6-11).

Aunque normalmente pensamos en las secuencias de pase y movimiento como en las mostradas en las figuras 6-10 y 6-11, siendo dirigidas hacia la portería rival, los jugadores tienen que entender que pueden y deben pasar el balón y moverse en dirección hacia el espacio libre.

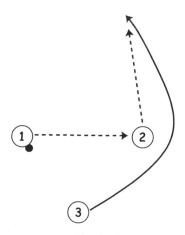

Figura 6-7. Doblando al compañero en carrera (véase 6-7 y 6-9).

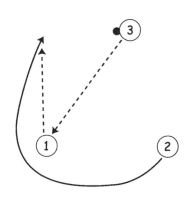

Figura 6-8.

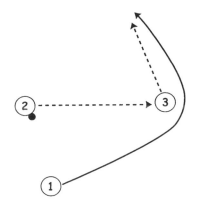

Figura 6-9.

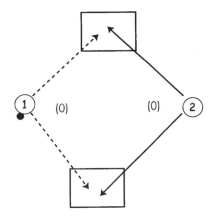

Figura 6-10. Triángulo de pases de dos jugadores (véase 6-10 y 6-11).

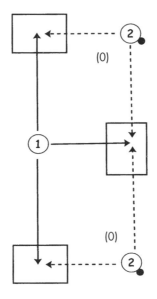

FIGURA 6-11.

Consejos para entrenar: pasar y controlar

1. Cualquier ejercicio de pases lo es también de control. No pases por alto el control cuando trabajes los pases. Puedes tener un segundo entrenador en la fase de control de los ejercicios de pases o hacerlo tú mismo. Como el viejo Frank Sinatra observó, «no se puede tener uno sin el otro».
2. El pase básico en el fútbol es con el interior o exterior del pie. Entrena a los jugadores para que los pases sean rasos y vayan dirigidos a los pies del receptor.
3. El pase de calidad precisa una combinación de *mecánica* y *percepción del campo*. La eficacia mecánica es el resultado de una práctica prolongada y rigurosa; la noción del campo se consigue levantando la cabeza y mirando alrededor para ver qué ocurre en el resto del terreno. Insiste en la mecánica en los ejercicios y en la percepción del terreno de juego en los partidos de entrenamiento y en los enfrentamientos de defensas contra delanteros.
4. Enseña a los receptores a mirar el balón en los pies, muslos, pecho o cabezas. La percepción del campo siempre es importante, pero controlar el balón con precisión al recibirlo puede ser una prioridad incluso superior.

EJERCICIOS DE TIRO

El tiro está sobrevalorado, al menos como actividad de entrenamiento. Sí, lo decimos y nos quedamos tan tranquilos, ¡ESPERA UN SEGUNDO! ¡NO CIERRES EL LIBRO! ¡Escúchanos!

De acuerdo, admitimos que sí, que tirar es importante. Si no tiras, no puedes marcar, y si no marcas, lo máximo que puedes esperar es un empate a cero goles. Además, a menos que estructures con cuidado las sesiones de entrenamiento (como debes hacerlo), los ejercicios de tiro y de defensas contra delanteros pueden ser el único trabajo que realicen los porteros.

Si desnudamos su esencia, el tiro no es más complicado que hacer un pase preciso y fuerte hacia la portería en lugar de a un compañero. Si tus jugadores no saben regatear y pasar bien el balón para facilitar tiros a portería, no obtendrán demasiadas posibilidades de tiro como para justificar mucho entrenamiento dedicado a mejorar esta faceta.

Dedicamos 20 minutos al día a practicar el tiro. Los jugadores hacen rotaciones cada 5 minutos entre cuatro posiciones con porterías equipadas con redes. Los ejercicios que usamos con más frecuencia se muestran en las figuras 6-12 a 6-15; pueden simplificarse para los principiantes en los entrenamientos de pretemporada omitiendo al portero, o complicarse para los jugadores con más experiencia alargando la distancia de tiro. Llamamos a estos ejercicios *nuestra red*.

Ejercicio de posición de tiro 1

Igual que nuestros otros ejercicios de la red, éste incluye una fila de pase, una red con rebote del balón y una fila de control/disparo (figura 6-12). Aunque no existen goles sin al menos un pase previo, creemos que es importante iniciar estos ejercicios con un balón en movimiento para preparar a los jugadores a desviar su atención al instante de la trayectoria del balón a su nuevo objetivo *(la portería).*

La rotación es sencilla: el 1 pasa al 2 con una red con rebote y va al final de la línea de tiro, mientras el 2 recibe el balón en el rebote y ataca por el centro con el esférico controlado, intentando superar con un tiro al portero desde varias distancias. Luego, el 2 va al final de la fila de pase y el balón es para el 3, que pasa el balón a la red con rebote para que el 4 empiece la siguiente secuencia.

Los jugadores deben practicar el control del balón, el regate y el tiro con las dos piernas, por supuesto. Concentrarás más el ejercicio alternando los días entre el disparo con la pierna derecha e izquierda que alternando el pie en cada tiro.

Ejercicio de posición de tiro 2

Este ejercicio es el mismo que el anterior, pero con el ataque procedente de un ángulo diferente. Las posiciones de las filas de pase y de tiro mostradas en la figura 6-13 se utilizan sólo para ilustrar el ángulo de ataque; las filas pueden estar en cualquier parte que quieras (p. ej.: pasando o atacando desde la línea de gol) y deben cambiarse con frecuencia. Sé imaginativo respecto a dónde y cómo quieres tirar.

Ejercicio de posición de tiro 3

En los ejercicios anteriores, el jugador que tiraba bien efectuaba un tiro con dos toques, es decir, recogiendo el pase (uno) y luego tirando desde ese punto (dos), o bien regateaba para preparar el tiro. En este ejercicio que llamamos «tiro rápido», sin embargo, el receptor utiliza un tiro de un toque directamente del pase recibido (figura 6-14). Es un «¡pim pam pum fuego!» o «¡allá va!» y el portero saca el balón de la portería.

Como antes, la posición de las filas de pase y tiro deben variar con frecuencia, y los jugadores, practicar el tiro a un solo toque con los dos pies.

Ejercicio de posición de tiro 4

En este ejercicio (figura 6-15), el 1 pasa al delantero 2 mediante la red con rebote y se convierte en un defensa en un enfrentamiento de 1 contra 1 (en realidad es un 1 contra 2, porque el 2 tiene que superar al 1 y al portero). La defensa puede que tenga que ser pasiva con jugadores inexpertos y agresiva en otros casos. Como antes, la posición de los enfrentamientos de 1 contra 1 debe cambiar a menudo.

Otros ejercicios

Vamos a dar marcha atrás un instante. La primera fase de las prácticas de tiro con principiantes empieza con el balón parado y un tiro estático (con y sin portero) usando diferentes ángulos y distancias. Tiene que aplicarse la misma técnica al practicar tiros largos sin efecto y saques de esquina. Los jugadores pueden practicar tiros de volea y media volea estáticos al principio, dejando caer el balón y disparando a portería.

Una forma sencilla de iniciar el entrenamiento con tiros en movimiento es colocar una portería móvil más allá del último cono en tu ejercicio de eslálom con regates.

Además del nivel más básico, los jugadores tienen que estar preparados para tirar al recibir pases dirigidos a ellos, desde detrás, directamente a sus pies o cruzados de los extremos. También tienen que entrenar a tirar deprisa después de controlar un balón cuando se encuentran de espaldas a la portería. Todas estas situaciones pueden darse en los ejercicios de posición descritos anteriormente.

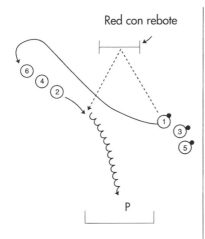

FIGURA 6-12. Ejercicio de posición
de tiro 1.

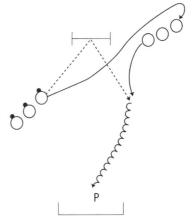

FIGURA 6-13. Ejercicio de posición
de tiro 2.

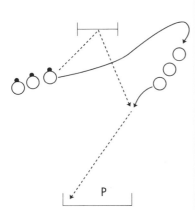

FIGURA 6-14. Ejercicio de posición
de tiro 3.

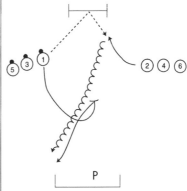

FIGURA 6-15. Ejercicio de posición
de tiro 4.

Lanzar el balón, devolverlo con la cabeza y recogerlo

Aunque este juego no sigue las mismas reglas estrictas del fútbol, es una actividad que puede ser divertida para los principiantes y que cumple los propósitos ambivalentes de acostumbrar a los más jóvenes a jugar con la cabeza sin tener miedo del balón y moverse por el campo y no quedarse mirando al jugador con la pelota.

Este juego se desarrolla con una parrilla de 35 x 35 m, con porterías reglamentarias en cada extremo y dos equipos que intenta marcar avanzando hacia la portería rival dando toques de balón con la cabeza. El juego empieza con un jugador que lanza el balón a un compañero, el cual intenta pasarlo con la cabeza a un compañero de su equipo. Si éste atrapa el balón, lo lanzará a un compañero, que a su vez lo pasará con la cabeza a otro, y así sucesivamente, con el balón hacia la portería contraria hasta que esté lo bastante cerca para que alguien tire (con la cabeza, por supuesto).

Si el balón es interceptado, el otro equipo iniciará su propio proceso, esperando conseguir una posición de tiro en la portería contraria.

Si no se atrapa un pase de cabeza, el otro equipo recibe el balón en el lugar donde haya caído.

Consejos para entrenar: el tiro

1. Insiste en el tiro rápido. Parafraseando al ilustre diputado de Mayberry, Barney Fife, hay dos clases de tiradores: el *rápido* y el *muerto*. El *rápido* es mejor.
2. Con pocas excepciones, los tiros más difíciles de defender son los rasos, duros y directos. Enseña a los jugadores a que sus tiros sean rasos, en especial dentro del área.
3. No podemos decir esto suficientes veces: varía los tiros, su posición y las circunstancias bajo las cuales se crean y realizan en los ejercicios de posición de tiro. Es trivial pero cierto: *no ganas por suerte; ganas por preparación.* Cuanto más entrenen los jugadores determinado disparo desde un lugar determinado bajo situaciones del partido simuladas, más cómodos se sentirán al efectuar ese tiro en situaciones reales.
4. Aunque no lo hemos mencionado (un caso evidente de pasar por alto lo obvio) querrás que los jugadores practiquen el lanzamiento de penaltis. Haz que dediquen el mismo tiempo a golpear a cada lado de la portería para evitar desarrollar preferencias por un lado en concreto. Una vez perdimos un partido importante porque el portero rival había jugado en el mismo equipo de club que nuestro delantero y sabía que siempre lanzaba los penaltis al lado derecho de la portería.

EJERCICIOS DE ENTRADAS

La habilidad para disputar el balón sin cometer falta es una de las técnicas más importantes que puede poseer un defensa. Los jugadores deben practicar el 1 contra 1 haciendo entradas por el suelo por delante y de lado, entradas de bloqueo de frente, entradas hombro con hombro desde los dos lados y entradas desde atrás con desplazamiento. Nunca entrenamos ni aconsejamos las entradas por debajo desde atrás debido a los riesgos que suponen tanto de lesión del rival como punitivos (p. ej.: recibir una tarjeta roja).

Una forma de practicar las entradas por debajo, de bloqueo y de desplazamiento es, después de formar parejas de jugadores, estipular que el jugador con el balón debe moverse *un poco más lento que el defensa*, al menos hasta que éste se sienta cómodo con este estilo de entradas.

Las series de ejercicios de la «cucaracha muerta»

Sólo en teoría (que no en la práctica), el fútbol es básicamente un deporte sin contacto. Para que sea legal, el contacto tiene que ser no violento e incidental (en el sentido de «sin intención»); sin embargo, la ley XII del libro de reglamento de la FIFA, *Reglas del Juego*, se refiere a «carga legal, es decir, con el hombro» cuando el balón se encuentra en una distancia para ser disputado y los jugadores intentan hacerse con él. Para practicar la *defensa de hombro con hombro*, utilizamos una serie de ejercicios que llamamos «cucaracha muerta».

Los jugadores forman parejas, y cada pareja dispone de un balón, y luego se separan en dos filas como se muestra en la figura 6-16. En la forma básica del ejercicio, cuando los jugadores acuden a su turno, te dan el balón y se tumban con la espalda en el suelo encarándose con las manos y los pies hacia arriba como una cucaracha que haya disfrutado de su última incursión en la cocina para un tentempié de media noche.

Cuando pasas el balón entre ellos, los jugadores se levantan de un salto y cargan contra el mismo, maniobrando y empujándose para poseerlo. Cuando uno u otro al final se hace con el esférico, el ejercicio puede tomar varias formas, según lo que quieras trabajar: (a) puedes convertirlo en una escapada rápida para que tiren a portería, con o sin portero; (b) puedes practicar retrasando al delantero mediante un marcaje de cerca, o (c) puedes practicar las entradas hombro con hombro, por debajo, de bloqueo o con desplazamiento, de la forma descrita al principio de esta sección. Sin importar cómo utilices este ejercicio, su capacidad de atraer la atención y la tendencia a generar contacto del tipo que estamos buscando tiene que resultar útil para fomentar las técnicas de entradas que todo defensa debe asimilar.

No deberías hacer que los jugadores se tumbaran en el suelo cada vez que utilices este ejercicio, por supuesto, ya que la novedad de imitar a las cucarachas muertas tiende a dejar de serlo bastante rápido. También puedes hacer que:

1. Empiecen sentados, de rodillas o agachados.
2. Estén uno junto al otro, mirando en la dirección contraria de donde piensas lanzar el balón.
3. Con la orden «¡Ahora!», hacer que corran hacia un punto determinado, donde se girarán para ver cómo el balón va directo hacia ellos, ya sea por arriba, por el suelo, de tiro directo o dando botes, o también puedes cambiar el ejercicio por el siguiente.
4. Mover a otras zonas para crear diferentes ángulos respecto a la portería (figura 6-17).
5. Cambiar los recorridos hacia el balón, como se muestra en la figura 6-18.

En la figura 6-18, bajo previa orden, la primera pareja de jugadores hace un *sprint* hacia sus esquinas respectivas del área de penalti y la línea de banda, y luego hacen lo propio hacia la línea de lanzamiento de penalti, donde el entrenador soltará o pasará el balón. Normalmente se lanza el balón cuando uno de los jugadores llega a la línea; no obstante, si uno de ellos es más rápido que el otro, puedes retrasar el lanzamiento o dirigir el balón más cerca del jugador menos rápido.

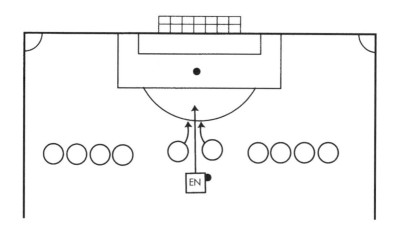

FIGURA 6-16. Ejercicio de la cucaracha.

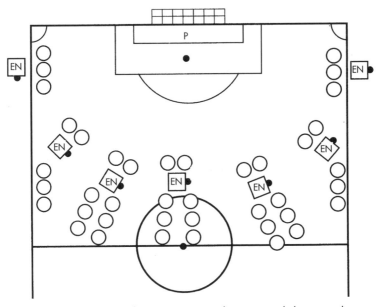

Figura 6-17. Variar la posición. Series de ejercicios de la cucaracha.

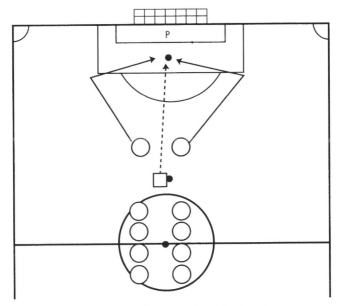

Figura 6-18. Variar los recorridos de los jugadores.
Series de ejercicios de la cucaracha.

Consejos para entrenar: las entradas

1. Explica con detenimiento las reglas en cuanto al contacto legal e ilegal antes de empezar a trabajar con las entradas.
2. No empieces a toda velocidad. Progresa hasta la velocidad de partido practicando las diferentes entradas andando y luego corriendo despacio.
3. Al trabajar las entradas por debajo, insiste en la posición, la técnica y en que recuperen la posición de pie deprisa. Una entrada por debajo perfectamente ejecutada no servirá de mucho si el defensa está fuera de posición o no consigue darle al balón al lanzarse.

MINIJUEGOS

Enseñar a los jugadores a resistir la presión sin cometer errores físicos o mentales es una de las tareas más difíciles y prioridades importantes que tenemos que afrontar. Como más de un entrenador ha señalado, «errar es humano; pero encontrar a alguien a quien culpar, lo es todavía más».

Hay muchas maneras de enseñar a los jugadores a soportar la presión, y todas ellas implican el aumento de la resistencia que van a encontrarse los jugadores. No obstante, es importante entender que no dará resultado simplemente ofreciendo desafíos mayores, a menos que estén preparados para afrontar esos retos con una razonable posibilidad de éxito.

Los minipartidos aportan un excelente formato para entrenar a los jugadores a jugar bajo presión. Reducir el tamaño del campo acerca a los delanteros y defensas y acelera la acción en todo el espacio; a su vez esto fuerza a los participantes a prestar atención a lo que ellos y sus compañeros hacen, y a tomar decisiones rápidas y precisas.

Sin límites y menos estructurados que los ejercicios, los minipartidos permiten a los jugadores ser creativos dentro del contexto de las estrategias de equipo. Y debido a que tú, el entrenador, decide la extensión del espacio del partido y cuántos jugadores participarán en un tiempo determinado, el concepto de minipartido es muy flexible en términos de adaptación a las necesidades de los jugadores.

Sin embargo, ten en cuenta que, como todas las formas de defensas y ataques, los minipartidos son un suplemento de la instrucción básica de estos aspectos, y no un sustituto de tus lecciones.

Microfútbol

Jugamos a este vertiginoso y desafiante minijuego en una parrilla de 18 x 18 m con pequeñas porterías móviles en los extremos opuestos. No hay porteros, sólo jugadores haciendo 2 contra 2, 3 contra 3 o 4 contra 4, según lo que pretendas realizar.

El microfútbol es posiblemente la actividad más versátil que utilizamos en los entrenamientos. En todas las versiones, la ausencia del portero intensifica la presión en los defensas para evitar ser superados en situaciones de 1 contra 1. El microfútbol también puede usarse para enseñar a los jugadores cómo responder rápido a los cambios de ataque a defensa, o viceversa.

La versión del partido del 2 contra 2 da a los jugadores un amplio margen para las técnicas de regate y manejo del balón; también ofrece un formato ideal para regateadores inexpertos para practicar extendiendo su atención más allá de ellos mismos y su propia situación para incluir a un compañero. La base de todos los planteamientos de un equipo en ataque empieza con situaciones de 2 contra 2 y los delanteros reaccionando, no sólo contra los defensas, sino ante sus compañeros y también al movimiento de otros defensas.

En sus formas de 3 contra 3 y 4 contra 4, el microfútbol aumenta la apuesta de dos maneras: primero, reduciendo más el espacio de maniobra, y segundo, aportando más defensas en la mezcla. Estos factores, combinados con la relativamente pequeña dimensión del área de juego, aumenta espectacularmente la presión sobre los delanteros y les obliga a jugar con la cabeza levantada haciendo juego de equipo o de lo contrario a sufrir las consecuencias. El formato de 4 contra 4 es muy adecuado para jugadores que, aunque poseen buenas habilidades de regate en un campo abierto, no responden bien a la presión defensiva en los espacios reducidos.

Big Dog

Esta actividad, que requiere velocidad, se basa en mover el balón en un pequeño terreno de juego. La inventó el antiguo jugador de la Corner University, John Landis. Se juega con 4 contra 4, 5 contra 5 o 6 contra 6 en un campo de medidas reducidas, digamos de 55 x 45 m o 45 x 35 m (las dimensiones pueden ser como quieras). El *Big Dog* tiene porterías normales, cuatro equipos y dos porteros que no cambian de portería cuando lo hacen los equipos. Cada equipo viste camisetas que contrastan en color con el de los otros equipos, de modo que vas a necesitar cuatro juegos de camisetas con diferentes colores.

En el *Big Dog* juegan dos equipos, y los otros dos esperan su turno detrás de las líneas de fondo. El juego continúa hasta que marca un equipo. El equipo que se adelanta al marcador se convierte en el *Big Dog*, y se queda en la delantera para enfrentarse al siguiente rival, mientras que el otro equipo sale, como se muestra en la figura 6-19.

El equipo verde y el amarillo juegan; supongamos que el verde marca. Tres cosas pasan de forma simultánea: (1) los jugadores amarillos salen y van al otro extremo detrás de la línea de fondo; (2) el equipo verde (los *Big Dogs*) recupera el balón y cambia de campo para atacar en el otro extremo, y (3) el equipo azul salta deprisa al campo para jugar en defensa en su extremo.

Si el verde marca, el azul saldrá e irá al extremo del rojo, mientras el verde cambia de nuevo y ataca al equipo rojo. Sin embargo, si el azul marca, el verde saldrá e irá al otro extremo, mientras que el azul cambiará de campo para atacar al amarillo.

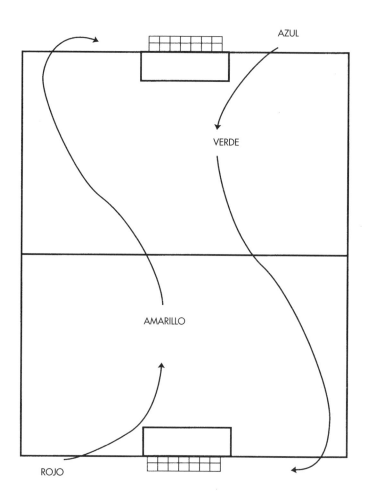

FIGURA 6-19. *Big dog.*

Normalmente si los equipos tienen más o menos el mismo nivel, no tendrás a los mismos *Big Dogs* marcando cinco o seis veces seguidas, y cada equipo obtendrá aproximadamente el mismo tiempo de juego. Sin embargo, si dos equipos no consiguen marcar en un espacio de tiempo razonable, puedes declarar el partido empatado, cambiar a ambos equipos y establecer un límite de 60 o 90 segundos para marcar, con la ayuda de un segundo entrenador para controlar el reloj. Si un equipo sigue siendo el *Big Dog* con varios rivales, puedes: (a) eliminar el portero de su portería; (b) intercambiar a jugadores para equilibrar el talento; (c) declarar al equipo ganador y empezar de nuevo con los dos otros equipos, o (d) jugar al *Little Dog* (véase figura 6-19). Establecer límites de tiempo ayudará a asegurar que los equipos participen en la rotación.

En la variación del juego *Little Dog*, el equipo que marca deja el campo, y el equipo que ha recibido el gol ataca al siguiente rival al otro extremo del campo.

Como ocurre en el microfútbol, el *Big Dog* y el *Little Dog* son muy versátiles. Muy adecuados para practicar el contraataque, también mantienen alerta a los equipos que esperan jugar, ya que, después de que haya un gol, el siguiente equipo tiene como máximo 2 o 3 segundos para encontrar a sus marcadores y organizar la defensa para parar el ataque. Eliminar a los porteros hace que los partidos sean más desafiantes.

Para hacer que *Big* o *Little Dog* sean más motivadores, puedes controlar el marcador y (a) recompensar al equipo más puntuado con más descanso para beber agua; (b) castigar al equipo (o a los equipos) con menos puntos con vueltas adicionales al campo o cualquier cosa que te parezca oportuna, o (c) combinar los dos.

Capítulo 7

SISTEMAS DE JUEGO Y SUS ESTRATEGIAS ASOCIADAS

Perseguir el balón es para nosotros un estilo de vida.
Nos gusta salir deprisa a por él, porque así nos da más
tiempo para conseguirlo.

–Fred Rossi
Entrenador de la liga Pee Wee

El término *sistema de juego* se refiere a cualquier alineación de ataque o defensa de los 10 jugadores de campo[1], junto con estrategias y tácticas que surgen de esta alineación.

Los campos de fútbol son demasiado grandes para que los jugadores vayan indiscriminadamente de línea de fondo a línea de fondo, y de línea de banda a línea de banda; en consecuencia, es habitual alinear a jugadores en defensa en capas horizontales que definen y delimitan sus funciones y responsabilidades. Los sistemas se expresan en forma numérica (p. ej.: 3-4-3). El primer número se refiere a los laterales, centrales y defensas libres, cuyas posiciones básicas están más cerca de la portería, y cuyas funciones son principalmente defensivas. El número del medio se refiere a los centrocampistas, cuyas posiciones básicas se encuentran entre estas dos capas; pueden ser delanteros o defensas, según la estrategia del entrenador y quien tenga el balón. Una versión abreviada de la

---

1. Puesto que por lo general los porteros, aunque no necesariamente, están limitados al área de gol, no se consideran jugadores de campo.

descripción del sistema utiliza los dos últimos números para identificar el sistema (p. ej.: «42» para identificar el sistema 4-4-2).

Todos los sistemas de juego son extremadamente flexibles y pueden ser modificados para aportar delanteros o defensas adicionales. Los sistemas simplemente definen papeles y organizan delantera y defensa de un equipo, asegurando el equilibrio entre ellos.

Para evitar una repetición innecesaria en este capítulo, deberíamos apuntar aquí que, *a menos que se demuestre lo contrario, todas las estrategias asociadas a un sistema determinado también se aplican a todos los otros sistemas, aunque pueden ser necesarias modificaciones en algunos casos.* Por ejemplo, la figura 7-21 muestra a un central correr desde un sistema 4-4-2; esta misma carrera también puede aplicarse a cualquier otro sistema que tenga un jugador en esta posición.

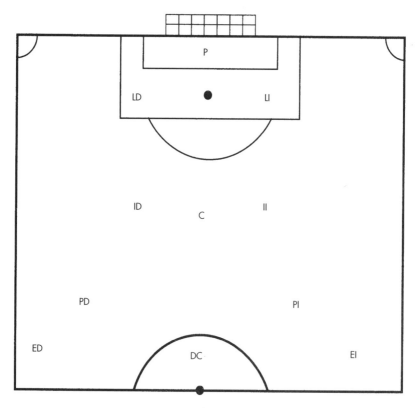

FIGURA 7-1. El sistema 2-3-5.

EL SISTEMA DE JUEGO 2-3-5 («35»)

Posiblemente el sistema de juego más viejo, el sistema 2-3-5 tuvo una gran popularidad a principios del siglo XX. Como se muestra en la figura 7-1, contaba con dos laterales, tres centrocampistas (con dos interiores) y cinco delanteros. Con hasta ocho jugadores en ataque, el sistema 2-3-5 era muy potente en ataque, pero le faltaba equilibrio defensivo.

En 1925, la Federación Internacional de Fútbol Asociación (FIFA) aplicó la regla del fuera de juego para obligar a dos jugadores y no tres a estar entre el jugador atacante y la portería a la cual ataca. Este cambio de norma, junto con el creciente reconocimiento de que hacía falta insistir más en la defensa, llevó al desarrollo del sistema 3-4-3, que aumentaba las capacidades defensivas de los equipos. Otros sistemas han sustituido en gran parte el 2-3-5 y el 3-4-3 en los tiempos modernos.

EL SISTEMA DE JUEGO 3-4-3 («43»)

Herbert Chapman, directivo del Arsenal, uno de los clubes de fútbol más importantes de Inglaterra, introdujo el concepto del tercer defensa, o *central*, como figuraba en el sistema 3-4-3.

Tal como fue diseñado al principio, el 3-4-3 agrupaba los jugadores «4» en parejas, con un delantero y un centrocampista en cada banda. Este sistema, a veces conocido como formación «W-M» debido a su forma (figura 7-2), tenía a los delanteros formando una W y a los centrocampistas, laterales y central formando una M. Sin embargo, en realidad estos jugadores tenían que realinearse en defensa en cada movimiento del balón en el tercio defensivo, para marcar a los delanteros por las bandas entre los extremos y los laterales. Al final esto llevó a una modificación de la alineación básica 43, como se muestra en la figura 7-3. La alineación W-M todavía persiste, pero de una forma muy alargada.

En defensa, ambas versiones del 3-4-3 incluían un central (DC), que funcionaba como centro de la defensa y marcaba a los jugadores de esta zona (o cubría al mejor delantero rival, según la estrategia del equipo). El lateral derecho (LD) y el izquierdo (LI) marcaban también a los delanteros. Los centrocampistas (II y ID, respectivamente) eran sobre todo defensas cuyas posibilidades de cobertura estaban dentro de la mitad defensiva o del tercio del mediocampo; marcaban a cualquiera que entraba en sus áreas (p. ej.: extremos o puntas exteriores). Los puntas interiores (PII y PID en los diagramas) marcaban a los centrocampistas rivales. Estas responsabilidades asignadas permitían a la defensa igualarse sin importar si los rivales enviaban a dos, tres o cuatro jugadores en la vanguardia de su ataque.

A primera vista, las alineaciones de 3-4-3 parecen bastante versátiles, sugiriendo hasta siete jugadores en el tercio defensivo (el «3-4») y siete delanteros (el «4-3»). Aunque este cuadro fuese realista (y en muchos casos no lo es) tener a siete delanteros te dejaría con sólo tres defensas aparte del portero y siete defensas interiores precisarían que tus puntas interiores y centrocampistas fuesen muy rápidos y tuvieran la resistencia de los corredores de maratón para satisfacer el doble papel de cubrir en defensa y apoyar el ataque.

La clave para el éxito para utilizar el sistema 43 depende de, por supuesto, las capacidades del cuarteto interior de centrocampistas-delanteros. Marcar a los delanteros en el tercio defensivo es una tarea desafiante para cualquier jugador; rellenar los huecos en el ataque en el último tercio es igual de exigente. Ambas misiones requieren un esfuerzo y concentración total por parte de todos los implicados. Encontrar a cuatro jugadores que posean las diversas habilidades en ataque y en defensa, y la capacidad física para ir a los dos lados y cubrir buena parte del campo durante más de unos minutos es bastante improbable; por eso el 43, igual que el sistema 2-3-5 que lo precedía, no es el preferido de la mayoría de entrenadores. Se puede hacer, sin duda; pero empezar con las carreras en ataque y los marcajes defensivos con un

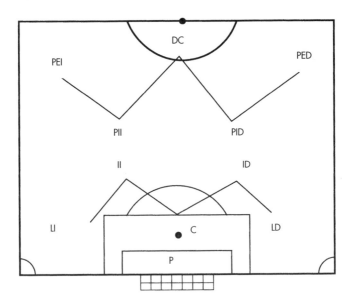

FIGURA 7-2. El sistema 3-4-3 («W-M»).

jugador menos que el rival significa que los puntas interiores y centrocampistas siempre irán a remolque de la acción.

Una forma posible de hacer que este sistema sea más ameno puede ser alterar la alineación un poco para favorecer el ataque o la defensa, es decir, subir a un punta interior para realizar el 3-4-3 como un 3-3-4 con cuatro delanteros, o dejando atrás a un centrocampista para hacerlo como un 4-3-3 con un
defensa adicional en el área de penalti. No obstante, estos cambios son en buena parte de adorno; no solucionan el problema con la misma eficacia que su-
pondría usar otro sistema.

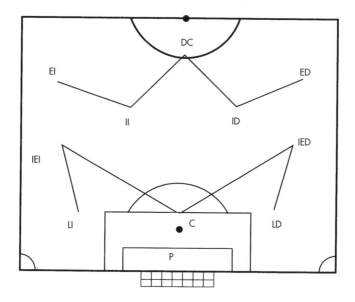

FIGURA 7-3. Variación del sistema 3-4-3.

CONCEPTOS MODERNOS DEL FÚTBOL

El primero y más importante principio a tener en cuenta sobre los sistemas
de juego es que *ningún sistema de juego asegura una victoria;* no ganarás
con un sistema de juego por el hecho de que alguien lo haga. Los sistemas y
las estrategias no ganan los partidos; los jugadores sí. Si fuese lo contrario,
todos los equipos usarían el mismo sistema, nadie sería derrotado y todos ga-
narían los partidos.

En el fútbol moderno, al menos han evolucionado cuatro sistemas básicos de juego: 4-2-4, 4-3-3, 4-4-2 y 5-3-2. Como los primeros sistemas 2-3-5 y 3-4-3, todos tienen sus puntos fuertes y débiles. Cuál es mejor para tu equipo depende de, entre otros factores, cómo se acoplan las virtudes y defectos de los jugadores a esos sistemas.

Específicamente, la correcta incorporación de cualquier sistema de juego precisa lo siguiente:

- Debes entender todos los sistemas al máximo para saber cuál se adaptaría mejor a tus jugadores; también tienes que entender a fondo el sistema elegido para enseñárselo a tus jugadores, y creer en él lo suficiente para convencerlos de que representa la mejor manera en que podrán jugar.
En Mayberry, el diputado Barney Fife tuvo antes un trabajo de vendedor. Su enfoque («No quieres comprar una enciclopedia, ¿verdad?») hacia el arte de vender fue un fracaso, por varias razones. Para vender a tus jugadores las excelencias de un determinado sistema de juego, primero tienes que estar convencido de que has dado con lo que necesitan.

- Tienes que ser consciente de las virtudes y defectos de tus jugadores, individualmente y como equipo. Cualidades como la velocidad del equipo, la preparación física, la experiencia, el liderazgo, la técnica individual y las capacidades en ataque y en defensa deben considerarse al determinar qué sistema es preferible y cómo deben alinearse los jugadores dentro del sistema.

Prioridades del sistema

Para llevar un paso más allá las afirmaciones previas, el sistema de juego que adoptes debe responder a las siguientes prioridades:

1. Debe maximizar las posibilidades de esconder cualquier debilidad que posea el equipo. Si no puedes esconder las debilidades, los rivales pueden derrotarte de dos maneras, atacando los defectos directamente o ignorándolos y concentrando sus esfuerzos en anular tus virtudes (por ejemplo, ordenando un marcaje especial sobre tu mejor delantero).

Cuantas más debilidades tengas, más importante resulta jugar de forma conservadora. Como es probable que te hayas dado cuenta en nuestro breve repaso al sistema 2-3-5, con sólo dos defensas y el portero para proteger la portería, el 35 ofrece sólo mínimas posibilidades de jugar de forma conservadora en defensa. Sí, puedes lanzarte al ataque en un 2-3-5, claro está, pero al otro extremo del campo los rivales probablemente marcarán goles como churros. Y puesto que todos, excepto los equipos extraordinarios, tienen debilidades defensivas de una u otra clase, no es de extrañar que los sistemas 2-3-5 resulten hoy en día tan sorprendentes como lo puedan ser los discos de vinilo o los hoteles playeros vacíos en verano.

Lo último que necesitas con un equipo inexperto, o con jugadores flojos en defensa o lentos en la transición del ataque a la defensa (o viceversa), es un

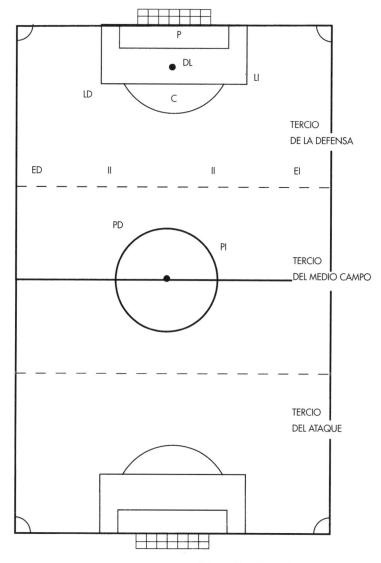

Figura 7-4. Sistema 4-4-2 con defensa libre/central.

potente y agresivo ataque y una defensa con presión al hombre. Si tus jugadores son lentos inventando jugadas, lentos de reacción o en general inseguros de sí mismos en defensa y en ataque, necesitas un sistema que sacrifique un poco tu potencial en ataque a cambio de una mayor concentración defensiva en la zona del medio campo y tu tercio defensivo.

Nos faltaban cinco jugadores titulares en el partido de *play-off* de instituto de 1995. Sabíamos que no podíamos jugar nuestro habitual juego agresivo bajo esas circunstancias, así que cedimos la mayor parte de nuestro potencial en ataque, y usamos un sistema compacto con defensa libre y central 4-4-2 similar al mostrado en la figura 7-4, y jugamos de forma conservadora en ambos extremos del campo, esperando mantener el partido ajustado para poder ganarlo por la mínima. Todo lo que queríamos en ataque eran algunos disparos a portería gracias a las escapadas rápidas de nuestros delanteros, y quizás de paso un par de faltas defensivas y lanzamientos de penalti.

La estrategia casi funcionó; marcamos un gol temprano, fallamos un penalti y llegamos al final del primer tiempo con 1-0. Al final perdimos el partido, 3-1, después de que el rival empatara el partido en la mitad de la segunda parte y luego marcara dos goles más en los últimos 4 minutos. No obstante, al final cambiar los sistemas y las estrategias para acomodar nuestra mermada alineación nos permitió ganar un partido de *play-off*, el cual no podríamos haber ganado de otra forma.

Según el nivel de gravedad de las debilidades de tu equipo, tal vez no seas capaz de esconderlas completamente. Técnicas aparte, un aspecto en el que no deberías andar flojo es la preparación física. Como dijo el futbolista Vince Lombardi, «el cansancio nos hace a todos cobardes». El cansancio es un error previsible.

Siempre nos ha gustado la idea de John Wooden de preparar a los jugadores para jugar tres partes de baloncesto, y no dos. Puede que se cansen al final de los partidos, pero no tienen por qué estar exhaustos; si están cansados hasta la fatiga en los últimos minutos, en caso de prórroga se van a asfixiar.

En cuanto a la noción de esconder las debilidades, la mejor posición para disimular un jugador especialmente flojo en tu alineación, es la de extremo. Al fin y al cabo no vas a situarlo de portero, defensa libre, central o lateral, donde sus errores van a complicar la defensa. Tampoco lo vas a querer de centrocampista, puesto que en esta zona se desarrolla el ataque; si lo haces jugar en esta posición, los ataques se vendrán abajo antes incluso de llegar al tercio de ataque. Y tampoco lo colocarás de delantero porque es incapaz de llevar el ataque. Su mejor papel es sencillamente apartarse de en medio hasta que desarrolle las técnicas necesarias para convertirse en una parte más integral del ataque o defensa del equipo (lo cual, por eliminación, lo lleva a la posición de extremo).

No es lo que te gustaría hacer, por supuesto, pero quizá sea lo que tengas que hacer por el bien del equipo. Esta estrategia de algún modo puede debilitar el ataque; sin embargo, con una defensa interior sólida significa que no vas a necesitar un ataque muy potente para mantener los partidos ajustados o para derrotar al rival. Esconder los puntos débiles es una parte normal y aceptada de la estrategia de entrenamiento en todos los deportes de equipo. En la mayoría de casos, ningún jugador en cuestión discutirá tu decisión; en definitiva, si son realmente torpes probablemente no querrán el balón en el tercio de ataque más de lo que a ti te gustaría.

2. Tu sistema debe permitirte centrarte en tus puntos fuertes. Asumiendo que cualquier debilidad que pueda existir se esconderá donde pueda afectar menos a la defensa y el ataque, tu siguiente prioridad se basa en encontrar formas de maximizar las virtudes. En defensa, éstas pueden incluir la velocidad del equipo, la experiencia, la solidez fundamental, una actitud agresiva, la habilidad para controlar a los jugadores con balón y/o mantener el esférico alejado de su posición y la rápida transición de la defensa al ataque.

Cuantos más jugadores técnicos tengas, menos importante es tener defensas adicionales dentro o alrededor del área de penalti. Una defensa interior sólida permite al equipo alargar la defensa para efectuar un marcaje agresivo en el tercio del centro del campo y más adelante; también aumenta las posibilidades de robos de balón y jugadas de peligro con más de uno o dos delanteros.

Jugar con tus puntos fuertes en ataque quiere decir, en primer lugar, usar un sistema que permita al/a los delantero(s) entrar en el ataque rápido y con frecuencia. Cuantos más jugadores tengas con un buen regate, buenos pases, que creen espacios con o sin el balón y con un disparo eficaz, más eficaz será la defensa. Con un suficiente número de jugadores de técnica notable, en realidad no importa cómo juegues en ataque. Sin embargo, con sólo uno o dos jugadores técnicos, resulta difícil tener ventaja en cada posesión del balón u oportunidad de tiro, ya sea atacando con determinación con esos jugadores o trabajando el balón en la zona con mucho cuidado y con paciencia, esperando que surjan oportunidades para marcar. En cada caso, las oportunidades de éxito son mayores cuando el equipo juega a su mejor ritmo y no el rival.

3. Tu sistema debe permitirte atacar las debilidades del rival y/o negar sus puntos fuertes, asumiendo, por supuesto, que tus jugadores son capaces de hacer esto. La última parte de esta frase explica por qué ésta sólo es la tercera prioridad en cuanto a las formas de utilizar los sistemas de juego.

Es axiomático en todo entrenamiento que, antes de que puedas ganar un partido haciendo las cosas bien, debes asegurarte de no perderlo por hacerlas de forma incorrecta. Para los equipos débiles (que es probable que pierdan la mayoría de partidos) esto normalmente significa adoptar un estilo de juego conservador que insista en la defensa y en un control del balón sin arriesgar en ataque. Lo que el otro equipo haga es importante, claro está, pero ya que es improbable que superes a los rivales superiores con tus pocas virtudes, lo mejor que puedes hacer es intentar esconder las muchas debilidades que tienes; amontona a tus defensas en el tercio de la defensa y frena el ritmo del partido en ataque para que se consuma el tiempo y el balón se mantenga alejado de ellos. No es una forma emocionante ni vistosa de jugar, pero es mejor que recibir una paliza con marcadores de 14-0 o 19-1. Es un hecho que se cae por su propio peso el que no se puede ganar a rivales superiores con sus mejores armas. Pensar lo contrario es reducir las posibilidades de derrotar jamás a un rival de más categoría.

Si insistimos en algún tema, en fin, lo sentimos, pero con los años hemos conocido a demasiados entrenadores que entienden los partidos como si el mejor equipo tuviera el derecho divino a ganar por el resultado que quiera. No compramos este argumento. Mientras que el objetivo de todo entrenador es ganar tantos partidos como sea posible, con los equipos débiles hay otro objetivo más fundamental a tener en cuenta: mantener el marcador ajustado y hacer que los jugadores sean competitivos.

Los jugadores acostumbrados a perder se esforzarán y trabajarán duro siempre que crean que tienen posibilidades de ganar. Con este equipo, la única posibilidad objetiva de seguir siendo competitivos contra mejores equipos durante más tiempo que lo que lleva sudar la camiseta es proteger el balón como una madre a su bebé cuando lo tengas, y usar ocho o más defensas para proteger tu portería del mismo modo el resto del tiempo.

Es probable que a los rivales no les guste que frenes el juego, sobre todo si están acostumbrados a derrotarte por 9 o 10 goles; sin embargo, si les gusta o no es su problema, no el tuyo. Tu problema es asegurarte de que el partido se disputa de forma que tus jugadores progresen hacia el objetivo que te has marcado con ellos. Como entrenador no puedes hacer como si perder por 17-0 no fuese peor que hacerlo por 5-0. No es lo mismo. Puedes fomentar el orgullo incluso en la derrota, haciendo que ésta sea ajustada cuando al principio se suponía que os darían una paliza considerable.

Si lo que quieres es que los entrenadores rivales te aprecien, envíales tarjetas deseando que se mejoren cuando estén enfermos, intercambia regalos de Navidad y deja que sus equipos te marquen todos los goles que quieran cada vez que juegues contra ellos; pero si quieres que esos mismos entrenadores te *respeten*, olvídate de lo que quieren y haz lo que sea mejor para tu equipo.

Con un buen equipo (uno capaz de ganar al menos la mitad de los partidos) puedes ampliar tus objetivos en consonancia. No eliminarás del todo o negarás las virtudes de un rival superior, pero puedes explotar y atacar las debilidades de equipos más flojos o del mismo nivel. Con un gran equipo (uno que sea capaz de ganar la mayoría, o todos los partidos) puedes explotar las debilidades del rival o usar tus propias virtudes para crear debilidades.

Explotar las debilidades de los rivales

Hay muchas maneras de explotar las debilidades de los rivales, según la naturaleza de las mismas. Si su manejo del balón es inseguro, puedes extender tu agresividad en el marcaje en el tercio del mediocampo o más allá para forzar robos de balón o cambios de posiciones que tus delanteros puedan traducir en movimientos rápidos y disparos a portería en pocos segundos. Si un rival sólo tiene uno o dos delanteros efectivos, puedes vigilarlos de cerca o tener dos jugadores encima de uno o dos de ellos, para que no les llegue el balón o para quitárselo cuando lo reciban.

Si el equipo rival piensa con lentitud, o si sus jugadores están en baja forma, son lentos de reacción en los cambios rápidos de posesión del balón, torpes en defensa o en ataque, o juegan de un modo agresivo, la defensa con presión al hombre y el cambio rápido de ritmo explotará alguna o todas sus debilidades e impondrá una gran presión sobre ellos y perderán el balón con facilidad. Cuanto más débil sea el equipo, más fácil será que se desmorone bajo una presión constante. Cuando pierde la compostura, sus errores aumentan, igual que la presión para evitar más errores.

El ritmo es en el fútbol un gran ecualizador. Quien controla el ritmo del partido o cualquier fase del mismo dicta cómo se jugará. La vieja frase del entrenador «jugar dentro de uno mismo» se refiere a jugar al ritmo más conveniente para uno mismo; también puede referirse a jugar a cualquier ritmo que el rival prefiera no hacerlo, siempre y cuando seas mejor en este ritmo que el rival.

La velocidad no lo es todo. Lo que más importa es la *velocidad efectiva*, o la velocidad bajo control. No importa si una jugadora corre en 11 segundos los 100 metros si no sabe controlar el balón en ataque (o controlar a su marcadora en defensa) a alta velocidad. Sin embargo con una velocidad total del equipo, recomendamos correr riesgos en ataque y en defensa para mantener la presión sobre el rival cada segundo del partido. Esta estrategia derrotará automaticamente a cualquier rival que no tenga la energía de correr contigo los 40 minutos. Los jugadores cansados querrán descansar y encontrar espacio de descanso; aplicar una presión defensiva y en ataque constante en todo el campo asegurará que no lo consigan. Si *su* equipo juega fresco y el *tuyo* está asfixiado, no hace falta ser Einstein para darse cuenta de dónde está la ventaja, o quién se beneficiará de ella. La fatiga no puede superarse diciendo a los jugadores que trabajen más.

Una estrategia de ritmo rápido y alta velocidad también puede forzar al rival a concentrarse más tiempo y con más intensidad de lo que están acostumbrados, y a tomar decisiones deprisa que podrían adoptarse con facilidad sin una presión en ataque y en defensa constante. Si, mediante una adecuada preparación física y entrenamiento, los jugadores están acostumbrados a jugar bajo estas condiciones, el sistema funcionará virtualmente como otro jugador de campo a favor de tu equipo, dándote una enorme ventaja contra rivales que no estén acostumbrados a jugar de esta manera. Hacen falta jugadores con talento y experiencia para usar la táctica del «corre y tira»; si dispones de ellos, no deberías jugar de otra forma.

Contra un equipo débil, atacaremos al rival con valentía y presión en todo el campo cuando tengan el balón. Y si son realmente flojos, nuestro objetivo no será sólo ahogarlos, sino mantener el balón fuera de nuestro tercio de defensa todo el partido. Es nuestra forma de mantener a los jugadores motivados contra estos equipos.

Lo opuesto a esta teoría se aplica a los equipos débiles: *evitar a toda costa la tentación de correr con un equipo que corra más.* Si son mejores en esto que tú, al final acabarán destruyéndote, porque están más acostumbrados a este ritmo que tus jugadores. Como el fallecido dibujante Walt Kelly *(Pogo)* dijo una vez, «cuando comes con un tigre, el tigre come el último».

Anular los puntos fuertes de los rivales

Con el resto de aspectos al mismo nivel, el equipo con más puntos fuertes gana el partido. Entre los equipos de igual calidad o similar, el entrenamiento eficaz consiste en encontrar maneras de negar las virtudes de los rivales sin mermar tus puntos fuertes hasta el punto de que te quedes sin ellos.

Si tu equipo es flojo en defensa, puedes reforzarlo retrasándote más en tu tercio de defensa y añadiendo tantos jugadores como sea necesario dentro y alrededor de esta zona, *pero puedes hacer lo mismo para negar los puntos fuertes del rival, si son potentes en ataque.* También puedes hacer una defensa a «distancia» (es decir, posicional) sobre el balón o en cualquier parte quedándote entre el delantero y la portería en el marcaje, o bien anticipándote para cortar los carriles de pase o aplicando principios de zona de defensa lejos del esférico, para reducir el número de aperturas por las cuales los delanteros rivales pueden correr.

Quizá la mejor forma de reducir las virtudes en defensa del rival es usar los dos tercios enteros del mediocampo/ataque del campo en ataque y no limitar tu ofensiva a un área. Si el rival es superior en defensa, es probable que sean agresivos en el marcaje. Extender el ataque en vertical les alejará de su portería y el área de penalti; extenderlo en horizontal cruzando los pases desde una banda a la otra ensanchará más la defensa, más allá de los límites (o quizás incluso más) de una cobertura eficaz.

EL SISTEMA DE JUEGO 4-2-4 («24»)

El sistema del 4-2-4 ofrece la clase de versatilidad que el 3-4-3 sólo apuntaba. Con cuatro jugadores en posición de atacar inmediatamente, el 24 puede mejorar el potencial de contraataque de un equipo con jugadores incluso no demasiado veloces. También es un buen sistema para usar detrás del balón cuando necesitas marcar deprisa, con los cuatro jugadores delante presionando a los rivales con el fin de conseguir cambios de posiciones y tirar a portería. En cada caso, tener a cuatro defensas dentro o cerca del área de penalti reduce las posibilidades de quemarte con los propios errores en ataque de tu equipo.

Como el 3-4-3, el 24 puede jugarse de dos maneras, con cuatro defensas (figura 7-5) o con dos laterales y un tándem con un defensa libre/central alineado en formación I con el portero (figura 7-6). Ambos sistemas son correctos; con un equipo de instituto preferimos el sistema del defensa libre, que, por cierto, se llama *Catenaccio* en referencia a su origen italiano; se caracteriza por el marcaje al hombre, porque reduce la confusión en cuanto a la cobertura dentro y

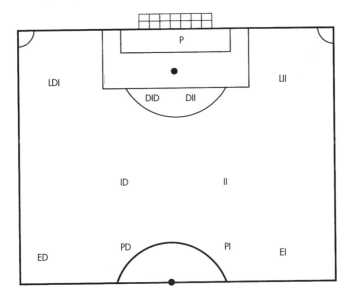

FIGURA 7-5. Sistema 4-2-4 con cuatro defensas.

cerca del área de penalti. Con los jugadores más jóvenes (es decir, por debajo de juveniles), quizá preferimos la alineación de cuatro defensas, y situar a los dos mejores en la banda izquierda, puesto que la mayoría de jóvenes futbolistas disparan con la izquierda y es más probable que ataquen por su derecha (nuestra izquierda).

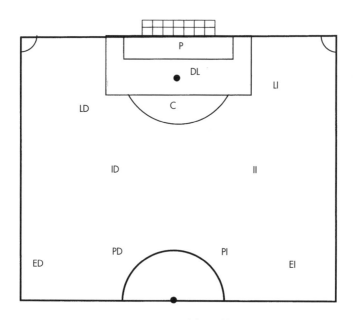

Figura 7-6. Sistema con defensa libre/central.

En el sistema de cuatro defensas, los extremos marcan a los extremos, los delanteros presionan a los defensas, los centrocampistas marcan a los centrocampistas y los cuatro defensas marcan a los delanteros.

En un sistema defensivo de *Catenaccio*, los dos laterales marcan a los delanteros y el central, bien marca al mejor delantero rival, o bien al jugador adicional si el rival envía a tres jugadores al ataque. Si sólo envían a dos y tu central marca a uno de ellos, uno de tus laterales quedará libre para ayudar en defensa y hacer carreras al ataque (figura 7-7).

Este defensa libre (o *libero*) es literalmente un «jugador libre», sin ninguna responsabilidad específica en la defensa. El libre es la última línea de la defensa quitando al portero. Jugando en la zona de defensa y marcando a cualquier delantero desmarcado que penetre en la cobertura y amenace la portería; el libre es el general de campo de la defensa. Él o ella dirige y organiza a los otros jugadores y les apoya en el tercio defensivo.

Incluso una rápida ojeada a las figuras 7-5 y 7-6 revela la mayor zona de debilidad potencial del 4-2-4: el área del mediocampo. Es una gran área (demasiado grande, de hecho, para ser cubierta por sólo dos jugadores, a menos que sean Clark Kent y Bruce Wayne cuando no hacen de Superman y Batman en el terreno de juego; por eso, al usar este sistema bajo circunstancias normales, probablemente querrás que tus extremos bajen a apoyar a la defensa en el tercio del mediocampo. Cuando recuperes la posesión del balón, los extremos se moverán arriba y abajo para crear espacios en el ataque siguiente (figura 7-8).

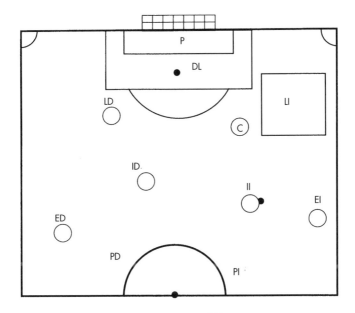

FIGURA 7-7. Defensa con un lateral libre, sistema 4-2-4.

Incluso con el apoyo de los delanteros, los centrocampistas deben mostrarse siempre dinámicos y luchadores para maximizar el potencial del sistema 4-2-4. Si los centrocampistas poseen las cualidades necesarias para jugar una defensa fuerte y respaldar el ataque, el 4-2-4 ofrece el equivalente a 13 jugadores en el campo y no 11: el portero, 6 jugadores en la defensa y 6 en el ataque (y si el tiempo se te hecha encima y no tienes más remedio que marcar un gol, puedes

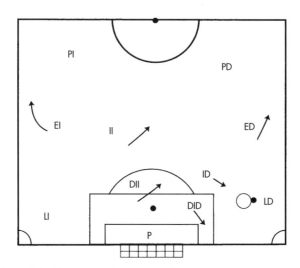

FIGURA 7-8. Movimiento de ataque en la transición, sistema 4-2-4.

enviar a dos laterales al ataque para disponer de 8 delanteros, como se muestra en la figura 7-9).

Usar ocho delanteros no es la clase de estrategia que normalmente quieres usar, en cuyo caso utilizarías un sistema 2-3-5; no obstante, es algo que hay que considerar en casos determinados. Antes hemos dicho que el margen de la

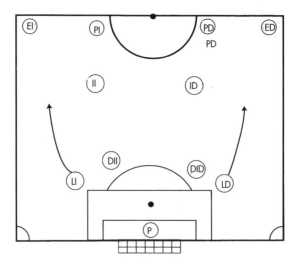

FIGURA 7-9. Atacando con laterales, sistema 4-2-4.

derrota importa (y es verdad, en términos generales). Es mejor perder contra un rival superior por un resultado de 5-1, que recibir una paliza de 22-1; pero si tienes que marcar por fuerza ahora mismo para tener opciones de empatar en un partido ajustado, quizá tengas que subir decidido al ataque para conseguir este resultado. En estos casos, perder por 3-0 con 8 ó 10 jugadores en ataque no es peor que perder por 1-0 con menos delanteros. No afectará a cómo se sientan los jugadores con ellos mismos.

Organizar un ataque 4-2-4

El número de jugadores involucrados en el ataque depende de dos factores, de cuántos ataques efectivos tengas y de cuántos jugadores se encuentren en posición de implicarse en las primeras fases del ataque. La alineación 24 sugiere cuatro atacantes principales (los puntas y los extremos) con los centrocampistas siendo la siguiente línea y un central o lateral siguiendo la jugada de cerca, posiblemente para entrar en acción cuando el balón avance. En la figura 7-10, C_2 corre hacia delante para incorporarse a la primera llegada de delanteros.

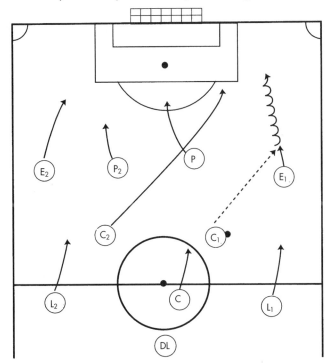

FIGURA 7-10. Ataque lateral con desdoblamiento de delanteros, sistema 4-2-4.

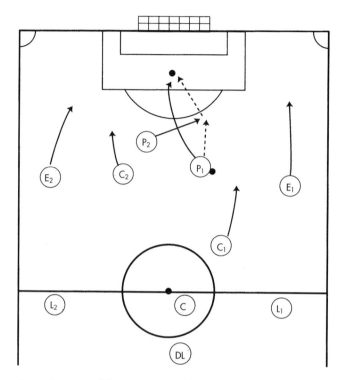

Figura 7-11. Los delanteros pasan el balón y corren, sistema 4-2-4.

E_1 tiene cinco opciones después de recibir el pase y el regate por la línea de banda. Puede: (1) usar su velocidad o buen regate para superar al defensa; (2) pasar el balón a C_2, el cual se incorpora al ataque; (3) pasar a P_1 en el centro[2] (4) pasar a P_2 en el lado opuesto del área de penalti, o (5) cambiar de juego hacia E_2 cerca de la línea de banda contraria. Todos estos jugadores son amenazas directas para la defensa; es decir, al recibir el pase E_1, se encontrarán en posición de tirar a portería si duda la defensa.

Es básica la comprensión de lo que muestra y oculta la figura 7-10 para entender la estrategia de ataque de un equipo de fútbol. En el gráfico se mueven nueve jugadores; lo que no se muestra es que seguirán moviéndose, ya sea hacia o lejos de la portería o áreas abiertas del campo, según lo que haga E_1. No se quedarán quietos en la zona indicada con flechas, porque ningún delantero funciona eficazmente con los atacantes estáticos.

---

2. El movimiento de P_1 es un desdoblamiento lejos del balón. Sirve para tres propósitos: crear espacio para el jugador que lleva el balón, amenazar el centro de la defensa y abrir una zona para un atacante que entra en la jugada (p. ej.: C_2 en la figura 7-11).

El gráfico sólo demuestra que E_2, P_2, P_1, y C_2 no corren hacia la portería rival por delante del balón, en cuyo caso estarían en fuera de juego cuando E_1 pasase el balón. E_1 no lo pasará donde están, sino más bien *a donde van*. A qué jugador lo pasará E_1 dependerá de qué jugador esté más desmarcado y de la habilidad de E_1 para encontrar y conectar con el jugador en cuestión.

El marco de posibilidades ofensivas va desde los principiantes que sólo pueden ver el balón en el césped debajo de ellos, a los jugadores cuya percepción del campo abarca la situación de todos sus compañeros y sus defensas. Estas habilidades no son fáciles de conseguir, pero pueden potenciarse en un período de tiempo con la combinación de un gran trabajo y paciencia como entrenador. A los jugadores les lleva tiempo desarrollar el sentido instintivo de lo que van a hacer sus compañeros; pero cuando se alcanza este punto, los horizontes en ataque son virtualmente ilimitados.

Tu función es enseñar a los jugadores dónde y cómo se deben mover para crear y usar el espacio con inteligencia, y hacerles saber dónde pueden encontrar a sus compañeros en determinadas situaciones.

La figura 7-11 muestra una sencilla secuencia de dar el balón y correr con dos delanteros en ataque. Puesto que P_2 probablemente no podría recibir el balón estando estático, corre a través del campo visual de P_1 para recoger el pase como se muestra; luego, cuando P_2 ha dado el pase, P_1 corre hacia la portería para recoger el pase de P_2 (esperando poder tirar a portería). Si esto falla, P_1 mirará primero a E_2, E_1 o P_1 intentando presionar el ataque; si estos carriles de pases están cerrados, probablemente mirará a uno de los centrocampistas que suben hacia arriba, o a los laterales o central en el perímetro si encuentra necesario sacar el balón o reorganizar el ataque.

Es importante que los jugadores eviten abarrotar el balón. Alejarse del balón es mucho más probable que sea productivo que una falta de movimiento o el movimiento hacia el mismo. El balón cambia de dirección con tanta frecuencia en una determinada secuencia de ataque que es necesario el movimiento constante y con un propósito (opuesto al casual) para mantener vivos los ataques. Jugar de un modo ofensivo con los jugadores moviéndose a su aire es tan probable que fracase como intentar que te salgan las cuentas de un talonario apuntando las cifras al azar. Es posible que salgas adelante, pero tus avaladores y el banco probablemente no estén satisfechos con el resultado.

Con un equipo veterano fuerte en defensa y en ataque, la alineación 4-2-4 ofrece grandes posibilidades de controlar al rival en todo el campo (siempre y cuando, claro está, los centrocampistas sean deportistas superiores y jugadores versátiles). Dentro de la alineación 24, puedes avanzar a los jugadores para aumentar el potencial en ataque, apoyarlos con una férrea defensa en el mediocampo o salir con todos a presionar al rival por todo el terreno de juego, en ataque y en defensa (*¡y puedes hacer cualquiera de todas estas cosas simplemente cambiando la estrategia pero no el sistema!*).

¡Por esto llamamos versátil al sistema 4-2-4! (Pero los jugadores también tienen que ser versátiles para llevarlo a cabo.)

EL SISTEMA DE JUEGO 4-3-3 («33»)

Como se muestra en las figuras 7-12 y 7-13, el 4-3-3 es una simple variación del 4-2-4, en el que se retrasa un delantero para reforzar el mediocampo en defensa.

En la defensa de 4-3-3, los defensas marcan a los delanteros, los centrocampistas marcan a los centrocampistas, los extremos a los extremos, los delanteros presionan a los defensas rivales (y en la cobertura defensa libre/central *(Catenaccio)*, el central (C) marca al tercer delantero, o al organizador de juego fuera del mediocampo.

El defensa libre (DL) siempre debe quedar libre para ayudar, y debería evitar la tentación de cubrir a un delantero sin marcaje. Si el rival tiene una ventaja numérica en el ataque, el centrocampista debe retrasarse para marcar al atacante extra. El defensa libre es demasiado valioso en la defensa como para ser

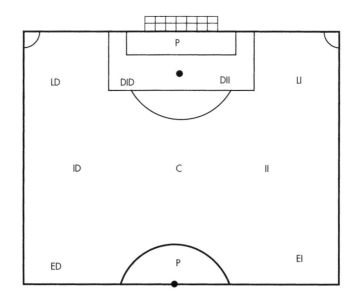

FIGURA 7-12. Sistema 4-3-3 con cuatro defensas.

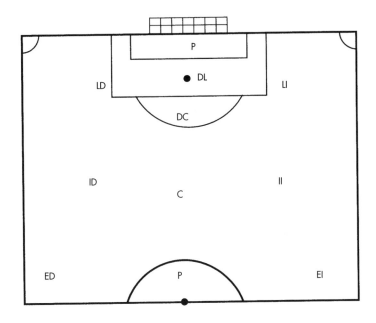

FIGURA 7-13. Sistema 4-3-3 con defensa libre/central.

desperdiciado marcando a cualquier jugador que no sea una amenaza directa de gol. Con el defensa libre en cualquier posición, el único defensa que queda para defender la portería es el portero (y ésta es la situación que debe evitarse a toda costa).

El jugador clave en determinar la versatilidad (y de esta forma, la utilidad) del 4-3-3 es el centrocampista (C). Si éste o ésta puede cumplir el papel de un (DC) en ataque como en las figuras 7-14 y 7-15, el 33 funcionará en ataque de la misma forma que un sistema consistente 4-2-4; sin embargo, la principal responsabilidad del C en el sistema 33 siempre es la defensa.

Cuando el C que dirige el juego se incorpora al ataque para formar un frente de cuatro jugadores, el central sube para cubrir el espacio vacante, y los laterales suben para apoyar arriba.

El movimiento del jugador en la figura 7-15 es similar al mostrado en la figura 7-10, sólo que con cuatro delanteros y no cinco. Las opciones de E_2 son las mismas, igual que el desdoblamiento lejos del balón del P_1 y el movimiento del C_1 para cubrir espacios. El C ocupa la posición de C_1, y el I_2 apoya a E_2.

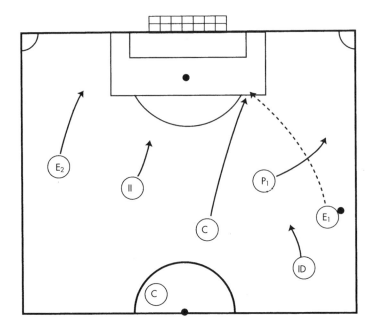

FIGURA 7-14. Centrocampista en ataque, 4-3-3.

El principio de la goma

El tiempo es un factor crucial en todos los movimientos en ataque. Si P_1, C_1 o E_2 pierden el tiempo en el movimiento o llegan al área demasiado pronto y tienen que esperar a que E_2 haga su movimiento, se convierten en jugadores fáciles de marcar y se autoeliminan como receptores. Utilizamos el fácil de asimilar concepto de la goma para enseñar a los jugadores cómo no dejar de moverse: haces un movimiento, y si pierdes demasiado tiempo o no consigues ganar una ventaja, cambias de espacio para despejar la zona, y luego vuelves a hacer otro movimiento, en cierto modo como una goma alargándose y contrayéndose.

Hay una serie de maneras de cómo aplicar este principio. En la figura 7-15, el C puede cambiar de espacio y luego hacer su propio movimiento de desdoblamiento para respaldar el movimiento de P_1 hacia el balón (o P1 puede cambiar de espacio y avanzar hacia la línea de banda para apoyar el movimiento del E_1 hacia el centro). Lo importante que tienen que entender los jugadores es que el *continuo movimiento en ataque genera incertidumbre en la defensa*, y que *la falta de movimiento frena el ataque como una rueda pinchada*.

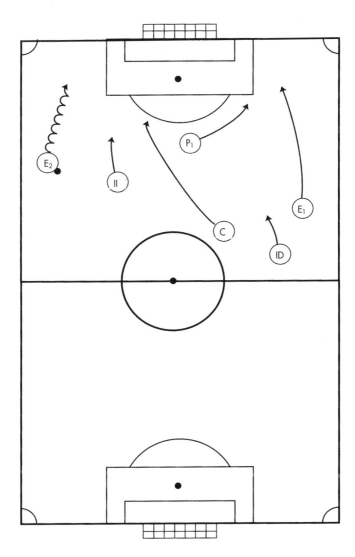

FIGURA 7-15. Opción por el ala, desdoblamiento del delantero, 4-3-3.

El sistema 4-3-3 está algo más orientado a la defensa que el 4-2-4; por eso quizás un entrenador lo prefiera al 24, con un equipo con problemas para controlar el tercio del mediocampo en defensa.

EL SISTEMA DE JUEGO 4-4-2 («42»)

Sir Alf Ramsey, entrenador del Mundial de Inglaterra de 1966, está considerado el «Padre del sistema 42». Su sistema, mostrado en la figura 7-16, estaba básicamente orientado a la defensa, con cuatro defensas (dos de los cuales servían de central y libre), cuatro centrocampistas (en realidad, dos centrocampistas y dos extremos) y dos puntas.

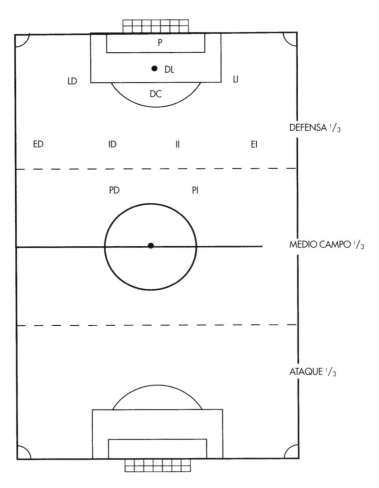

FIGURA 7-16. Sistema 4-4-2 con defensa libre/central.

La figura 7-17 muestra la variación de defensas del 42. Como el sistema de *Catenaccio*, agrupa a ocho defensas dentro y alrededor del área de penalti, y de este modo ofrece importantes posibilidades defensivas. Sin embargo, el sistema con cuatro defensas presenta dos áreas problemáticas: el gran espacio libre en el mediocampo entre los centrocampistas y los delanteros, y el hecho de que tener a cuatro defensas puede ser confuso en términos de aparejamientos y coberturas. Estos factores sirven para explicar por qué el sistema de *Catenaccio* se utiliza más que el sistema con cuatro defensas.

En ambas variaciones del 42, los extremos marcan a los extremos y los centrocampistas marcan a los centrocampistas. Los puntas deambulan y siempre están preparados para un rápido contraataque; también ponen presión inmediata sobre el balón cuando pierden la posesión, y uno de los delanteros puede retrasarse para apoyar a la defensa en el mediocampo si es necesario, dejando uno en punta.

Debido a su naturaleza eminentemente defensiva, el 4-4-2 es el sistema que más entrenadores con mentalidad defensiva utilizan, o aquellos preparadores

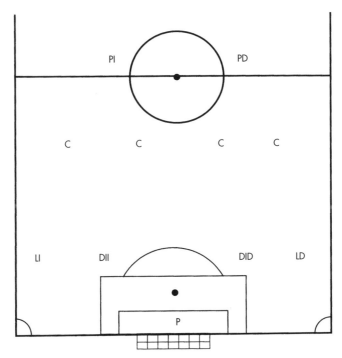

FIGURA 7-17. Sistema 4-4-2 con cuatro defensas.

cuyos equipos son flojos en defensa. Sin embargo, muchos que usan otros sistemas se pasan al 42 en las últimas fases de los partidos en que protegen la victoria y no necesitan marcar para ganar. El 4-4-2 les da más jugadores en el mediocampo, y así reducen la posibilidad de goles en los cambios rápidos de posiciones o de ser superados en número de jugadores en el tercio de defensa. En ataque, pueden usar despejes largos del balón para alejarlo de su zona, o pueden elegir abrir el campo y mantener la posesión del balón para consumir el tiempo.

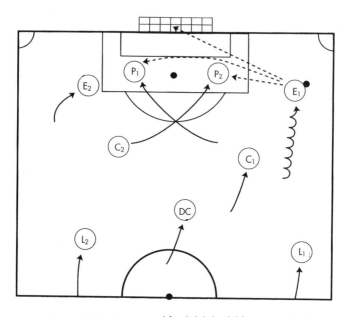

Figura 7-18. Opciones al final del desdoblamiento, 4-4-2.

En el sistema Ramsey original, los extremos no atacaban, sino que los centrocampistas y defensas atacaban zonas delante de los extremos. Hoy, sin embargo, se espera que los extremos participen en el ataque, junto con los puntas, centrocampistas y posiblemente incluso el central o un lateral, según la situación y el rival. Los extremos deben ser rápidos, los puntas, capaces de marcar, y los centrocampistas, expertos en pasar y organizar el juego si el ataque tiene que evitar sentirse apabullado por la superioridad numérica de la defensa. El central y los laterales generalmente desempeñan papeles de apoyo en ataque, mostrándose solícitos para ayudar cuando el ataque se atasca, ya sea enviando el balón de un lado al otro del campo o simplemente respaldando a los delanteros en apuros. A veces, incluso pueden ser rivales sorprendentes haciendo movimientos hasta el corazón de la defensa contraria (véanse figuras 7-21 y 7-22).

Construir el ataque de un equipo, 4-4-2

La figura 7-18 ofrece una perspectiva diferente de la opción de juego del desdoblamiento del punta/extremo mostrado en las figuras 7-10 y 7-15. Esta vez, mostramos dónde se encuentran los jugadores al final de sus movimientos. C_1 ha pasado a E_1 y ocupado su posición cuando E_1 ha hecho una penetración. P_1 se ha desdoblado lejos del balón, y P_2 ha retrasado su carrera hasta que la zona está despejada.

Como muestra el gráfico, el ataque está bien equilibrado. E_1 tiene las mismas opciones que antes, es decir, tirar a portería o pasar a P_1 o P_2. Los otros jugadores, no implicados directamente en el ataque, asumen posiciones de apoyo: E_2 subiendo, pero quedándose fuera del área de penalti para recoger cualquier rechace corto del rival; C_2 avanzando para apoyar a los delanteros; C_1 apoyando a E_1; el central ocupando el centro, apoyando a los centrocampistas y buscando la oportunidad de hacer un movimiento (figura 7-22). Los laterales controlan sus marcajes pero siguen en posición para apoyar o hacer un movimiento (figura 7-22). El defensa libre apoya al central y a los laterales.

Esencialmente, entonces, los movimientos en ataque consisten en que ciertos jugadores llevan la progresión y otros jugadores avanzan detrás de ellos en hileras, con cada jugador preparado para asistir al/a los compañero/s de delante si es necesario. Por si todavía no ha quedado claro, esto es lo que significa «apoyar» el ataque o a cualquier jugador determinado que esté implicado.

Mientras que es habitual referirse a dos atacantes en el 4-4-2, o cuatro atacantes en el 4-2-4, etc. (o a seis atacantes en el 42 ó 24 si incluyes a los centrocampistas), un ataque coordinado implica a los 10 jugadores de campo en la mentalidad atacante, atentos a sus responsabilidades (algunas de las cuales son defensivas), pero buscando formas de presionar el ataque o ayudar a sus compañeros.

Sobrecargar

En el baloncesto, los equipos sobrecargan una banda de la pista para crear ventaja numérica en ese lado. Los equipos de fútbol hacen lo mismo pero por una razón muy diferente (crear espacio para que otro jugador pueda aprovecharlo con un movimiento). En la figura 7-19, los delanteros sobrecargan la banda izquierda para crear espacio para E_1.

Si C_1 tuviese el balón, el procedimiento podría invertirse sobrecargando P_1 y P_2 a la derecha para preparar un espacio para E_2.

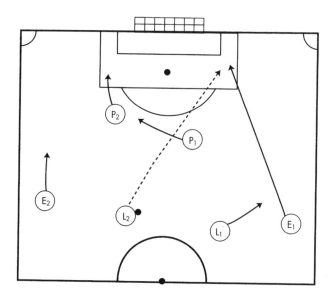

FIGURA 7-19. Delanteros sobrecargando, 4-4-2.

En teoría, podría hacerse lo mismo para propiciar un pase de C_2 a E_2 en la figura 7-19, pero en términos prácticos no funcionaría tan bien debido a la situación de E_2 en el lado del campo donde se encuentra el balón. Los defensas alejados del balón normalmente corren hacia el lado donde éste se encuentra dentro de sus límites, para prevenir que el rival pueda penetrar en ellos; crear espacio lejos del balón abre las defensas y ayuda a asegurar que los defensas no «engañan» respecto al supuesto receptor.

Movimientos de los centrocampistas

En la figura 7-20, C_2 y C_1 se han incorporado al ataque, haciendo movimientos desde sus posiciones del mediocampo para convertirse en principales receptores en el área de penalti. Cuando L_2 pasa al P_2, E_2 y ambos centrocampistas inician sus movimientos para abrir espacio mientras P_1 se retrasa para apoyar a P_2. E_1 se queda fuera manteniendo el espacio para el pase cruzado de P_2 a C_1.

Las movimientos del centrocampista probablemente serán más productivos cuando la cobertura defensiva se centre en los puntas y los extremos.

Movimientos del central/lateral

Si, como muchos entrenadores, prefieres una defensa al hombre, una de las primeras decisiones que tomarás en cada partido es quién marca a quién en la defensa. Si ves un sistema defensivo *Catenaccio* (defensa libre y central), quizá quieras que el central marque al mejor atacante rival. También querrás que los defensas de confianza marquen a los puntas y a los extremos, ya que estos jugadores es probable que representen la vanguardia del ataque de su equipo. Si usas un sistema 4-2-4, de esta forma tendrás a tus cinco o seis mejores defensas marcando a sus centrocampistas, lo cual explica por qué los movimientos de éstos es probable que sean productivos.

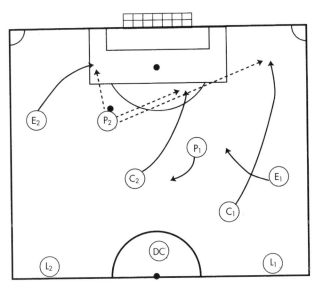

Figura 7-20. Movimientos del centrocampista, 4-4-2.

El problema se vuelve incluso más agudo si el entrenador rival decide entrar por sorpresa con su central o lateral en el ataque en carrera, en cuyo caso cubres las escapadas con, en el mejor de los casos, tus séptimos y octavos mejores defensas. En estas circunstancias, si dichos defensas no saben marcar un árbol sin tropezar por causa propia, tendrás problemas cada vez que un central o un lateral decida hacer una carrera hacia tu portería.

En la figura 7-21, el central corre por el centro después de que el defensa libre haya pasado el balón a C_1 y luego éste a E_1. El tiempo es importante porque si el central hace su movimiento demasiado pronto, llegará al área antes que el pase, y eliminará tanto el elemento sorpresa como a sí mismo como receptor potencial.

Lo mismo puede decirse de los otros receptores, P_2 y E_2: el pase de E_1 debe ser para abrir espacio por delante de ellos, y si llegan demasiado pronto no habrá espacio libre para pasar el balón.

Leyendo la jugada, C_2 se retrasará para cubrir la posición del central y los otros jugadores apoyarán a sus compañeros en consecuencia, con el libre dirigiendo la ayuda.

En la figura 7-22, L_1 corre por delante de E_1 mientras P_1 y P_2 se van para crear espacio. C_2 puede pasar directamente a L_1, o a P_2 o P_1, que pueden hacer su propio movimiento hacia la portería o pasar el balón al lateral. En cada caso, L_1 tiene que estar desmarcado, porque en realidad nadie espera que el lateral haga este arriesgado movimiento.

C_1 se retrasará para cubrir el hueco del lateral en esa banda.

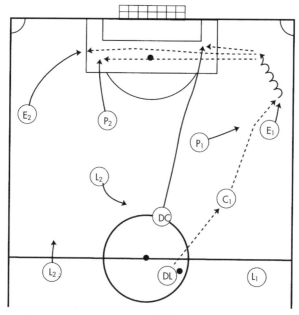

FIGURA 7-21. Movimiento del defensa central, 4-4-2.

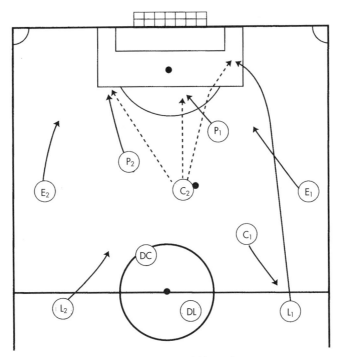

FIGURA 7-22. Movimiento del lateral, 4-4-2.

Cambio de juego

Atacar no consiste del todo en un avance rápido que supere en número de jugadores al rival, ni tampoco es necesariamente una cuestión de forzar al contrario a que se trague el balón. En muchos (por no decir en la mayoría) de casos, también supone sutileza: elegir cuándo, dónde y cómo atacar, y proponer al rival enfrentamientos de 1 contra 1 a los cuales no están acostumbrados. Los movimientos del central y el lateral son esencialmente tácticas sutiles, igual que las sobrecargas, por citar dos ejemplos.

Los jugadores tienen que saber cuándo cortar el ataque y reorganizarlo; no hacer esto cuando la ofensiva se ha estancado normalmente termina en robos del balón y cambios en movimientos rápidos. Es probable que la mejor forma de reorganizar el ataque sea cambiar su punto de inicio. Puede hacerse con cambios de juego de un lado al otro del campo (p. ej.: de ala a ala); otra técnica, más lenta y metódica, implica una serie de pases de un lado al otro moviendo el balón alrededor del perímetro, como se muestra en la figura 7-23. La secuencia del pase es corta y precisa, con el L_1, el D_L, el L_2 y el E_2 pasándose el balón y moviéndose para recibirlo. Mientras, los puntas y los centrocampistas se mueven para crear espacios y propiciar movimientos cuando el balón se encuentra en la otra punta del campo.

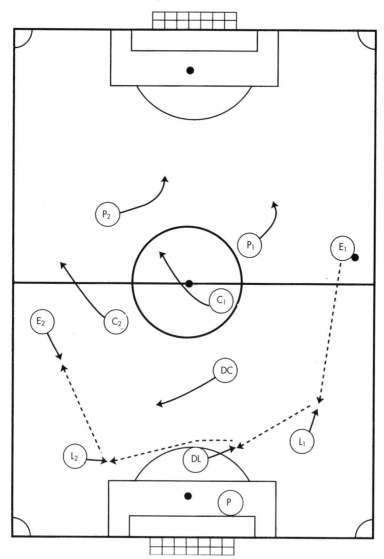

FIGURA 7-23. Moviendo el balón alrededor del perímetro, 4-4-2.

MEZCLAR SISTEMAS

No hay regla que diga que tengas que mantener el mismo sistema en ataque que usas en defensa; de hecho, pocos equipos lo hacen, o al menos como estrategia planificada. Atacas con cualquiera que esté en posición de hacerlo cuando tu equipo recupera el balón. El número real de atacantes en el movimiento ofensivo inicial hacia la portería del rival es probable que cambie con cada posesión del balón. Los verdaderos sistemas de ataque de un equipo (en oposición a la posición y el espacio de los jugadores que conducen el ataque) entran en juego sólo cuando la arrancada inicial ha sido contundente. Los sistemas defensivos muy probablemente permanezcan constantes de una posesión a otra.

Por ejemplo, en general preferimos el sistema 4-4-2 en defensa porque estamos básicamente orientados en defensa y nos gusta la idea de tener ocho defensas para cubrir los ataques en nuestro tercio defensivo. Aumenta nuestras posibilidades de controlar a nuestros rivales en defensa.

Con un equipo débil en defensa, atacaríamos con nuestros puntas y mantendríamos al resto detrás (es decir, manteniendo un sistema 4-4-2); con un equipo bueno en defensa intentaríamos al menos añadir a dos delanteros (probablemente los extremos) al ataque, en realidad cambiando el 4-4-2 por un 4-2-4 en ataque. Con una defensa superior, podríamos añadir a uno o a ambos centrocampistas (y quizá también a un lateral) a la mezcla, intentando apabullar al rival tanto en defensa como en ataque. Pero todo empieza protegiendo la integridad de tu defensa.

Estos cambios en los sistemas no son poco frecuentes, y surgen de forma espontánea. Sólo se planifican en el sentido de que digas a ciertos jugadores (p. ej.: a los extremos o centrocampistas) que quieres que se impliquen en los ataques rápidos. Por supuesto, no se lo dirías a menos que fuesen capaces de hacerlo al mismo tiempo que cumplieran con sus responsabilidades defensivas al otro extremo del campo.

EL SISTEMA DE JUEGO 5-3-2 («32»)

Al seleccionar un sistema defensivo para el equipo, es importante reconocer que los cambios que hagas en ese sistema de defensa a ataque requieren versatilidad por parte de ciertos jugadores si quieres mantener un equilibrio aceptable entre la defensa y el ataque. Cuantos más jugadores versátiles tengas, más jugadores podrás involucrar en el ataque sin debilitar la defensa. Sin embargo, incluso entonces tienes que relacionar a los jugadores con las posiciones que precisan versatilidad si quieres que tu estrategia tenga éxito. Un excelente ejemplo de cómo la versatilidad puede reforzar el ataque de un equipo puede verse en el sistema de juego 5-3-2 (figuras 7-24 y 7-25).

Como puede esperarse, el 32 es muy potente en defensa, con cinco defensas interiores (tres defensas centrales ([DC] y dos laterales), en una versión (figura 7-24), y dos D, dos L y un defensa libre en la otra (figura 7-25) cubriendo el área de gol como un muro. Si se mantiene sin cambios, este sistema es simplemente una versión incluso más orientada en la defensa del sistema 4-4-2, en la cual el defensa libre y el central juegan en zona y los laterales, al hombre.

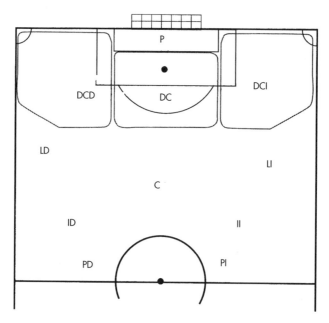

FIGURA 7-24. Sistema 5-3-2 con tres defensas centrales.

En ambas versiones del 32, los tres defensas interiores juegan una defensa en zona, y los laterales, al hombre. La diferencia entre los dos enfoques se basa en la situación y la forma de las tres zonas individuales de responsabilidad: con tres defensas centrales, la alineación interior se encuentra junto a los límites exteriores del área de penalti (figura 7-24); con un defensa libre (figura 7-25), los dos defensas centrales están alineados fuera del área de penalti y tienen zonas más amplias (no más profundas) que cubrir.

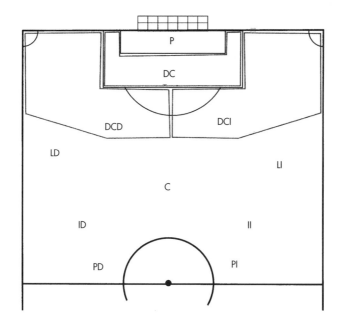

FIGURA 7-25. Variación 5-3-2 (defensa libre y dos defensas centrales).

La versatilidad surge cuando cuentas con laterales capaces de incorporarse al ataque.

Dado que las alineaciones mostradas en las figuras 7-24 y 7-25 son intercambiables, usaremos la versión de tres centrales (figura 7-26). Si los laterales son capaces de apoyar a los centrocampistas en ataque, el sistema cambia a 3-5-2, y si los laterales son auténticos caballos de carreras que pueden ir al ataque con los delanteros, el sistema original 32 se convierte en 3-3-4 en ataque (¡un cambio masivo de una defensa conservadora a un ataque agresivo!). Jugado de esta forma tan especializada y exigente, el 32 es un sistema de juego muy potente que añade seguridad a la defensa y aporta jugadores en ataque.

No obstante, hay un importante **SI** que responder. Para incorporar a los corredores en cabeza en el ataque y que puedan volver atrás para efectuar una defensa eficiente cerca de la portería, estos laterales deben ser capaces de hacer carreras rápidas de 55-65 m arriba y abajo del campo siguiendo el movimiento defensivo y ofensivo. Incluso si se limitan a apoyar a los centrocampistas, cubrirán una buena zona, entre 35 y 45 metros a la vez.

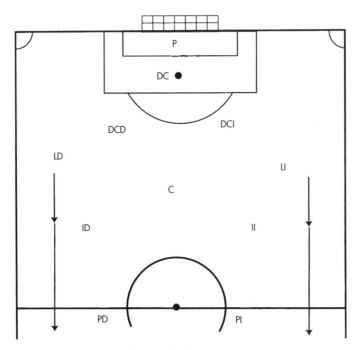

FIGURA 7-26. Cambios en la alineación en ataque, 5-3-2.

Decimos esto no para desanimar o quitar a nadie de la cabeza que use este sistema (o, para el caso, cualquier otro sistema), sino para destacar cómo afecta el posible éxito de estos sistemas a los requisitos personales dentro de las distintas estrategias de juego. Si tus laterales tienen la velocidad, la resistencia y las técnicas de juego necesarias para unirse a los delanteros en el tercio de ataque, y todavía tienen fuerzas para volver atrás y jugar fuerte en defensa sin que la lengua les llegue al suelo después de un rato de agotadores esprints, entonces el 5-3-2 es precisamente el sistema que deberías utilizar[3]. Es, en definitiva, un sistema muy orientado en la defensa, si los laterales pueden volver para cubrir sus líneas después de atacar.

Sobre todo, no te olvides de este **SI**.

---

3. Si tus laterales no son demasiado rápidos, resistentes, ni demasiado atléticos para el desgaste del 5-3-2, quizá sea mejor que uses la defensa de 4 en línea (p. ej.: figura 7-17) y la defensa zonal.

Capítulo 8

ESTRATEGIA BÁSICA DEL FÚTBOL

La mejor defensa es un buen ataque.
Sólo puedes marcar si tienes el balón.

−Pelé

LOS RIESGOS Y LOS TERCIOS DEL CAMPO

La estrategia de equipo en el fútbol depende, en primer lugar, de quién tiene el balón, y dónde. Para sus propósitos estratégicos, los entrenadores dividen el terreno de juego en tres partes iguales separadas por líneas imaginarias: *el tercio defensivo* (es decir, el tercio del campo más cercano a tu propia portería); *la zona del mediocampo* (el tercio central del campo), y *el tercio de ataque*, o la tercera parte del campo más cercana a la portería del rival (figura 8-1).

La calidad del equipo y la filosofía del entrenador sobre cómo se tiene que jugar determina en última instancia las estrategias de un equipo. En términos generales, sin embargo, el grado de riesgo que un equipo está dispuesto a correr depende de dónde se encuentra el balón (y, por supuesto, de cuánto tiempo queda para acabar el partido).

La mayoría de entrenadores consideran su propio tercio defensivo una *zona sin riesgo*; si el rival tiene el balón cerca de tu portería, no quieres que tus jugadores corran riesgos innecesarios en defensa que puedan conducir a un disparo fácil del rival[1].

---

1. «No corras riesgos en tu área; en la del rival, no dejes de arriesgar». Entrenador Paul Gibbons.

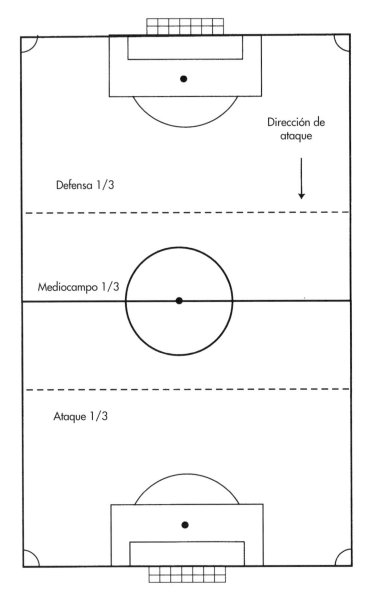

FIGURA 8-1. División del campo en tercios.

El tercio del mediocampo es una zona de *riesgo aceptable*, sobre todo en las bandas; si tus jugadores cometen un error aquí, el rival todavía tendrá que recorrer más o menos la mitad del campo, pasar el balón o correr bastantes metros para tener posibilidades de disparo a portería. Con un marcaje efectivo para frenar la evolución del balón o retrasar el ataque, debes ser capaz de situar suficientes defensas detrás para tener una cobertura sólida y adecuada.

«Corre riesgos calculados», aconsejó Gen. George S. Patton, «lo cual es bastante distinto a ser temerario». Cuanto más lejos de tu portería corras los riesgos, menos probable será que, al salirte mal las cosas, el rival pueda marcarte un gol (y, por el contrario, el péndulo se inclinará más a favor de tu equipo si todo va bien).

El tercio de ataque en general se considera una zona de *máximo riesgo*, ya que, tal como apuntó el historicista griego Herodoto «los grandes hechos normalmente se consiguen corriendo grandes riesgos» (o, como un entrenador que conocemos dijo, refiriéndose a alcanzar los *play-offs* de instituto estatales, «si no arriesgas, no podrás bailar»).

Por supuesto que no todos los equipos pueden o deberían siempre ir a tope en el tercio de ataque, ya que otras prioridades pueden ir primero (p. ej.: consumir el tiempo o asegurar un marcador favorable). El equilibrio del campo también es importante; normalmente no quieres que tantos jugadores participen en el ataque de modo que tu defensa quede debilitada si el rival roba un balón. Y a menudo es necesario abortar un ataque para reorganizar la delantera o buscar otros puntos de penetración (la estrategia de la «goma»: penetrar y, si no hay progresos, enviar fuera, reorganizar el ataque y empezar de nuevo). Sin embargo, el principio se sigue aplicando: *hablando en general, puedes arriesgarte en el tercio de ataque de un modo que no lo puedes hacer en otras zonas.* Aunque tus tácticas agresivas no tengan éxito, el rival todavía tiene que llevar el balón al menos dos tercios de la longitud del campo para marcar.

El tercio defensivo

Debido a la regla del fuera de juego, la defensa siempre empieza con más jugadores que el equipo atacante. Al menos en teoría, esa ventaja continúa cuando el balón se encuentra en *nuestro* tercio de ataque, ya que *tú* puedes tener a 11 jugadores en el tercio defensivo y nosotros estamos limitados a un máximo de 10 atacantes, a menos que no estemos lo bastante locos como para adelantar al portero al límite de tu campo, y (créenos), ¡no lo estamos!

La defensa no empieza precisamente en el tercio defensivo del campo, sino donde y cuando un equipo pierde la posesión del balón. Cuando esto ocurre, cada jugador debe reaccionar de inmediato y cambiar a un modo defensivo. En estos casos la primera prioridad defensiva de tu defensa es anular y restringir nuestro tiempo y espacio (es decir, presionar el balón para no darnos tiempo a preparar nuestro ataque libre de presión defensiva, y conducir el balón hacia la línea de banda u otras zonas donde nuestro espacio de maniobra esté limitado y tu apoyo sea mayor. Mientras que no es absolutamente necesario que tu defensa nos quite el balón, es imprescindible que retrase la penetración del mismo en nuestro tercio de defensa hasta que sus compañeros hayan tenido tiempo de cubrir la ayuda.

De la misma forma que los ejércitos que se retiran ceden terreno de mala gana retardando las tácticas más que retirándose con pánico, de forma salvaje y desordenada, quieres que tus jugadores se retiren de forma organizada, con tu defensa intentando encontrar la posición para controlar la evolución de nuestro jugador en posesión del balón, y tus jugadores de apoyo cortando los pases a otros atacantes o a los espacios donde los atacantes podrían penetrar la defensa.

El segundo pase. Cuando los defensas capturan el balón en su tercio defensivo, tienen la ventaja de encarar ya la portería rival. Para mantener esta ventaja, algunos de ellos se moverán lateralmente para abrir espacios y apoyar el pase de su compañero, mientras que otros, anticipándose al segundo pase que aumenta la velocidad del ataque, probablemente retrasarán sus movimientos para crear espacios en el campo. En la figura 8-2, el defensa libre se ha anticipado para interceptar el pase de P_1 a P_2. Los laterales, L_2 y L_8 inmediatamente corren a lo ancho para apoyar a DL_4. Con la velocidad y el factor sorpresa a su favor, DL_4 podría, por supuesto, avanzar con el balón controlado y buscar un punta, extremo o centrocampista para pasar el balón. Sin embargo, si el libre opta por el pase al lateral sin riesgos para que éste corra por la línea de banda dado que los defensas en retirada se agrupan en el centro del campo, el ataque se construirá con el segundo pase de L_8 a E_9, como se muestra, o a otro jugador (probablemente un centrocampista) que corra para abrir espacio.

En cada caso es el pase vertical por delante de un compañero en carrera lo que desafía a la defensa, sobre todo si el primer pase se ha producido sólo para alejar el balón de la zona de peligro.

El tercio de mediocampo

Lo ideal es que tu objetivo defensivo en la zona del mediocampo sea mantener el balón fuera de todo el tercio de la defensa; a la hora de la verdad, tu objetivo puede ser similar al del viejo credo defensivo del fútbol, *dóblate, pero no te rompas*[2]. Cuanto más tiempo tarden los rivales en mover el balón en tu tercio defensivo, mejores serán las posibilidades de tu equipo de detenerlos si llegan o

---

2. Véase la sección «Retrasando tácticas», p. 171.

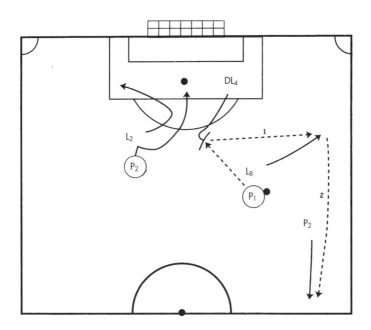

FIGURA 8-2. El segundo pase.

cuando lleguen allí. El control se consigue siendo más jugadores que ellos pronto, manteniendo el equilibrio en todo el campo y dirigiendo el balón a zonas como la esquina del mediocampo o la línea de banda, donde el defensa puede conseguir la ayuda de sus compañeros. Los defensas alejados del balón siempre tienen que estar preparados para ofrecer ayuda, ya sea con un doble bloqueo al atacante o moviéndose deprisa para contener al delantero que haya superado a un compañero.

En ataque, mientras que la velocidad es importante para crear una ventaja, no es la única consideración. Construir el ataque en la zona del mediocampo de una forma organizada y controlada puede evitar que los atacantes jueguen sin control y pierdan el balón precipitadamente.

Cuando los atacantes tienen el balón en la zona del mediocampo, su principal objetivo es avanzar hacia el tercio de ataque de una forma rápida pero controlada, ya sea avanzando con el balón en espacios libres o utilizando pases de la muerte o desdoblamientos para conectar con los extremos o puntas que han perdido a sus marcadores y buscan el balón.

La zona del mediocampo es, en un sentido muy real, la base de apoyo sobre la cual descansan los delanteros. Cada jugador (incluso aquellos cuyas responsabilidades son sobre todo defensivas) contribuye a mantener la posesión.

Recuerda la estrategia de la goma, con los jugadores extendiendo el ataque hacia la portería mediante el cambio de ritmo, las fintas o las secuencias de pases, moviendo el balón de jugador a jugador con la combinación de pases y desde un lado al otro del campo, buscando espacios en el tercio de ataque pero preparados para retrasar el balón al mediocampo si es necesario.

Es necesario el apoyo total del equipo si quieres mantener el ataque. Los jugadores en la zona del mediocampo no pueden estar parados contemplando el partido sólo por el hecho de que el balón ha pasado al tercio de ataque; tienen que seguir moviéndose y mantener un espacio adecuado en el mediocampo para despejar el campo y para evitar que un defensa tenga que cubrir a dos delanteros. También tienen que estar preparados para recibir los pases de los compañeros y alejar el balón del peligro siempre que haya ataques frustrados en el tercio de ataque.

El tercio de ataque

Si, habiendo alcanzado el tercio de ataque, tus jugadores superan en número al rival, tienen que moverse a toda velocidad y controlar el balón regateando o pasándolo. Puesto que en general es más fácil marcar cuando la defensa sólo dispone de dos o tres jugadores atrás que cuando toda la defensa se amontona en el área de penalti, los entrenadores por lo general quieren que sus jugadores se sitúen para un disparo rápido (y preferiblemente en un alto porcentaje) a portería antes de que la defensa esté completamente organizada para impedirlo. Esto puede hacerse de cualquiera de las siguientes formas: (a) teniendo a bastantes jugadores implicados en las primeras fases del ataque para apabullar a la defensa simplemente por el número de jugadores; (b) manteniendo el equilibrio en todo el campo para mantener a la defensa abierta, y cruzando el balón en el lado débil si los defensas se precipitan hacia el balón; (c) usando una combinación de pases, pases de la muerte, o regates creativos en situaciones de 1 contra 1, y (d) culminando los ataques con agresividad y confianza. Esto último a veces es más fácil decirlo que hacerlo, sin embargo es vital para las posibilidades de marcar de tu equipo. Con más jugadores en la defensa, no querrás que tus jugadores aborten el ataque hasta que al menos hayan conseguido realizar un disparo a portería.

La figura 8-3 muestra un ataque equilibrado contra una defensa al hombre bien organizada que se ha retirado lo suficiente para frenar el ataque inicial. En este caso el equipo atacante tiene una serie de opciones, las cuales entran en una de las dos categorías: el delantero puede cortar el ataque y sacar el balón para reiniciar o volver a posicionar el ataque, o los jugadores pueden continuar el ataque usando técnicas como las descritas en el capítulo 7 (véanse págs. 209-228 en los sistemas 4-2-4, 4-3-3 y 4-4-2).

Como hemos apuntado antes, el tercio de ataque se considera generalmente una zona de máximo riesgo. Una buena defensa puede mantener y mantendrá los partidos ajustados, pero la única forma de ganar con contundencia con tu ataque es que los centrocampistas, extremos y puntas se mentalicen de que el tercio de ataque es su territorio y no el del rival, y que consideren cada oportunidad que tengan para marcar como una situación de obligatoriedad. Esto no significa que tengan que forzar al máximo sus ataques cuando no exista ninguna ventaja ni pueda crearse ninguna, pero sí quiere decir que deben tratar cada posesión del balón con el máximo respeto.

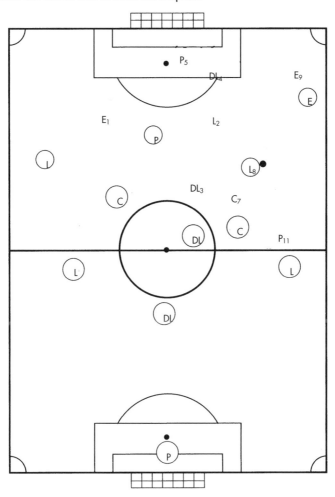

FIGURA 8-3. Ataque equilibrado.

DEFENSA AL HOMBRE

Aunque la situación está cambiando, la mayoría de los equipos de fútbol aficionados de instituto e inferiores categorías en Estados Unidos todavía utilizan la defensa al hombre (y hay una razón muy práctica de por qué lo hacen). En el resto del mundo (sobre todo en Europa y América Central y del Sur, donde el fútbol tradicionalmente ha sido el deporte de equipo número uno) los niños juegan al fútbol desde la primera infancia. Sin embargo, en Estados Unidos, los tradicionales deportes *Big Three* (los tres grandes), el baloncesto, el béisbol y el fútbol americano, han dominado la mayor parte de la atención y dinero a lo largo de los años. Sólo recientemente las ligas de fútbol de club americano se han convertido en una extendida alternativa para los jóvenes que empiezan a practicar deportes.

Teniendo que enfrentarse a jugadores más o menos inexpertos, y que apenas conocen o entienden las reglas del fútbol, y no digamos las técnicas y estrategias del juego, los entrenadores americanos en el ámbito de club y de instituto han optado en general por la defensa al hombre y no la zonal. De lo contrario, con 11 futbolistas en su mitad defensiva del campo podrían pasarse temporadas enteras enseñando a sus jugadores dónde se sitúan las zonas y cómo se atribuyen las responsabilidades defensivas dentro de esas parcelas. Es más rápido y fácil decirles que marquen al mismo jugador allí adonde vaya (no es tan sencillo, por supuesto, pero es mucho más fácil que los jugadores inexpertos entiendan esto que los conceptos de zona de defensa aplicada en el fútbol[3]). La defensa al hombre incorpora muchos principios zonales, como en el juego del defensa libre o el marcaje relativamente a distancia a los delanteros situados en el lado débil (p. ej.: E_1 en la figura 8-3).

Las responsabilidades del marcaje al hombre normalmente se asignan de la siguiente forma: los extremos marcan a los extremos; los defensas marcan a los delanteros; los centrocampistas marcan a los centrocampistas; los delanteros ayudan a la defensa en la zona del mediocampo, casi siempre presionando a los defensas rivales, y el defensa libre, libre de cualquier responsabilidad de marcaje, juega la defensa en zona en el tercio defensivo. El central marca al mejor atacante o no se le especifica ningún marcaje concreto (pero es libre de asistir a cualquiera de sus compañeros en defensa). Si el rival envía a sólo dos puntas en ataque, los defensas los cubrirán como hemos dicho antes; no obstante, si atacan tres puntas, el central marcará al tercero.

---

3. La mayor excepción a esta regla hace referencia a los saques de esquina. Muchos equipos defienden los saques de esquina agrupando a la mayoría de sus defensas dentro del área de gol con el sistema zonal (véase figura 8-27, pág. 274), pasando a la cobertura al hombre si o cuando el ataque a la portería fracasa y los atacantes sacan fuera el balón para reiniciar el ataque.

En la figura 8-4, los laterales (L_2, L_8) marcan a los puntas en ataque; el central (C) marca a quien lleva el balón (en este caso, un centrocampista); los extremos (E_1, E_9) marcan a los extremos; un centrocampista (C_7) marca al centrocampista contrario, dejando al otro centrocampista defensivo (C_6) libre para ayudar en la cobertura, ya sea con un doble marcaje con el C_3 o marcando al

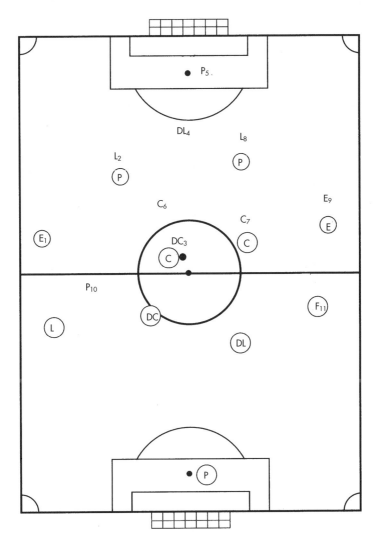

FIGURA 8-4. Responsabilidades defensivas en el marcaje al hombre.

defensa libre contrario si se lanza al ataque, y los puntas (P_{10}, P_{11}) están detrás ayudando a la defensa, preparados para cubrir cualquier carrera de los laterales o para incorporarse al ataque si se produce un cambio de posiciones. El defensa libre (DL_4) sube a marcar a cualquier delantero que rompa la defensa y se convierta en una amenaza de tiro a portería.

Ordenar las coberturas individuales es de la máxima importancia para la unidad de la defensa.

Tácticas temporizadoras

A menudo es necesario frenar el progreso del balón para dar tiempo a uno de los rivales a retirarse al tercio defensivo y organizar la defensa del equipo después de los cambios de posiciones. Hay dos formas de retrasar el balón en el campo (con tácticas temporizadoras de *alta* y *baja presión*).

La temporización *de alta presión* implica un marcaje estricto sobre el balón que fuerza al jugador que lo posee a observarlo y no mirar el terreno de juego para encontrar oportunidades de pase. Para que el marcaje de alta presión sea eficaz, el defensa tiene que estar cerca del atacante *antes de que reciba el balón*. Es muy difícil para un defensa controlar o contener a un delantero habilidoso que ya tenga el balón bajo control con la cabeza levantada, analizando el área del campo que tiene delante.

En la figura 8-5, P_{11} presiona el balón e intenta forzar fuera del centro al jugador que lo posee; P_{10} y C_7 cubren a los laterales, y los otros defensas marcan de cerca a los otros atacantes para prevenir el pase que permita a los atacantes ganar velocidad vertical.

El marcaje de alta presión puede convertirse en baja presión sin cambiar ninguna de las responsabilidades de los defensas o cualquiera de los principios básicos en que se basa; de hecho, la cobertura de alta presión mostrada en la figura 8-5 pasa a ser de baja presión (al menos sobre el balón) cuando el defensa libre pasa al portero, ya que ni P_{10}, P_{11} ni C_7 están en posición de presionar inmediatamente al portero.

La temporización *de baja presión* implica un marcaje blando sobre el balón que permite al atacante controlarlo pero no dar pases sin respuesta hacia delante. El balón en los pies avanza con más lentitud que el pase, y de esta manera da tiempo adicional a los defensas que no disputan el balón a regresar a la defensa; cuanto más tenga el atacante el balón en los pies, más vulnerable se hace a ser cubierto por dos defensas o a perder el balón.

Antes de perder de vista nuestro objetivo, sin embargo, debemos recordarte que ésta es, en definitiva, una táctica de temporización. En la figura 8-6, P_{11}, marcando a distancia, continuará retirándose si el central tiene el balón, pero pronto acercará la distancia entre ellos. P_{10} se retrasará y el resto del equipo, esperando más allá de la línea del mediocampo, tomará posiciones al cruzar-la. Cuanto más cerca estén los rivales de su tercio de ataque (es decir, *nuestro* tercio defensivo), mayor será la presión defensiva sobre todos los atacantes.

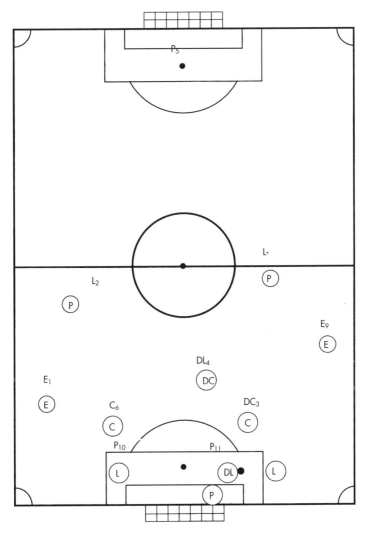

FIGURA 8-5. Defensa de alta presión al hombre. Todo el campo.

Quienes posean el balón no serán animados ni se les permitirá ir a cualquier parte que quieran ir ni a la velocidad que deseen, en especial en el tercio defensivo; más bien los defensas intentarán, mediante un cuidadoso posicionamiento y un gran esfuerzo, atraerlos hacia la banda o hacia las zonas conocidas de apoyo del equipo. Esto último subraya la absoluta necesidad de comunicación entre

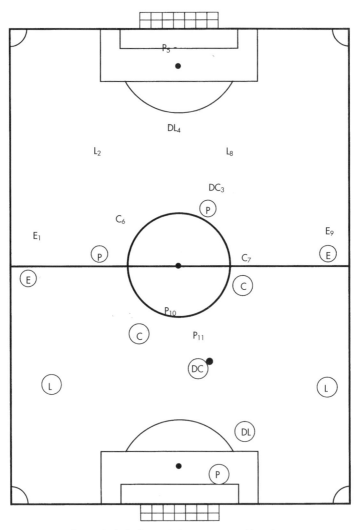

FIGURA 8-6. Defensa de baja presión al hombre.

los defensas. El balón y el movimiento del jugador en el fútbol es tan rápido, constante y espontáneo que es virtualmente imposible que los defensas controlen todo lo que pasa alrededor a menos que se ayuden entre ellos gritándose instrucciones, avisos y cosas similares.

Para evitar que un delantero marcado a distancia pase el balón en el tercio defensivo, los defensas secundarios (es decir, los que marcan a los receptores que están más cerca del balón) tienen que estar bastante cerca de su zona de marcaje para impedir esos pases. Los defensas cuyos marcajes se encuentran a dos o más pases largos lejos del balón (p. ej.: los atacantes en el lado débil) pueden jugar con una defensa de equipo más suelta (pero alerta). No obstante, su cobertura no puede ejecutarse a demasiada distancia: si juegan demasiado lejos de sus marcajes, el jugador con el balón puede cruzarlo y atacar la defensa desde detrás. Los jugadores que están lejos del balón deben posicionarse para tenerlo controlado, así como a sus marcajes en todo momento. No hacer esto, ya sea dando la espalda al balón o mirando el balón pero no a los marcajes, es un pecado cardinal defensivo, ya que ofrece al rival una ventaja innecesaria en ataque.

Desesperación en la temporización

En la defensa de alta presión en cualquier punto del campo, o en la de baja presión en el tercio de mediocampo o en el defensivo, a veces un compañero tiene que subir para obstruir a un atacante que ha superado a su marcador. En estas ocasiones, la comunicación entre los defensas es sin duda una *obligación*. El defensa superado debe retroceder corriendo detrás del balón para ocupar el espacio que ha dejado vacante el compañero que se ha adelantado para cubrir el balón (figura 8-7).

En la figura 8-7, DL$_4$ sube a cubrir al delantero que ha superado a L$_8$, mientras que el lateral vuelve corriendo para ocupar el sitio del libre en la cobertura. Es probable que el lateral llegue tarde a menos que el DL$_4$ avise del cambio en voz alta y con fuerza. La comunicación y el trabajo en equipo aumenta la efectividad de cualquier defensa.

Doble marcaje

El doble marcaje es una estrategia defensiva agresiva en la cual dos defensas trabajan juntos para contener a un solo delantero, sobre todo el que lleva el balón, y preferiblemente en zonas como las esquinas o a lo largo de la línea de banda, donde el apoyo a un pase en paralelo (a la línea de banda o a la de fondo) o un pase de la muerte es limitado. Cuando se efectúa el doble marcaje en

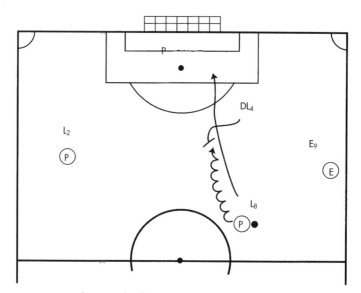

FIGURA 8-7. Obstruyendo al atacante que se ha librado de su marcador.

la esquina o junto a la línea de banda, las propias líneas del campo sirven de tercer defensa, acorralando al delantero (figura 8-8).

El doble marcaje también se produce con frecuencia cuando un ataque es superado en número de jugadores rivales delante de la portería (figura 8-9). Estos dobles marcajes tienen que realizarse deprisa, mientras el delantero con el balón mira a sus pies o tiene dificultad para controlar el esférico. Sin los elementos de sorpresa y espacio correcto entre los defensas, es improbable que el doble marcaje cause un movimiento de posiciones o retenga el balón. Si el delantero ve venir el doble marcaje, quizá pueda sacar el balón fuera de peligro; si los defensas están demasiado juntos, puede superarlos y continuar el ataque, y si están demasiado separados, puede regatear y pasar entre ellos.

Cuando el equipo rival sólo tiene un delantero de calidad, y poca ayuda por parte de sus compañeros, el entrenador puede elegir hacer un doble marcaje a ese jugador allí donde vaya, esperando mantener el balón alejado del jugador en cuestión y forzar la responsabilidad del ataque al resto del equipo. Este doble marcaje no funcionará contra un equipo lleno de atacantes con talento y agresivos, pero cuando se realice contra un rival con sólo un delantero habilidoso, puede romper su planteamiento ofensivo del partido, frustrar al jugador que sufre el marcaje y hacerlo trabajar más de lo normal.

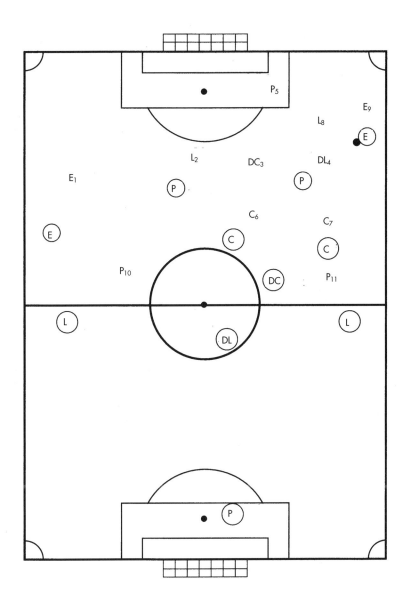

FIGURA 8-8. Doble marcaje en la línea de banda.

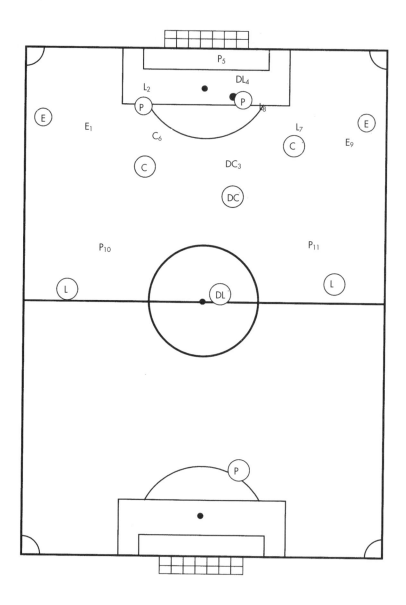

FIGURA 8-9. Doble marcaje en el área de penalti.

Estas viejas premisas, *comunicación y trabajo en equipo*, son los ingredientes principales en cualquier situación de doble marcaje.

DEFENSA EN ZONA

En el mejor de los mundos posibles, tu equipo estaría lleno de jugadores incansables, habilidosos, capaces de controlar a sus marcajes al hombre, y la defensa en zona sería innecesaria. Después de todo, ¿por qué querrías que tus jugadores marcasen el aire puro y observasen crecer sus barbas sin nadie en la zona a quien poder marcar?

En este sentido, al menos, el uso de la defensa zonal es básicamente negativo, ya que si tu equipo no tiene debilidades defensivas, tan sólo necesitas atacar al rival con tus virtudes en defensa para derrotarlo. Sin embargo, esta afirmación también define la principal limitación de la defensa al hombre, es decir, que implica a 11 (y no 4, 8 o incluso 10) jugadores trabajando juntos en equipo para hacer que la defensa al hombre sea eficaz.

¿Qué clase de debilidad podría conducir a usar la defensa en zona? Bueno, podría ser la falta de profundidad o de velocidad del equipo, la transición siempre pobre del ataque a la defensa, jugadores inexpertos que son superados con facilidad por sus marcadores, una débil defensa interior, o cosas parecidas. Muchos entrenadores (por ejemplo, en Europa, donde aumentan las defensas en zona) simplemente prefieren la naturaleza conservadora de la cobertura en zona.

No pretendemos decir que la defensa en zona sea de ningún modo inferior a la defensa al hombre; no es cierto. La defensa en zona es sencillamente un enfoque distinto de la defensa que, como la de al hombre, mejorará el juego de algunos equipos y perjudicará el juego de otros. Parte del arte de entrenar consiste en saber qué clase de defensa es mejor para *tu* equipo. No obstante, no es tan sencillo, porque la defensa en zona incorpora elementos de defensa al hombre y viceversa (ofrecemos una breve comparación de los dos estilos defensivos en la pág. 258).

En la defensa en zona, las responsabilidades defensivas de los jugadores se definen en áreas específicas (zonas), como se muestra en la figura 8-10. Más que marcar a un delantero concreto allí donde vaya, el defensa se queda en su zona y marca al atacante que entra en ella. Cuando un delantero sale de la zona de responsabilidad de un defensa, este último continúa en el mismo sitio y busca a alguien más a quien marcar.

El punto medio entre dos defensas en zona se conoce como la *sutura*, y es aquí donde el rival es más probable que ataque. Cuando un rival pasa por la zona del defensa, este último lo marcará al hombre hasta que llegue a la sutura, en cuyo momento la responsabilidad del marcaje pasa al siguiente defensa. La comunicación entre los compañeros es imprescindible en una buena defensa en zona.

Si dos atacantes se encuentran en una zona, tienden a anularse mutuamente en muchos casos, permitiendo que un defensa marque a ambos; si no es así, el defensa marcará al que esté más cerca del balón.

Excepto para la cobertura del balón, que puede ser férrea o a distancia, el marcaje es generalmente más suelto en la defensa en zona que en la defensa al hombre, y por fuerza, ya que los defensas que no disputan el balón constantemente tienen que evaluar y responder a las amenazas de los delanteros moviéndose dentro o a través de sus zonas. Sin embargo, cualquier delantero que penetre la zona será marcado de cerca.

Como en la defensa al hombre, la defensa en zona puede utilizarse con cualquier sistema de juego o alineación; también puede jugarse de varias maneras, muchas de las cuales van más allá de los contenidos de este libro. El Apéndice

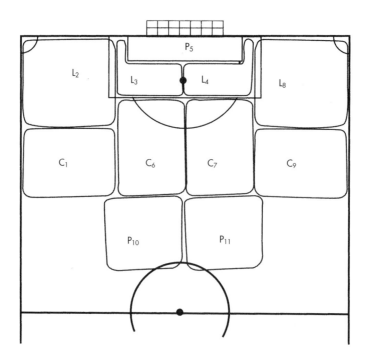

FIGURA 8-10. Defensa de cuatro en línea.

A sugiere libros que te contarán todo lo que puedas necesitar saber sobre los aspectos prácticos de la estructura de la defensa en zona. No obstante, para nuestros propósitos debería ser suficiente seleccionar un sistema y mostrar algunas formas que pueden usarse o adaptarse para la defensa en zona.

Defensa en zona con un sistema 4-4-2

Con cuatro defensas interiores dentro del área de penalti y cuatro defensas más situados justo fuera de sus límites, el sistema 4-4-2 es muy apropiado para la defensa en zona con un equipo que necesite defensas interiores en abundancia: no importa dónde se encuentra el balón, al menos tres de los cuatro defensas (y al menos también dos centrocampistas) estarán en posición de defender el área de gol.

La defensa interior mostrada en la figura 8-10 es conocida como *defensa en línea de cuatro*, debido a que los defensas forman una línea a lo ancho del campo.

La filosofía básica que subyace en la defensa en zona puede verse en los movimientos defensivos y la cobertura mostrada en las figuras 8-11 a 8-13: los defensas del lado del campo donde se encuentra el balón moviéndose hacia el mismo y los defensas en la banda contraria retrasándose hacia la portería para apoyar por detrás. Estos movimientos simultáneos pretenden establecer capas de apoyo defensivo entre el balón y la portería mientras ofrecen una cobertura continua en zonas que de otro modo serían vulnerables al ataque. Con los jugadores situados como se muestra en las primeras fases de un ataque en la figura 8-11, el centrocampista con el balón tiene a cinco defensas alineados entre él y la portería; si supera a P_{11}, todavía tiene a cuatro defensas más que superar (C_7, D_4, D_3 y el portero).

Merecen nuestra atención varios puntos respecto a la figura 8-11. Primero, los movimientos defensivos de D_3 y D_4 crean un sistema *Catenaccio* (defensa libre/central), que en sí misma es una forma de defensa en zona. Segundo, uno de los defensas (D_8) no ha necesitado para nada moverse para cubrir su zona, y ninguno de los otros defensas se ha movido demasiado lejos de sus posiciones básicas; esta economía de movimientos del jugador en respuesta al movimiento del balón es típica de la defensa en zona y sugiere una de sus principales ventajas. Tercero, *seis* de los defensas (C_1, D_2, D_3, D_4, D_8 y C_7) no tienen a nadie a quien marcar. Por supuesto, esta situación cambiará cuando avance el ataque o más delanteros se incorporen delante; pero siempre que el balón siga en la actual situación, todos los defensas seguirán donde están, buscando a delanteros que marcar dentro de sus zonas individuales y soltándolos cuando se vayan.

La figura 8-12 es una simple continuación de la acción de la figura 8-11, con la defensa cubriendo a un delantero que realiza una carrera en profundidad

hacia la línea de banda. Y mientras que esta simple y solitaria carrera de un solo delantero apenas es representativa de la complejidad del ataque en equipo
en el fútbol, demuestra cómo las defensas en zona se contraen hacia la portería
(y se mueven hacia el balón) a medida que el esférico se acerca al portero,

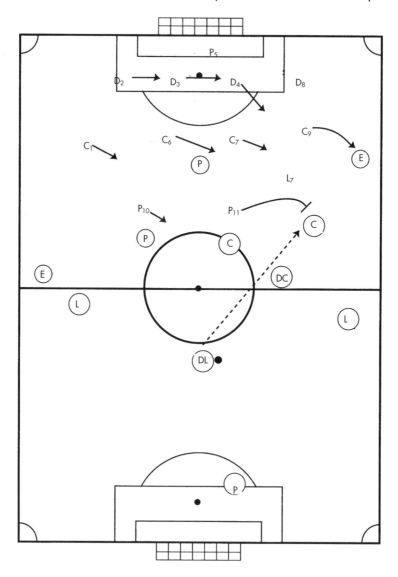

FIGURA 8-11. Movimiento defensivo con pase que atrae a los jugadores hacia una banda.

dejando a varios delanteros y grandes espacios del campo sin cubrir (p. ej.: la zona débil del extremo en la figura 8-13) para intensificar la cobertura en el resto del campo cuando esos jugadores representan menos una amenaza para la defensa que los delanteros.

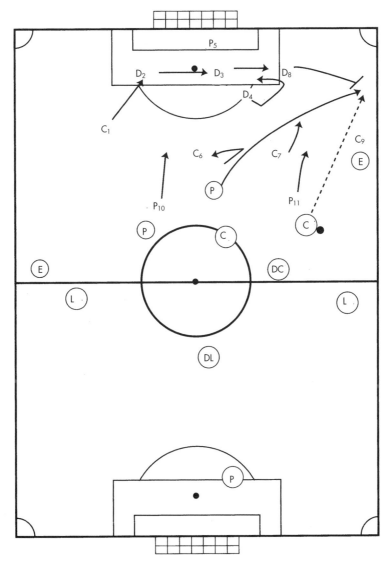

FIGURA 8-12. Continuación del movimiento defensivo con pase en profundidad por la línea de banda.

La figura 8-12 también muestra cómo los defensas cubren los movimientos de los delanteros en sus zonas. C_6 cubre al delantero a mitad de camino entre él y D_8; entonces, habiendo cumplido con su responsabilidad, se retrasa a una posición un poco más orientada a la portería que antes. D_4, obstruyendo inmediatamente al delantero, hace lo mismo, finalmente soltando al delantero para cederlo a D_8, y retrasándose para apoyar la cobertura del equipo. Retrasarse es necesario porque sus movimientos al cubrir la carrera han creado espacios en la defensa detrás de ellos.

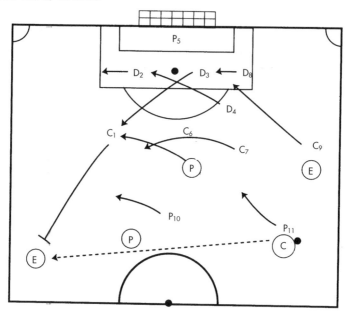

FIGURA 8-13. Rotación defensiva con pase cruzado.

La figura 8-13 muestra una clase de composición de zona defensiva en un pase cruzado en la zona del mediocampo, con los defensas esperando su momento antes de que les llegue el ataque[4]. De los cinco atacantes en la figura 8-13, sólo el extremo y los puntas reciben cualquier tipo de presión; el extremo porque tiene el balón, y los puntas porque están en posición de extender el ataque hacia la portería. El extremo podría intentar cruzar el balón al otro compañero en la

---

4. Una variación de esta cobertura consiste en que D3 se solape y ocupe el espacio de D2, y el movimiento cruzado de D4 para cubrir la zona de D3 se muestra en la Figura 8-13. Preferimos la cobertura mostrada en el gráfico porque D3 tiene un mejor ángulo de enfoque a la zona que ha sido abandonada por C1.

misma posición aunque más adelantado en la línea de banda contraria; para hacerlo tiene que levantar el balón por encima de P_{11} sin que C_9 intercepte el pase. Y esto es precisamente de lo que trata la defensa en zona: jugar con los porcentajes, abandonar lo que no puede afectarte para evitar quemarte en otra parte y mantener a los jugadores en posición para ofrecer una resistencia defensiva sólida y más cantidad de jugadores en las zonas donde seas más vulnerable al ataque del rival.

En todas las fases de la defensa en zona, la preocupación principal es el *marcaje a los jugadores* contra el *marcaje al espacio*. Cuanto más cerca estén los jugadores del balón, más importante es para ellos marcar a los jugadores y no el espacio (asumiendo, por supuesto, que haya alguien disponible para marcar en sus zonas). C_1 podría marcar al extremo de cerca en la figura 8-11 (¿pero, cómo ayudaría así a su equipo?). Hace un mayor favor a la defensa desentendiéndose del delantero y pasando a cubrir el espacio libre detrás de él, que marcándolo de cerca estando el delantero lejos del balón, no pudiendo iniciar un ataque a la portería desde ese punto.

En cualquier caso, puesto que la mayoría de secuencias de ataque se basan en la creación de espacios o aperturas de la defensa en ataque, es imprescindible que los defensas en zona no sólo sepan dónde están sus parcelas, sino también

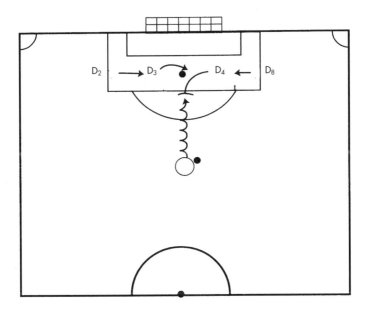

FIGURA 8-14. Defensa en zona interior: cubrir el centro.

dónde se encuentran las suturas entre su zona y las adyacentes (las suturas están situadas a medio camino entre cualquiera de dos defensas adyacentes). También tienen que saber dónde desplazarse con varias situaciones del balón. No conseguir reconocer estos puntos puede provocar que los defensas no cubran bien a los jugadores en los límites de sus zonas, no conseguir moverse con el balón en movimiento, o moverse demasiado lejos creando espacios en la defensa que se supone que en absoluto deben existir.

Centrarnos en los defensas

Con el balón y los atacantes situados a lo largo del perímetro defensivo, los defensas mantendrán sus posiciones más o menos como se muestra en las figuras 8-10 a 8-13. Pero si uno o más delanteros penetran, con o sin balón, los defensas alterarán su posicionamiento para afrontar las amenazas de una forma similar a la mostrada en las figuras 8-14 a 8-16.

Si el ataque viene por el centro (figura 8-14), D_3 y D_4 pasarán a la defensa *Catenaccio*, uno de ellos subiendo a marcar el balón y el otro desplazándose para cubrir la zona de detrás de él. Los otros dos defensas ocuparán sus lugares, comprimiendo el interior de la defensa para proteger el área de gol.

Si el ataque se mueve en diagonal y no en un asalto frontal a la portería (figura 8-15), D_2 marcará al receptor, D_4 se quedará con su marcaje, y D_3 y D_8 se

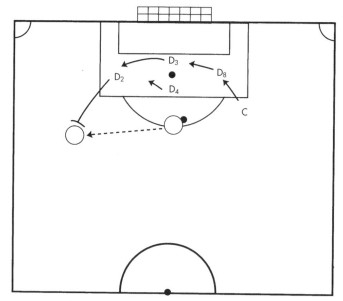

FIGURA 8-15. Defensa en zona interior: cubrir el ángulo del ataque en diagonal.

moverán hacia el balón, cubriendo el área de gol (un centrocampista se retrasará para cubrir el lado débil más allá del área). D_4 todavía se encuentra en el sistema *Catenaccio*, pero esto no importa; lo que interesa es marcar a un delantero que sea una amenaza directa para la portería.

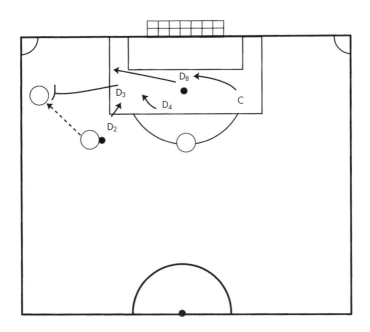

FIGURA 8-16. Cubrir el fondo del terreno de juego.

Si el ataque se mueve de lado a lado del campo (figura 8-16), D_3 cubrirá el balón, D_8 cubrirá la zona que ha dejado vacante D_3, y D_2 y D_4 se quedarán con sus marcajes. El centrocampista apoyará a D_8.

Si todo esto suena complicado (en fin, quizás es porque no estás acostumbrado a jugar de esta manera, pero no será así si entiendes el concepto de zona y lo que la defensa debe hacer). Si alguna vez has jugado o entrenado en defensa zonal en el baloncesto, es lo mismo para el fútbol, aunque con más jugadores.

Los defensas no dejan a sus marcajes dentro o cerca del área de penalti para cubrir una zona que otro defensa haya dejado libre; si no tienen a nadie a quien marcar, pronto abandonarán sus propias zonas y se desplazarán para cubrir una parcela de un compañero, el cual estará más cerca del balón.

Defensa combinada

Hay dos maneras de jugar con una defensa combinada. Una es jugar con una defensa en zona una parte del tiempo y al hombre otra parte. Este estilo de defensa combinada es extraño en cierta forma, y normalmente se ve como una defensa en zona de nueve hombres contra los saques de esquina (véase pág. 274), después de lo cual los defensas vuelven a su habitual defensa al hombre o en zona. Otra utilidad es el juego de defensa en zona en tu propio tercio de ataque y tercio del mediocampo, y pasando a la defensa al hombre en tu propio tercio defensivo; o lo contrario de esta estrategia; es decir, usando la defensa al hombre en los tercios de ataque y del mediocampo y jugando una defensa en zona en tu tercio defensivo.

La otra forma de jugar con una defensa combinada es más habitual; consiste en que algunos de los defensas utilicen la defensa en zona mientras el resto juegan al hombre. La defensa de cuatro en línea es ideal para este caso, con los defensas jugando una defensa en zona como lo muestran las figuras 8-14 a 8-16, y el resto marcando al hombre. Esta defensa, mientras que asegura que los defensas que están más cerca de su portería permanezcan en posición de defenderla en todo momento, de algún modo puede ser arriesgada con defensas inexpertos que son lentos en reconocer los cambios necesarios en las responsabilidades de la defensa.

Comparación de la defensa al hombre y la defensa en zona

Entonces, ¿cuál es mejor, la defensa en zona o la defensa al hombre? La respuesta depende de lo que quieras conseguir en defensa.

• *Todas las defensas incorporan tanto los principios defensivos al hombre como los zonales.* En la defensa en zona, los jugadores marcan al hombre dentro de sus zonas. Incluso en una defensa de alta presión al hombre, el portero (y el defensa libre, si se utiliza) juega una defensa en zona; los defensas pegados a la banda débil pueden abandonar sus marcajes cuando el balón esté en la línea de banda opuesta, y los equipos pueden usar una estricta defensa en zona al defender los saques de esquina sin importar que normalmente jueguen una defensa al hombre o en zona.

• *La defensa al hombre simplifica las misiones defensivas y asegura que cada defensa, excepto el portero (y el defensa libre en la defensa* Catenaccio*) esté marcando a alguien.* En la defensa zonal, a los jugadores se les asigna (y se les limita) a zonas específicas, marcando a cualquier atacante que entre en ellas y automáticamente cambiando las responsabilidades defensivas cuando un jugador salga de las mismas. Esto es radicalmente distinto de una defensa al hombre, en la cual los defensas marcan a delanteros concretos y les siguen allí adonde van. La defensa al hombre es más adecuada para los equipos con debilidades defensivas relativamente menores o que quieren jugar a un ritmo más intenso.

- *Las defensas en zona son, por su propia naturaleza, más compactas y orientadas a la portería que las defensas al hombre.* Esto puede ser una bendición o un obstáculo; una bendición porque las defensas en zona tienden a ser difíciles de penetrar, y un obstáculo porque el hecho de que sea compacta tiende a reducir la presión defensiva a lo largo de perímetro de la defensa. Sin esta presión, los rivales pueden poseer más el balón y dominar el tiempo de control del mismo. Presionar lejos del balón en el perímetro en general no se considera inteligente porque esparce y amplía las zonas interiores.
En cualquier caso, la defensa en zona es muy adecuada para los equipos que requieren más potencial de hombres en defensa cerca de la portería de forma continuada, o para los equipos lentos, o los que tengan poca profundidad.

- *En una defensa al hombre, cualquier jugador que no tiene a quien marcar está libre para ayudar en otra parte.* En la defensa en zona, este mismo jugador está limitado a su zona (aunque su posición dentro de esa zona cambia con las diversas situaciones del balón y el jugador).

- *Sin embargo, el propio concepto de defensa en zona implica que la ayuda nunca anda lejos.* Cuando un delantero pasa a través de un nivel de la defensa, no encara un espacio libre, sino al siguiente defensa en línea. La defensa en zona sería inútil si no hubiese capas para ofrecer una resistencia continua a las penetraciones en carrera de los delanteros. Las únicas aperturas en las defensas en zona probablemente se encuentran en las suturas (los espacios entre las zonas individuales donde las responsabilidades defensivas a veces se solapan).
La defensa al hombre no tiene suturas; excepto en la zona de cobertura del defensa libre, no ofrece garantías de que habrá una ayuda defensiva al momento si un defensa es superado por su marcaje.

- *Los conceptos defensivos al hombre son más fáciles de aprender (p. ej.: tienes que estar con tu marcaje allí donde vaya), pero sus técnicas precisan mayores habilidades individuales.*

- *Los conceptos de la defensa en zona en general son más complejos[5], pero permiten un mayor margen de error porque siempre hay alguien detrás de ti para ocupar el vacío si te supera tu marcaje.*

---

5. Son más complejos en el sentido de que los límites de las zonas individuales consisten en líneas imaginarias que no están marcadas en el terreno de juego, pero que deben ser memorizadas o al menos reconocidas.

• *Dado que los jugadores a veces no tienen a nadie a quien marcar en su zona, la defensa en zona puede fomentar hábitos perezosos.* Por otra parte, también puede hacerlo la defensa al hombre de baja presión.

• *La defensa agresiva de alta presión al hombre ofrece la forma más fácil de dominar al rival, pero es probable que sólo sea efectiva cuando tus jugadores son: (a) muy sólidos en defensa, y (b) al menos tan rápidos y bien preparados físicamente como el rival.* Ya nos hemos referido a la futilidad de las carreras de caballos de tiro contra los caballos de carrera; bien, la defensa en zona ofrece una manera de combatir la velocidad y las ventajas de la rapidez cuando están en contra de tu equipo.

ESTRATEGIAS A BALÓN PARADO

Saques iniciales

Hace tiempo no se podía marcar un gol directamente desde el saque inicial. Bien, ahora sí, pero no ocurre a menudo. Con más frecuencia se producen goles como resultado de jugadas ensayadas que consisten en una serie de pases que penetran en el corazón de la defensa y provocan un tiro a portería en cuestión de segundos. Llamamos a estos inicios «goles en frío»; el récord de nuestros chicos de instituto en fútbol universitario marcando con un gol en frío es de 10 segundos.

Está claro que los buenos equipos no se van a quedar contemplando a tus delanteros mientras bailan alrededor preparando un tiro a portería; normalmente, para formar un ataque inmediato, tienes que atraer a la defensa hacia el balón. En la mayoría de los casos, la mejor manera de hacerlo es iniciando la acción con un corto saque inicial con carreras hacia el balón o dispersas de algunos jugadores, ocultando la verdadera naturaleza, intención y potencia de tu ataque. Pero no nos precipitemos.

Antes del saque inicial, tus atacantes deben estudiar el posicionamiento de la defensa rival, buscando zonas vulnerables o débiles. Si puede identificarse esta zona, allí es precisamente donde debes dirigir el ataque.

Si, como a menudo es el caso, el sistema y el espacio de los defensas no revelan zonas vulnerables en términos de profundidad, amplitud o equilibrio en el campo, tendrás que sacarlos de su posición (es decir, crear una debilidad donde antes no existía). Las figuras 8-17 a 8-21 muestran una variedad de estrategias de ataque a partir de los saques iniciales. Cada una de ellas se basa en un pase penetrante en un espacio libre dejado por uno o más defensas. La estrategia a usar al crear ese espacio la determina la alineación defensiva y la cobertura.

En nuestros saques iniciales alineamos a tres atacantes cerca del balón, desplegamos a los otros atacantes y (normalmente) iniciamos la acción con un pase hacia delante seguro y corto.

La secuencia de dos pases en la figura 8-17 está pensada para enviar el balón a nuestro mejor punta (P_1) en la zona justo detrás de los defensas más retrasados. Si lo conseguimos, P_1 avanzará con el balón para tirar a portería o para pasarlo a uno de los extremos por las bandas.

En la figura 8-18, atacamos por el ala, esperando que E_1 pueda disparar rápido a portería, o que también puedan hacerlo P_2 o E_2 por el lado débil. No esperamos la carrera de C_1 a través del corazón de la defensa para darle el balón, pero lo haremos si la defensa no consigue cubrir su avance. La carrera retardada de P_1 probablemente no ocasionará un tiro rápido a portería, pero nos permite entrar con nuestro ataque habitual deprisa si nada productivo sucede en nuestra secuencia inicial de pase y control del balón.

Las secuencias del movimiento del balón y el jugador como las mostradas en las figuras 8-19 y 8-20 pueden sacar a los defensas de sus posiciones y dispersar a la defensa para crear zonas vulnerables. Ambas jugadas tienen la misma estrategia de engaño; un pase hacia atrás de P_2 a C_2 puede hacer pensar al confiado rival que tu ataque se desarrollará y avanzará de una forma metódica y relajada; después de todo, no puedes atacar muy bien moviendo el balón hacia atrás en tu propia portería, ¿o sí puedes?

Bueno, sí que puedes si los defensas son muy agresivos en la zona de tu mediocampo. Si esto ocurre, el pase a P_1 en la figura 8-19, o a E_2 en la figura 8-20, puede pillar al rival fuera de posición para cubrir la consiguiente oleada ofensiva.

Esta estrategia, conocida como *tirachinas* porque el ataque parece retrasarse hasta que de repente sale disparado superando a los sorprendidos defensas, encaja perfectamente con gran parte de lo que hacemos en nuestro ataque habitual: avanzar el balón en una zona determinada, buscar espacios o formas de atacar, sacar el balón cuando el ataque no consigue efectuar un tiro a portería y preparar el ataque en otra parte, siempre preparados para cambiar de juego el balón y reiniciar el ataque cuando la defensa amenaza con recuperar el balón. Dado el alto nivel de nuestros equipos universitarios en los últimos años, siempre atacaremos con «tirachinas» contra un equipo que salga a desafiarnos cuando anulemos un ataque y retrasemos el balón hacia el mediocampo.

La figura 8-21 muestra movimientos de reclamo hacia el lado donde está el balón con tres delanteros que esconden la verdadera intención del equipo, es decir, pasar el balón en profundidad a E_1, el extremo en el lado débil. Usar un centrocampista para pasar el balón a E_2 es una buena idea, porque ese jugador a menudo es obviado como factor de ataque en los saques iniciales y puede no estar marcado por uno de los mejores defensas del rival.

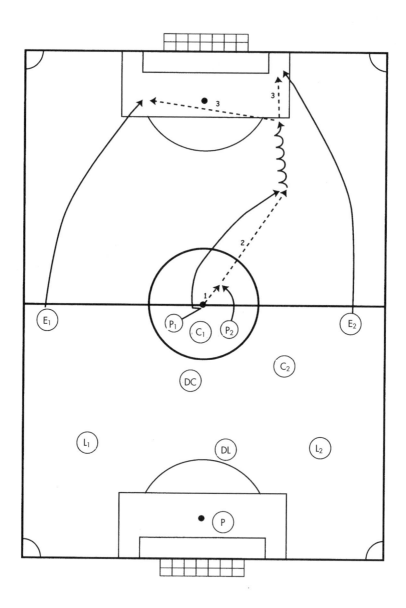

FIGURA 8-17. Pasando el balón a P_1. Saque inicial.

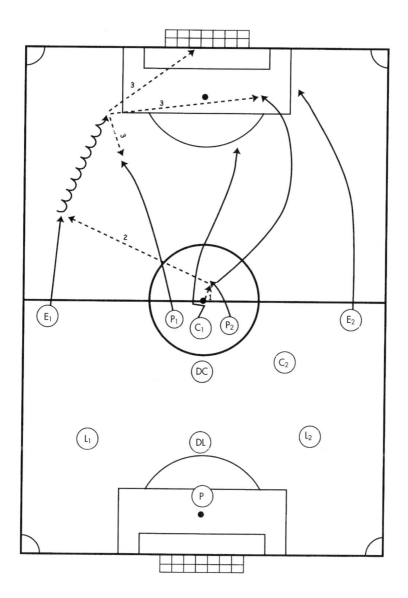

Figutra 8-18. Atacando por el ala. Saque inicial.

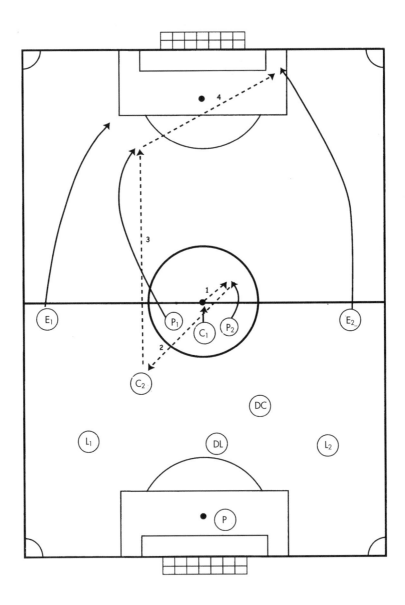

FIGURA 8-19. Secuencia de ataque con pase hacia atrás. Saque inicial.

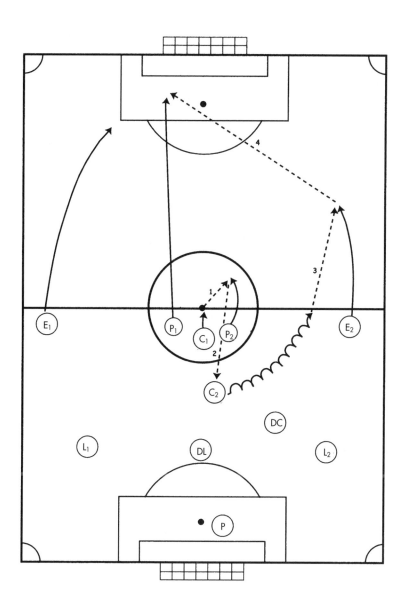

FIGURA 8-20. Variación de ataque con pase hacia atrás. Saque inicial.

Aunque no hemos inventado estas estrategias[6], las hemos utilizado y adaptado a nuestros equipos durante muchos años como enfoques organizados para atacar a los rivales con agresividad desde los saques iniciales. Todas ellas han demostrado ser eficientes en nuestro caso.

Un punto que siempre se repite: *las jugadas estudiadas y los sistemas no ganan los partidos; los ganan los jugadores.* Cuando las jugadas funcionan como en la teoría, es porque los jugadores las hacen funcionar. No importa la validez de la jugada o el sistema sobre el papel, probablemente tendrás que adaptarlos a las capacidades de tus jugadores para que funcionen. La mayoría de equipos tienen de tres a cinco jugadas de saque inicial.

Defensa de los saques iniciales. Puesto que la distancia más corta entre dos puntos (el punto del centro del campo y la portería en este caso) es la línea recta, tu primera prioridad es proteger el centro. Nuestro gol en 10 segundos ocurrió cuando un rival no consiguió detener a los dos delanteros avanzando por el centro en vertical con una serie de pases de pared.

Asumiendo que tienes bastantes defensas en el centro para frustrar estos ataques frontales, tu siguiente tarea es ver que los delanteros no alteran su posición y consiguen que el rival inicie una jugada de tirachinas en la zona que tu defensa ha dejado libre (véanse figuras 8-19 y 8-20). Asumiendo que tus jugadores saben perfectamente que no deben hacer esto, tú (y ellos) tenéis que ser conscientes de que *los equipos a menudo atacan a lo ancho desde el centro para abrir a los defensas y debilitar su cobertura,* después de lo cual buscarán un pase cruzado hacia un jugador que corra en profundidad detrás de la defensa al otro lado del campo (p. ej.: E_1 en la figura 8-21). Las probabilidades a favor de que tu equipo defienda bien esta estratagema aumentarán espectacularmente si enseñas a los jugadores a posicionarse individualmente de forma que sean capaces de ver el balón y sus marcajes al mismo tiempo. Los jugadores que defienden nunca deben dar la espalda al balón.

Con un equipo muy débil, damos el siguiente consejo, no sólo para los saques iniciales, sino para cualquier situación defensiva en la que sea probable que tus jugadores se sientan agobiados por el rival: *en caso de duda, retírate hacia tu propia portería.* Puede que no solucione el problema, pero al menos aumentará el número de defensas cerca de tu portero.

---

6. Originalmente adoptamos la mayoría de estos conceptos del excelente *Complete Book of Drills for Winning Soccer* (West Nyack, NY: Parker Publishing Co., 1980), de James P. McGettigan; no se sabe de dónde los sacó él. Probablemente, como Topsy en *La cabaña del tío Tom,* simplemente «surgieron» (parte de los conocimientos en constante expansión de nuestro deporte a los que todo entrenador contribuye y adopta de otros).

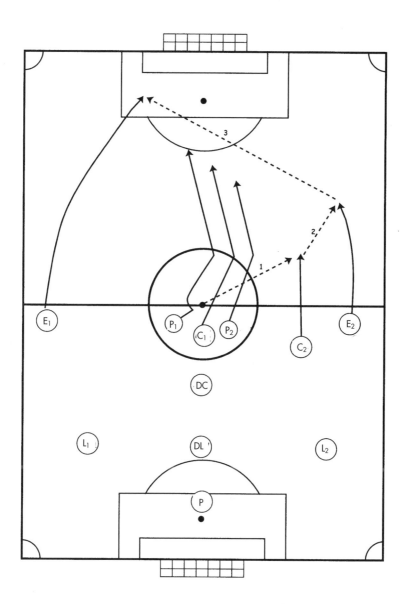

FIGURA 8-21. Movimientos estratégicos para buscar
un pase a la banda débil. Saque inicial.

Saques de banda

Como en cada fase del fútbol, la velocidad, la anticipación, el tiempo y el espacio son ingredientes clave en los saques de banda bien ejecutados. La persona que lo efectúa debe analizar el campo deprisa, teniendo en cuenta la situación de los compañeros y de los rivales por igual, y luego enviar el balón deprisa a un jugador desmarcado o a un espacio libre hacia el cual se dirige. El mejor saque de banda es con frecuencia el más *seguro*, porque la principal consideración del equipo que ataca siempre es mantener la posesión del balón. Simplemente lanzar el balón al bulto de jugadores no asegura la posesión continuada del esférico.

Los delanteros deben ser capaces de crear espacios para recibir el saque; hay que enseñar a los jugadores jóvenes e inexpertos a buscar espacios libres hacia donde correr, y a calcular sus carreras para que coincidan con el momento en que coge el balón el compañero que saca. Les decimos a los jugadores: *si corres antes de tiempo, no tendrás espacio donde hacerlo.*

Recomendamos no utilizar a más de dos o tres jugadores en los saques de banda. Sobrecargar determinada zona del campo con cinco o seis jugadores no es inteligente, no sólo porque reduce el espacio y amontona a los defensas, sino porque tu equipo necesita equilibrio de campo en caso de que el rival intercepte el balón.

Los saques de banda deberían ir dirigidos al pie de los receptores (para una fácil posesión), hacia la cabeza (para hacer un pase) o al espacio libre, donde un compañero pueda recoger el balón. Una simple señal del jugador que espera recibir el saque puede sugerir qué pase debe realizar el que saca.

Siempre que sea posible, los saques de banda tienen que hacerse hacia delante (es decir, hacia la línea de fondo del rival). Lanzar el balón atrás a un compañero (hacia tu propia línea de fondo) es sólo aceptable si ese jugador está libre y puede ganar la posesión deprisa sin ninguna presión. El saque de banda más efectivo, en términos de ganar una ventaja ofensiva, es probable que sea el balón que se juega por delante del extremo y al espacio perpendicular a la línea (figura 8-22)[7].

En la figura 8-22, el movimiento de C_1 es un movimiento táctico hacia la línea de banda. La acción verdadera implica a E_1 fingiendo ir hacia el balón y luego alejándose del mismo a toda velocidad por la línea de banda para recoger el pase del defensa al espacio libre delante de él.

---

7. Los jugadores deben tener en cuenta que, a diferencia del baloncesto, en el fútbol el árbitro no tiene que tocar el balón antes del saque de banda, y no tiene que esperar a que la defensa se posicione antes de efectuarlo.

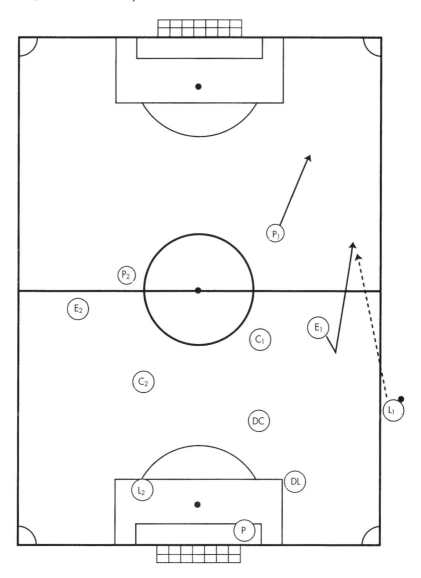

Cuando tu equipo saque de banda en el tercio de ataque, el rival puede pasar apuros si tienes un jugador capaz de lanzar el balón dentro del área. Si es el caso, utiliza como receptor al/a los delantero/s más alto/s.

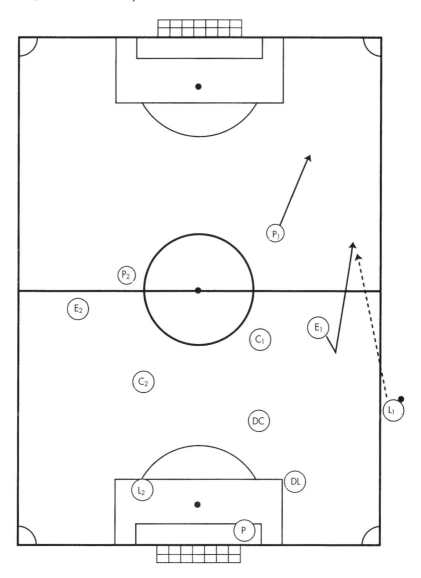

FIGURA 8-22. Saque de banda por la línea.

Saques de portería

Como se muestra en la figura 8-23, hay dos estrategias para efectuar los saques de portería. Una forma es lanzar el balón tan lejos como sea posible, esperando ganar la posesión e ir al ataque de inmediato, o al menos enviar el balón lo bastante lejos para poder montar una defensa eficaz (para robar el balón o frenar el ataque del rival). La otra forma es un lanzamiento en corto a un defensa y construir el ataque.

Los lanzamientos largos de portería deben ir dirigidos a un compañero (probablemente a un extremo) situado campo arriba junto a sendas líneas de banda. Lanzar el balón al mediocampo normalmente es desaconsejable porque las coberturas defensivas tienden a concentrarse en esta parte del campo.

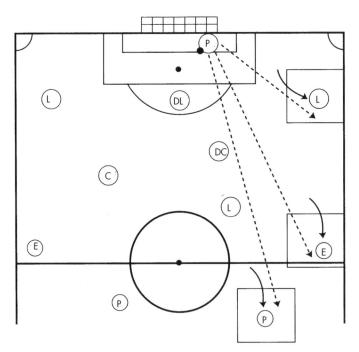

Figura 8-23. Trayectoria de los receptores. Saque de portería.

Si tu equipo pierde la posesión, los rivales probablemente intentarán atacar deprisa o construir su ataque antes de que se organice tu defensa. Tu jugador más próximo al balón puede ayudar a contestar a esa estrategia con un marcaje agresivo en el lado del balón para dar tiempo a sus compañeros a encontrar sus marcajes y desplazarse hacia el lado de la portería en defensa.

Los saques de portería en corto no siempre son tan fáciles o seguros como parecen. Son más efectivos cuando los rivales juegan relajados, con un marcaje de baja presión, o cuando tus jugadores son lo bastante hábiles para controlar la presión y al mismo tiempo mantener la posesión del balón. Puesto que perder el esférico en el tercio defensivo coloca a un equipo en grave peligro de facilitar un tiro libre a portería, invertimos parte de los entrenamientos trabajando el mantener la posesión y construyendo el ataque después de los lanzamientos de portería en corto.

Utiliza siempre el portero para efectuar los saques de portería.

Saques de esquina

Como los tiros libres directos y los lanzamientos de penalti, los saques de esquina siempre son un asunto delicado porque, no importa qué equipo los lance, siempre parecen estar gobernados por la Ley de Murphy[8]. Aguanta la respiración y que no sea nada.

En ataque siempre se intenta conseguir un tiro a portería; al defender los saques de esquina, ganar la posesión del balón es como mucho una consideración menor comparada con alejarlo de tu portería y despejarlo bien lejos.

El equipo atacante tiene varias opciones para intentar disponer de un tiro a portería. Las figuras 8-24 y 8-25 muestran dos de nuestras favoritas, teniendo la primera cinco atacantes y las segunda enviando seis dentro o a través del área de gol.

Llamamos a la jugada de la figura 8-24 *Two-Man Drag* (arrastre de dos hombres); identificamos a los jugadores de campo por los números más que por las posiciones, porque éstas no afectan a la jugada. Queremos a nuestros delanteros más altos o a los mejores saltadores en el 3, 4 y 5.

A la señal del lanzador, el 1 y el 2 cruzan corriendo el área de gol, y luego se giran y encaran la portería; cuando llegan a la mitad de esta carrera, 3, 4 y 5 empiezan sus carreras desde detrás del área de penalti. El lanzador envía el balón directo o bombeado a la zona mostrada en el gráfico, y cada atacante nuestro intenta acceder primero al balón y darle con la cabeza o disparar hasta el fondo de la red. Normalmente no sacamos directamente hacia la portería porque el portero atrapa el balón.

Llamamos a la jugada de la figura 8-25 la «ola». En lugar de hacer carreras por el área de gol, 1 y 2 inician la acción haciendo carreras estratégicas como

---

8. Cualquier cosa que pueda ir mal, irá mal.

las del gráfico para hacer creer a la defensa que vamos hacia el lado del balón (iremos hacia 1 ó 2 si la defensa no consigue cubrir sus carreras)[9].

A la señal del lanzador, 3, 4 y 5 corren haciendo eses dentro del área de gol desde más allá del área de penalti, esperando confundir a sus marcadores (el orden de las carreras se determina por los propios jugadores antes de la jugada).

Las zonas de ataque críticas son el palo posterior y el centro de la portería; estos puntos son especialmente difíciles de cubrir porque los defensas no pueden seguir el balón y sus marcajes al mismo tiempo, y de esta forma pueden tener problemas para calibrar sus movimientos hacia el esférico.

El saque de esquina en corto (figura 8-26) es simplemente un pase del lanzador a un compañero desmarcado cercano cuando atacar el área de gol directamente es inviable por cualquier razón. Los lanzamientos cortos a menudo no superan los 9 metros. Lo más habitual es que el receptor bombee el balón o lo conduzca hacia la portería entre una mezcla de jugadores de ambos equipos.

La figura 8-26 también muestra una variación de los movimientos interiores de 1 y 2 en la figura 8-24; en lugar de cruzar el área de gol y pivotar, se detienen y pivotan a media carrera, una acción que puede impedir o no al portero el seguimiento del balón si el lanzamiento va hacia 3 ó 4. Técnicamente es una violación de la norma de obstrucción porque 1 ó 2 tapan al portero mientras no disputan el esférico; sin embargo, en nuestros 17 años como entrenadores de fútbol

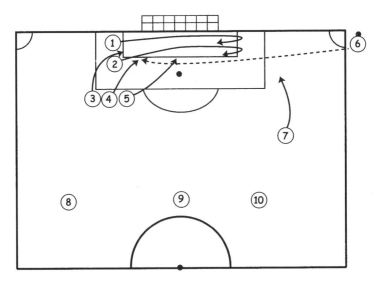

Figura 8-24. Jugada ensayada de «arrastrar a dos hombres». Saque de esquina.

de club y de instituto, nunca nos han señalado obstrucción en un saque de esquina, y tampoco a los equipos rivales. Y eso nos hace pensar en el comentario de
un Georgiano de pura cepa que ha sido entrenador de fútbol durante muchos
años y sabe de qué habla: «no es obstrucción si el árbitro no lo señala».

Si te estás preguntando si usar esta clase de estratagema, el penalti por obstrucción intencionada es un tiro libre indirecto para el rival desde el punto de la
infracción.

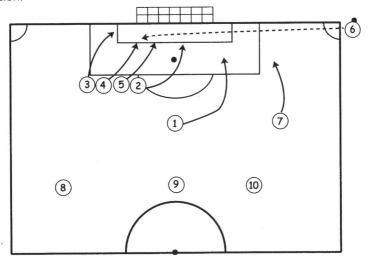

FIGURA 8-25. Jugada ensayada de la «ola». Saque de esquina.

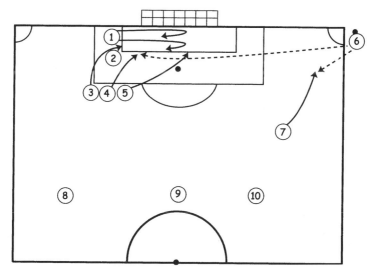

FIGURA 8-26. Saque de esquina en corto.

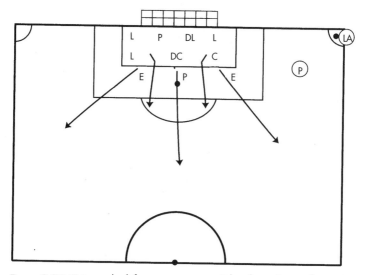

FIGURA 8-27. Sistema de defensa en zona con 9 hombres. Saque de esquina.

Defender los saques de esquina. Para defender los saques de esquina, los equipos normalmente utilizan una compacta alineación defensiva en zona con 9 hombres como la mostrada en la figura 8-27, o juegan al hombre; en cada caso sus objetivos principales son llegar primero al balón y despejarlo. Alineamos a los jugadores como en el gráfico para facilitar las tareas de posicionamiento al organizar el ataque cuando interceptamos el balón.

Tiros libres directos e indirectos

La diferencia entre un tiro libre directo e indirecto es, por supuesto, que el primero (TLI) debe ser tocado por dos jugadores antes de poder marcar un gol, mientras que el segundo (TLD) sólo precisa un tiro para poder marcar. En cada caso, el balón está en juego después del primer contacto, y puede ser disputado a partir de entonces por cualquier equipo. Los tiros libres directos pueden acabar en goles directamente desde el primer contacto con el balón, pero igualmente es probable que se produzcan dos o más toques, sobre todo teniendo en cuenta que el rival situará una barrera de defensas a 9 metros entre el balón y la portería.

Más allá de estos aspectos básicos, la primera cosa a recordar sobre los TLI y TLD es que *ni el árbitro ni el lanzador tienen que esperar a que se sitúe la defensa.* La conclusión tentadora a sacar de este hecho es que lanzar la falta deprisa antes de que se organice la defensa puede suponer un gol, y es cierto (pero no siempre). Una regla de oro en cuanto a los TLD y TLI es ésta: *si ves la oportunidad de tirar deprisa o de crear peligro a la portería contraria, aprovéchala; si no, organízate y relájate; no fuerces nada.* Haz las cosas bien.

La segunda cuestión a recordar en cuanto a los tiros libres directos e indirectos es que, si decides no tirar deprisa (por ejemplo, si la defensa está organizada y te encuentras a unos 33 metros de la portería contraria), tienes derecho a pedirle al árbitro que sitúe a los defensas a 9 metros del balón. El árbitro tiene la obligación de satisfacer esta petición.

La mayoría de equipos al menos tienen una jugada ensayada para los tiros libres. Asumiendo que cualquier jugada/s que utilices requiere al menos dos toques (o de lo contrario no necesitarías hacer jugada para nada), puedes usar las mismas tanto para los tiros libres directos como para los indirectos (al menos para los TLI empieza con dos jugadores sobre el balón). Mientras que siempre existe la tentación de buscar jugadas complejas que implican una serie de jugadores y movimientos, opinamos que es mejor la simplicidad.

El tiempo es crucial al preparar los lanzamientos libres. En la figura 8-28, la estrategia de la carrera de 1 pretende alejar la atención defensiva de 3 y 4, al menos de momento. Cuando se lanza el balón (será suave por encima de la barrera), 3 y 4, que al principio encaraban el esférico, pivotan hacia la portería e intentan rematar de cabeza por encima del portero. Si se mueven antes de que

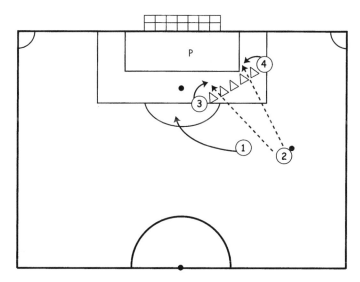

FIGURA 8-28. Jugada ensayada. Lanzamiento libre directo.

salga el balón, se encontrarán en fuera de juego. Usamos una orden verbal por parte del lanzador, ¡AHORA!, con un grito en el momento de lanzar (no sólo para señalar a 3 y 4 que inicien sus movimientos, sino para *avisar al juez de línea de que no estamos en fuera de juego al lanzar la falta.*

En la figura 8-29, el movimiento estratégico de 3 despeja la zona para el pase rápido al primer toque de 2 a los pies de 4; el movimiento de 5 también es estratégico, ya que ocurre delante mismo de la defensa, y 2 encarará a 5 hasta el último segundo cuando 2 pase a 4.

Como antes, la carrera de 4 no puede empezar hasta que 2 lance el balón.

Defender los tiros libres. Los defensas tienen que organizarse rápido, construyendo una barrera de jugadores a 9 metros del balón y en línea directa entre el esférico y la portería. En el caso de los TLD, no importa la potencia del tiro; los defensas tienen que estar dispuestos a bloquear el tiro con el cuerpo.

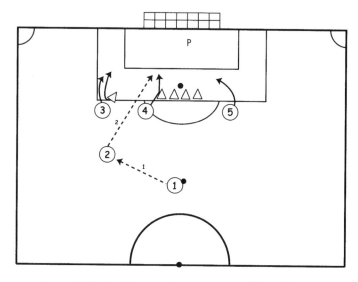

FIGURA 8-29. Jugada ensayada. Lanzamiento libre indirecto.

El número de defensas en la barrera depende de la situación del balón; cuanto más cerca de tu portería se efectúe el lanzamiento, más jugadores necesitarás en la barrera. Utilizamos las siguientes pautas:

Metros desde la portería	Jugadores en la barrera
38 o más	1
33	2
28	4-5
18	5
En el área de penalti	5-6
En la línea de 5,4 m	8-10

Lanzamientos de penalti

Con sólo un defensa (el portero) entre el balón y la portería, los lanzamientos de penalti tienen que ser tan automáticos en el fútbol como los lanzamientos extra en el fútbol americano. En definitiva, tu equipo puede elegir el lanzador. Querrás que el mejor lanzador lo efectúe, y este jugador es el que es capaz de bloquear la tensión emocional de la situación y ejecutar el disparo con fuerza y precisión bajo presión. Habilidades aparte, no todos los atacantes son igual de expertos controlando la presión de los lanzamientos de penalti.

El lanzador tiene que haber decidido dónde dirigirá el disparo antes de acercarse al balón. El mejor sitio es por el suelo a un lado de la portería; preferiblemente hacia una esquina, si el lanzador es lo bastante hábil para lanzar el esférico donde quiere que vaya (véase figura 8-30). Los porteros normalmente intentan adivinar la dirección y se comprometen con ese lado; incluso si aciertan, deben de tener problemas en rechazar un tiro raso y duro hacia la esquina de la portería. El objetivo de tu lanzador tiene que ser dirigir el balón con la suficiente potencia y definición para marcar, sin importar si el portero adivina la dirección o se equivoca lanzándose al lado contrario.

Saque neutral

Relativamente inusuales entre las situaciones especiales, los saques neutrales son más o menos similares a las confrontaciones en *hockey*. Los saques neutrales son la consecuencia de las retenciones del juego en las cuales el árbitro no está seguro de qué equipo está en posesión del balón cuando se ha detenido el juego. Cuando se indica un saque neutral, cualquier número de jugadores de cualquier equipo puede situarse alrededor del árbitro de forma ordenada para prepararse para el saque; el balón debe contactar con el suelo antes de poder ser disputado por cualquier jugador.

Hay pocas estrategias de juego para el saque neutral, pero son importantes. Por nuestra experiencia, ningún equipo normalmente tiene ventaja sobre el otro en este caso, excepto cuando el balón se ha lanzado relativamente cerca de una de las porterías.

Si el saque se produce un saque neutral en tu tercio defensivo, protege el lado del portero, marca y organiza deprisa la cobertura de la defensa.

Si se produce en el área de penalti, ten todavía más cuidado y piensa en un rápido tiro o pase a un compañero próximo a la zona. Según lo desesperado que estés en defensa, incluso puedes tener en cuenta que tu portero puede usar las manos en el área de penalti; ¿te arriesgarías a que participara en el saque?

La primera prioridad ofensiva en los saques neutrales cerca de la portería es conseguir la posesión del balón; tu principal prioridad defensiva es despejar el balón fuera de peligro.

Con los saques dentro o alrededor de la zona de mediocampo, limítate a esperar que uno de tus jugadores toque primero el balón. Después del saque, el juego evoluciona como en cualquier otra fase del partido.

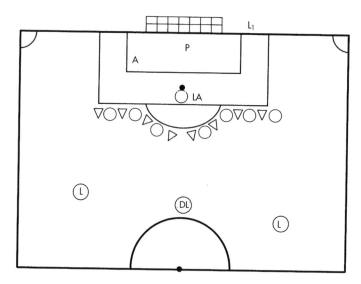

Figura 8-30. Lanzamiento de penalti.

Parte 3

ENTRENAR A TU EQUIPO

*Los entrenadores son como los políticos: tienen que ser
lo bastante listos para entender el juego,
y lo bastante estúpidos para creer que es importante.*

—Eugene S. McCarthy
Antiguo senador de EE.UU.

Capítulo 9

PRUEBAS DE EQUIPO Y SELECCIÓN DE LA PLANTILLA

Pronto me he dado cuenta de que quizá nunca llegue
a dominar el balón con los pies. Por ello tendré que
compensarlo de otras maneras, como la velocidad,
la disposición al contacto, la habilidad de saltar y la entrega.

–Kyle Rote, Jr.

OJEAR Y SELECCIONAR JUGADORES

En un programa de fútbol organizado, tu equipo constará casi exclusivamente de jugadores procedentes del programa de club local, con quizás un año de experiencia en la categoría inferior a sus espaldas. Esto te da una gran ventaja si, como nosotros hacemos, trabajas muy de cerca con los equipos de nivel de club porque: (a) los jugadores te conocerán y entenderán tus métodos de entrenamiento y sistema de juego mucho antes de que lleguen a la universidad; (b) tendrás una buena idea de cómo será el equipo antes de que empiecen las pruebas, y (c) no tendrás que molestarte en buscar a jugadores de la población escolar general, que nunca hayan jugado al fútbol para completar tu plantilla. Cuanto más extenso sea tu club de fútbol, más selectivo puedes ser al completar los huecos libres del equipo.

En 1984, nuestro primer año como entrenadores de fútbol, 26 chicos (sólo un par de los cuales tenían experiencia previa en el juego) hicieron las pruebas para el equipo de fútbol universitario; en 1998 tuvimos a más de 100 candidatos probando para las 15 plazas en los equipos inferiores y en el universitario, y muchos de ellos tenían una amplia experiencia en fútbol. La diferencia entre estas cifras refleja lo que puedes esperar o desear conseguir con cada grupo.

Al organizar por primera vez un equipo en tu escuela, puede que recibas a jugadores literalmente en plena forma; aun así, puedes hacer un trabajo preliminar sobre las pruebas antes de la fecha de su comienzo, anunciándolas en avisos públicos por la radio local y los canales de televisión, letreros en las entradas de las escuelas, artículos escolares, periódicos locales, avisos por el interfono, en la televisión de la escuela, hablando con alumnos en las clases de primaria y cosas similares.

La Tabla 9-1 contiene un anuncio que colgamos en las entradas y el gimnasio y que enviamos a los jugadores que esperamos que asistan a las pruebas.

TABLA 9-1. Aviso de pruebas de fútbol de Griffin High School.

Si quieres jugar al fútbol con los Griffin Bears, deberías empezar corriendo y entrenando por tu cuenta durante los meses de noviembre, diciembre y enero, y prepararte para ir a tope desde el primer día de las pruebas. El trabajo de entrenamiento oficial empezará el 19 de enero, _____.

La capacidades físicas y mentales que buscamos incluyen:

1. Rapidez, agilidad y conocimiento de las técnicas básicas del fútbol.
2. Experiencia de juego y una comprensión de cómo se juega.
3. Buena salud y una actitud positiva para trabajar y jugar fuerte.
4. Lealtad, fuerza mental y ganas de aprender.
5. Habilidad para satisfacer los requisitos mínimos suficientes para mantener una elegibilidad académica.

Haremos las sesiones de entrenamiento con Paul y Ken dos noches por semana (preparación física y tácticas sobre el campo) y las sesiones con pesas con el entrenador Graves, en la sala de pesas GHS, los martes y jueves a las 16:00 horas.

DIRIGIR LAS PRUEBAS DEL EQUIPO

Cuanto más organizados sean tus entrenamientos, más objetivos lograrás. Los ejercicios y las actividades deben organizarse en marcos de tiempo específicos y predeterminados, al final de los cuales debes pasar rápido a otra cosa. Son necesarios dos tipos de ejercicios evaluativos, los que implican técnicas de fútbol específicas y los que revelan las condiciones físicas básicas de los jugadores (p. ej.: pies rápidos, agilidad, potencia de piernas, habilidad en los saltos verticales, velocidad y resistencia). La rapidez y la agilidad pueden medirse saltando obstáculos; la potencia de piernas, con una máquina de flexiones; la habilidad en los saltos verticales, con pruebas de salto a distancia; la velocidad, según la distancia corrida en 40 segundos, y la resistencia, corriendo 2 km con el tiempo cronometrado.

Si quieres descubrir rápido cómo se encuentran los jugadores en términos de capacidades físicas y técnica futbolística, invierte una parte de cada prueba de entrenamiento en jugar con ataques y defensas. Esto es especialmente importante si tienes a muchos jugadores y no puedes dedicar una atención individual a cada jugador. Procura que los ataques y defensas sean lo bastante largos para dar a todos los candidatos una verdadera oportunidad para que demuestren todas sus habilidades, y evalúa con precisión sus actuaciones personales. Sin embargo, ten en cuenta que algunos de los jugadores que no participaron en el fútbol de club puede que no estén en forma para jugar muchos minutos sin padecer fatiga, lo cual afectará negativamente a sus actuaciones. Guarda estas evaluaciones; comparándolas con las de otros ejercicios similares, pueden darte una idea de la rapidez y la adaptación de los jugadores a tu estilo de entrenamiento.

Muchos (si no la mayoría) de tus ejercicios deberían ser competitivos por naturaleza (1 contra 1, 2 contra 2, etc.), puesto que, en definitiva, el fútbol es un deporte de competición; sin embargo, también debes dedicar parte de cada entrenamiento a enseñar técnicas básicas y evaluar la capacidad de escuchar y aprender de los jugadores. Los que no sean receptivos, no estén motivados o no estén dispuestos a aprender de sus errores en esta fase, es improbable que se transformen por un milagro en ansiosos aprendices una vez anunciada la selección de la plantilla.

Éste es el momento de identificar a los individuos que probablemente te harán la vida imposible más adelante con su falta de predisposición, y evaluar sus respuestas a las situaciones de enseñanza-aprendizaje es una excelente forma de hacerlo.

Qué buscar en los jugadores jóvenes

Las técnicas del fútbol (control del balón, regate, recepción, pase, juego de cabeza, tiro, defensa y entradas) son de una importancia crucial, por supuesto, y la condición física es siempre un añadido para cualquier jugador (excepto para los porteros, para los cuales es una necesidad).

En ausencia de técnicas futbolísticas, busca a jugadores que demuestren capacidades atléticas generales. De los aspectos de la lista, la resistencia es el menos importante, porque puede adquirirse con entrenamiento. Los otros están todos asociados de una u otra forma a un rasgo general, la *velocidad*. La velocidad es importante porque, mientras que puede mejorarse hasta cierto punto entrenando, no se puede enseñar (si lo dudas, pregúntaselo a cualquier entrenador de atletismo). Entre los jugadores con habilidades similares, el más rápido ganará la mayoría de las veces.

También deberías buscar cualidades mentales y emocionales, como la fortaleza mental, la agresividad, la competitividad, la concentración y la disposición a trabajar duro y seguir las instrucciones deprisa y sin cuestionarlas, las ganas de aprender y la receptividad a las críticas. En suma, estos atributos denotan una actitud positiva para la competición y el progreso personal. La habilidad para controlar la presión es una forma de fuerza mental y un atributo importante para cualquier jugador pero no necesariamente en este punto, ya que los jugadores sin las técnicas básicas es improbable que sepan controlar bien las situaciones de presión, y aquellos que son sólidos pueden aprender a soportarla.

Seleccionar a tu equipo: cinco pautas

El proceso de pruebas es esencialmente una cuestión de eliminar a los candidatos sin las habilidades necesarias para competir en el nivel universitario o la clase de actitud positiva hacia sus entrenadores, compañeros, el trabajo duro, la superación y la búsqueda de objetivos del equipo, que hará merecedora su selección para todos los que forman el equipo. Aunque no podemos decirte a quién tienes que seleccionar, podemos ofrecerte cinco pautas a considerar en la elección de un jugador:

1. *Entre los jugadores con técnicas o habilidades similares, fíjate en los que mejor se adapten a tus planteamientos.* Como hemos dicho, serás el líder del equipo hasta que no aparezca uno entre los jugadores. Es cosa tuya y del equipo conseguir poder trabajar sin problemas, siempre que te rodees de jugadores que te respeten, crean en ti, y te sean leales en los buenos y en los malos momentos.

2. *Entre los jugadores con capacidades similares, selecciona a los más jóvenes, ya que se beneficiarán más de la experiencia que los jugadores mayores, los cuales no pueden aprender todo lo que hace falta sobre el fútbol en sólo 1 o 2 años.* Las únicas razones viables para quedarte con los mayores puede ser: (a) rellenar la lista de la plantilla cuando no se presenten muchos jugadores a las pruebas[1], o (b) adquirir actitudes deseadas cuando éstas no existan (con jugadores leales, trabajadores y comprometidos contigo y tus objetivos a pesar de que no tengan demasiada técnica futbolística).

3. *Entre los jugadores con habilidades similares, quédate con los que tengan mejores condiciones físicas.* Con un largo recorrido por hacer, poco tiempo para llegar al objetivo y una falta de jugadores con talento, el mejor atajo hacia el éxito posible se basa en seleccionar a jugadores cuyas capacidades físicas puedan compensar en parte su carencia de habilidades. Para los jugadores con talento y experiencia, una capacidad física importante es un suplemento que hace aumentar su efectividad; para los jugadores sin mucho talento, es una necesidad.

4. *Analiza las posiciones que necesitas cubrir y busca jugadores que tengan las cualidades necesarias para ellas* (Tabla 9-2).

5. *Si es posible, evita elegir a jugadores conflictivos, vagos o que probablemente puedan ejercer una influencia negativa sobre sus compañeros.* Estos jugadores se detectan con facilidad; son los que llegan por sistema tarde a los entrenamientos; olvidan su equipo; murmuran o se quejan de lo duro que les haces trabajar; culpan a los otros de sus errores; se esfuerzan lo mínimo en los ejercicios y corren a un ritmo tranquilo y relajado en las defensas y los ataques; discuten con los entrenadores u otros jugadores; te preguntan a cada momento cuánto va a durar el entrenamiento, o esperan un trato especial o consideración basados en su calidad técnica o su supuesta importancia para el equipo.

Los *verdaderos* futbolistas disfrutan jugando y practicando aspectos que les harán mejores. Son los que te interesa mantener, y no los que consideran el entrenamiento como una obligación y no un reto.

---

1. Incluso en este caso, tienes que ir con cuidado y evitar seleccionar a jugadores que puedan girarte la espalda más adelante si el equipo no gana con la frecuencia que les gustaría.

Tabla 9-2. Capacidades asociadas con los puestos en el fútbol.

Posición	Habilidades necesarias
Porteros	Rapidez; agilidad y movilidad lateral; capacidad de salto; buenas manos; capacidad para despejar el balón lejos del área; anticipación defensiva y orientación, y habilidad para coordinar y dirigir la defensa del equipo.
Laterales	Rapidez con los pies; capacidad de jugar una fuerte defensa de 1 contra 1 sin hacer entradas precipitadas a por el balón; buen juego de cabeza; buen dominio del balón para mantener su posesión y pasarlo a un compañero o despejarlo.
Defensas libres	Velocidad; capacidad de afrontar el 1 contra 1 y habilidad para organizar y dirigir la defensa; buen criterio a la hora de apoyar a los compañeros en defensa; dominio del balón y potencia en las piernas para despejarlo; capacidad de controlar el balón y darle con la cabeza o pasarlo deprisa y con precisión, y capacidad para apoyar en el ataque.
Defensas centrales	Disputar balones aéreos; dominio del balón y del pase, y capacidad para apoyar en el ataque; un eficaz marcaje en el 1 contra 1 y saber realizar buenas entradas al rival.
Centrocampistas	Incansables trabajadores en cada lado de la línea de mediocampo; dominio del balón y buen tiro; buen primer toque al balón; habilidad para hacer pases precisos en penetración por delante de sus compañeros en el tercio de ataque.
Extremos	Velocidad; dominio del balón; una pierna potente para hacer pases cruzados o tiros desde más allá del área.
Puntas	Velocidad controlada y rapidez; dominio del balón y del pase; habilidad en los balones altos; buen primer toque de balón; actitud agresiva en ataque; capacidad de controlar el balón en situaciones de presión y de crear oportunidades de gol para sí mismo y para los compañeros; tirar con precisión; capacidad de hacer transiciones rápidas del ataque hasta la defensa y disputar el balón antes de que el rival pueda organizar su ataque.

¿Cuánto tiempo deben durar las pruebas?

Las pruebas deben durar entre 3 y 5 días. Menos que esto puede que no dé tiempo a los candidatos de librarse del nerviosismo inicial y poder demostrar todo su potencial; también pasa por alto la posibilidad de que un jugador tenga un mal comienzo o un mal día; más que esto puede que coincida con el entrenamiento de pretemporada y alargue de forma innecesaria la incertidumbre de los candidatos en cuanto a su situación.

Volviendo a un punto anterior, las pruebas deben incluir la enseñanza de técnicas para ayudarte a determinar cómo reaccionan los candidatos a la instrucción y a las críticas; sin embargo, también tienes que incluir muchos ejercicios rigurosos y exigentes, y actividades que desafíen físicamente a los jugadores y marquen el tono del tipo de entrenamiento que tendrá que afrontar el equipo cuando terminen las pruebas. Establecer un ritmo exigente en las pruebas ayudará en el proceso de selección al excluir a los aspirantes que menospreciaban los retos de jugar en el nivel universitario.

Con un buen equipo, es muy importante exponer en las pruebas a los candidatos a las situaciones competitivas que revelarán cómo responden a la presión, puesto que si ya poseen buena técnica, sólo necesitarán perfeccionarse y la habilidad de usar sus capacidades con eficacia en el entorno de olla a presión de los partidos. Cuantos más jugadores capacitados tengas, más deben considerarse en el proceso de selección los recursos para aguantar la presión.

Incluso si tienes una buena idea desde el principio sobre qué jugadores conformarán el equipo y cuáles no, deberías dejar al menos 3 días para las pruebas, aunque no sea por otra razón que poder decir que has dado a todos los aspirantes que han hecho las pruebas una justa oportunidad de demostrar sus habilidades.

Dado que una inusual cantidad de jugadores se presentaron para las pruebas de nuestro equipo en 1998, decidimos centrarnos por completo en las actividades de preparación física durante un período de 5 días, para eliminar a los jugadores menos capaces y poner al resto en forma para jugar el mejor fútbol de sus vidas. Funcionó; no tuvimos que descartar a nadie, y los que más aguantaron fueron jugadores de noveno curso, los cuales nos permitieron formar un equipo de *júnior high* para complementar nuestro programa *jayvee*/universitario. En los años anteriores, esos jugadores habrían jugado fútbol de club y no fútbol escolar.

ANUNCIAR LA SELECCIÓN DE JUGADORES

De todas las responsabilidades asociadas con el entrenamiento, ninguna es más difícil ni temida por los entrenadores que decir a los jóvenes que no necesitan sus servicios en el equipo de ese año.

Algunos entrenadores cuelgan una lista al final del último día de las pruebas, diciendo quién entra en el equipo y quién no; otros prefieren anunciar sus selecciones de forma verbal de una u otra forma. La primera es más fácil, pero preferimos la última porque creemos que es importante hablar con los candidatos rechazados (y desanimados), preferiblemente de forma individual, pero como mínimo colectivamente si hay demasiados para que las charlas individuales sean plausibles.

Tal como lo vemos, cada jugador que asiste a nuestras pruebas merece nuestra gratitud y respeto por haberse preocupado de hacer la prueba para nuestro equipo, y nuestra obligación es tener tacto con ellos en todo el proceso de descarte. Además de darles las gracias por su esfuerzo, hay que decirles que el proceso de selección ha sido muy difícil (siempre lo es), y dándoles ánimos ante su desengaño, les diremos con honestidad pero con tacto por qué no pueden entrar en el equipo (p. ej.: *necesitas más minutos de juego de los que podrías disfrutar con nosotros porque este año tenemos a muchos jugadores con talento*). Si son de categoría inferior y buenos chicos/as sin demasiadas habilidades, les preguntaremos qué les parece ser directivos del equipo si queda una plaza libre o les animaremos a jugar al fútbol recreativo, a trabajar duro para mejorar y a hacer las pruebas del equipo del año siguiente. Este trato seguramente no nos hará ganar muchos amigos entre los descartados, pero esperamos que tampoco nos cree enemigos.

Antes de anunciar los descartes, no olvides comprobar la elegibilidad de los jugadores (es decir, año, residencia y estado académico) como se define en el manual de la asociación de institutos del estado, y como especifican los historiales escolares y los expedientes. No tiene mucho sentido reservar un espacio en la lista del equipo para un jugador inelegible a menos que esta falta de elegibilidad pueda ser y sea reformada durante la temporada.

Capítulo 10

ENTRENAMIENTO DE PRETEMPORADA

Todo es entrenamiento. Hice muchos goles de cabeza.
Sabía que era muy difícil marcar con la cabeza en Europa,
pero hice muchos goles porque ensayé este remate.

—Pelé

LA PRIMERA REUNIÓN CON EL EQUIPO Y OTROS PRELIMINARES

Después de felicitar a los que conforman el equipo, querrás dedicar un tiempo a subrayar tus expectativas y objetivos del equipo para la temporada, incluyendo las reglas que esperas que cumplan los jugadores, los entrenadores y los directivos. Si usas un manual del jugador, ahora es el momento de que des una copia a cada jugador. El manual debe contener, entre otras cosas, una copia del actual programa anual, una lista de lo que los jugadores y los directivos deben hacer y traer en los entrenamientos y en los partidos (véanse Apéndices E, K y L), los números de la escuela y de los entrenadores, una descripción de tu sistema de juego y cualquier otra información pertinente que quieras que tengan tus jugadores.

Es importante que te quites de encima los preliminares cuanto antes mejor para evitar perder un valioso tiempo de entrenamiento. Estos preliminares incluyen los informes de elegibilidad, exámenes médicos y otros papeles. Como probablemente ya sabes, *nadie en el equipo es elegible para jugar en el ámbito universitario o jayvee hasta que la oficina del estado y un médico licenciado certifiquen que está en disposición de jugar*[1]. En la primera reunión con el equipo, puedes rellenar por adelantado los impresos de elegibilidad devueltos de los jugadores y los de la plantilla *jayvee* del año anterior, con cuyos jugadores esperas formar el equipo universitario, sacarte de encima los exámenes físicos y rellenar los impresos restantes.

Enviamos por correo los informes completos de elegibilidad tan pronto el director los firma, porque sabemos de un entrenador cuya secretaria de la escuela no los envió en una ocasión. Si hay algo que hemos aprendido en los años que llevamos entrenando, es esto: no tires de la capa de Superman ni escupas al viento, y *no te metas con la asociación de tu instituto*.

El resto de papeles consiste en: (a) material contenido en nuestro paquete deportivo GHS (que incluye impresos relativos a los 15 dólares de la cuota de valoración deportiva, el seguro, el permiso de participación de los progenitores/tutores y el permiso de asistencia médica; (b) una hoja individual de información de fútbol, y (c) un impreso de historial médico para que la firme el alumno y el padre, la madre o tutor (véanse Apéndices F a H).

ENTRENAMIENTO DE PRETEMPORADA

La pretemporada empieza cuando terminan las pruebas y un médico ha examinado a los deportistas y ha firmado sus impresos médicos (Apéndice I); termina cuando el equipo juega su primer partido. Cuanto consigas en este breve tiempo depende de varios factores, siendo los más importantes: (a) el nivel de capacidad técnica y táctica de los jugadores, su experiencia y su familiaridad contigo y tu sistema de juego, y (b) tu capacidad para organizar las sesiones de entrenamiento de forma que abarquen todo lo que se tenga que cubrir.

Relación deseable de la preparación técnica individual y del equipo

Básicamente hay que tener en cuenta tres aspectos de la preparación individual y del equipo en la pretemporada: preparación física, desarrollo de las técnicas individuales y establecimiento del ataque y la defensa del equipo. En un sistema determinado con un buen programa en el ámbito de club, el primero debería

---

1. En nuestro estado, los jugadores ni siquiera pueden hacer las pruebas de los equipos a menos que no haya una aprobación médica para hacerlo.

ser tu menos difícil obstáculo que superar, ya que es probable que los jugadores estén en buena forma gracias a su reciente participación en el fútbol de club fuera de temporada. Un aspecto del desarrollo de tu equipo, el ataque y la defensa, ayudará a ponerlos y mantenerlos en forma.

La relación del tiempo de entrenamiento que necesitarás para dedicar a cada una de las tres fases del desarrollo de equipo y del jugador dependerá de cuánto trabajo necesiten los jugadores en cada área. Con jugadores capaces y experimentados, es probable que tengas que dedicar un mayor porcentaje del tiempo de entrenamiento a los conceptos de equipo, estrategias de juego y ataques y defensas que si los jugadores son inexpertos y carecen de habilidades básicas.

Por norma, con un equipo débil, prueba con un porcentaje 20-60-20 del tiempo de entrenamiento de pretemporada dedicado a la preparación física, el desarrollo de las técnicas básicas y el trabajo sobre los aspectos del juego en equipo, respectivamente. Esos porcentajes es probable que cambien después de la primera semana aproximadamente si incluyes todo lo que hace falta practicar antes de jugar el primer partido (véase la sección de los programas de pretemporada al final de este capítulo).

Con un equipo del que puede razonablemente esperarse que gane la mitad de los partidos, podemos empezar y mantener, digamos, una relación de 10-40-50 a lo largo de la pretemporada, centrándonos en las estrategias de equipo, porque los jugadores ya poseen suficientes técnicas para ganar partidos de forma regular. Con un equipo excelente, podríamos empezar con una asignación de tiempo de 10-40-50 y acabar en 10-20-70 para asegurar que los jugadores entienden del todo nuestro sistema y cómo aplicar sus capacidades en él. Los porcentajes de «50» y «60» probablemente consistirán en ejercicios de 3 contra 3 y 4 contra 4, y defensas y ataques, o incluso 3 contra 4, o 4 contra 5 si son jugadores superiores que necesitan estos retos para elevar el nivel de su juego o mejorar su capacidad para soportar una intensa presión.

Relaciones deseables de ataque y defensa

Al establecer tu sistema de juego, el tiempo que inviertas trabajando el ataque o la defensa dependerá de dos factores: (a) si tu filosofía de entrenamiento es básicamente conservadora (p. ej.: orientada a la defensa) u orientada al ataque, y (b) cuánto trabajo necesita tu equipo en cada fase. Mientras que un entrenador con mentalidad defensiva puede invertir hasta el 80% del tiempo de entrenamiento para construir una sólida defensa que hará que el equipo sea competitivo cuando el rival no deje de atacar, otro entrenador puede preferir una distribución más equitativa entre las dos fases (y ambos pueden tener razón o estar equivocados, según lo que necesiten sus equipos o cómo prefieran entrenar).

No te limites a salir al campo, lanzar una moneda y decirte a ti mismo, *cruz, eso quiere decir que hoy trabajaremos la defensa.* Un entrenamiento eficaz precisa mucha más atención a los detalles que esto. Tienes que saber cuál es tu objetivo, y cómo pretendes conseguirlo, antes de poner un pie en el campo. Tu programa de entrenamiento puede ser tan corto como una simple lista de secuencias de ejercicios, o tan complejo como para incluir asignaciones con un tiempo definido para cada actividad, pero en cada caso tiene que indicar como un mapa de carreteras adónde quieres ir y cómo planificas llegar hasta allí.

Programas de entrenamiento

Un buen programa de entrenamiento lleva al menos 30 minutos de preparación. No tiene importancia cuándo lo hagas (justo después de un entrenamiento, en casa por la noche, o después de la escuela y antes del entrenamiento), pero hazlo. Considera esos 30-45 minutos una pequeña inversión para el futuro del equipo, en el sentido de centrar tus pensamientos en el equipo, sus necesidades y cómo éstas pueden satisfacerse.

Hemos conocido entrenadores que no utilizan programas de entrenamiento; sus excusas para esta pereza van desde *no tengo tiempo para esas cosas,* a *creo que no soy muy organizado.* En ocasiones, también hemos conocido a entrenadores como éstos con buenos equipos (normalmente porque han heredado jugadores con talento de otro entrenador). No hemos conocido a ningún entrenador con una sólida trayectoria que no atribuya el éxito de su equipo a la preparación, y no a la suerte o a la casualidad. Si no te preparas para triunfar, será mejor que te prepares para fracasar.

La capacidad de organización no es, como muchos entrenadores parecen creer, un talento; es, más bien, un hábito. Cuanto más tiempo estés dispuesto a invertir pensando en el equipo, más organizado serás. Como apuntó el eminente científico Louis Pasteur, «la casualidad favorece a la mente preparada».

En el Apéndice J aparece una lista de aspectos de la defensa y el ataque que hay que trabajar durante la pretemporada. No tienes (y no deberías) que intentar trabajarlos todos cada día, pero debes invertir el tiempo suficiente en cada uno durante la pretemporada, para asegurarte de que los jugadores entienden cómo quieres que jueguen en cada zona.

Contrastar la intensidad de los programas de entrenamiento de pretemporada: estudio de un caso

Cuando presentamos nuestro primer equipo de fútbol universitario de chicos de nuestra escuela en 1984, los jugadores sólo poseían técnicas rudimentarias, que se reducían a dar patadas al balón, y poco o ningún sentido táctico.

Sólo teníamos 4 semanas para ponerlos en forma y prepararlos para competir en el nivel universitario. Pronto se hizo evidente que, aunque tuviéramos 8 o 12 semanas para prepararnos, no estaríamos a punto para ofrecer más que una oposición simbólica a los mejores equipos de la región.

Empezamos usando técnicas de ensayo y error para descubrir qué era lo mejor para el equipo. Al principio dedicamos el 20% de nuestras 2 horas y media diarias de entrenamiento a preparación física, el 60% (90 minutos) a las técnicas básicas, y el 20% a desarrollar un sistema de juego con el que poder vivir (Tablas 10-1).

Nos hacía mucha falta dar un salto en el desarrollo técnico, pero como no teníamos ninguna técnica, consideramos necesario sacrificar una parte del tiempo mayor (hasta el 30%) de nuestra preparación física y técnicas básicas en favor de la defensa y el ataque del equipo durante las últimas 3 semanas de la pretemporada para poder parecer y jugar como un equipo al empezar la temporada. Los jugadores necesitaban entrenar ataques y defensas para acostumbrarse a las condiciones reales de un partido, y para reconocer sus responsabilidades dentro del contexto de las situaciones en un partido.

Terminamos con un 10-30-60 entre la preparación física, las técnicas individuales y el ataque/defensa del equipo (Tabla 10-2). Fue una decisión difícil de tomar, especialmente porque casi todos nosotros, jugadores y entrenadores por igual, éramos relativamente nuevos en el fútbol y buena parte de nuestra instrucción orientada al sistema incluía ensayos. Les dijimos a los jugadores que, para poder ser competitivos en la liga, tendrían que completar los entrenamientos oficiales con la práctica de técnicas básicas por su cuenta.

Odiamos tener que ceder 45 minutos valiosos al entrenamiento de aspectos básicos y a la preparación física, pero no teníamos otra alternativa. Puesto que los jugadores no iban a dominar las técnicas de juego necesarias en un mes, sin importar la instrucción supervisada que recibiesen, pensamos que el equipo sacaría más provecho concentrándose en el estilo de juego (sobre todo en defensa), practicando ataques y defensas para compensar el tiempo perdido de preparación física. Las técnicas defensivas se adquieren con mucha más facilidad que las de ataque. Aunque esto no quiere decir que jugar en defensa sea fácil o que el ataque, ya sea en equipo o individual, tenga que ser relegado, el tiempo invertido en la práctica de la defensa es probable que sea más productivo a corto plazo que practicar técnicas de ataque individuales. Simplemente tomamos una mayor decisión; todavía pensamos que fue la mejor opción que podíamos haber tomado bajo las difíciles circunstancias de intentar comprimir la preparación de todo un año en 50 horas de entrenamiento de pretemporada.

Una vez una entrenadora nos dijo: «Mi entrenamiento de pretemporada me resulta crítico; no puedo permitirme malgastarlo trabajando en aspectos que no nos vayan a ayudar a ganar el siguiente partido. Así que a menos que nuestras debilidades sean menores y puedan ser solventadas en el entrenamiento diario, prefiero trabajar nuestros puntos fuertes para ser sólidos en esas áreas y usar nuestro sistema de juego para ocultar los puntos débiles, que malgastar el tiempo en intentar imposibles. El momento de convertir las debilidades en puntos fuertes es durante la temporada, no en la pretemporada». Puedes o no estar de acuerdo con ella, pero es algo sobre lo cual hay que reflexionar.

Fíjate en que, aunque las actividades no cambiaron entre los programas mostrados en las tablas 10-1 y 10-2, el tiempo de las asignaciones (y de esta forma la intensidad de la instrucción que podíamos alcanzar en cualquier área determinada) cambió espectacularmente en nuestro modificado programa de entrenamiento de pretemporada. Recuerda: es importante elaborar programas de entrenamiento; da precisión a tus objetivos y organiza tus pensamientos sobre el equipo. Incluso la decisión menor de perder 5 minutos en un ejercicio para invertirlos en otro supone ciertas cuestiones: *¿qué parte de la actividad que hay que reducir debería ser eliminada? ¿Dejas perder uno o más de un ejercicio en total? ¿O conservas los ejercicios pero reduces el tiempo invertido en practicar cada uno?* Si consideras estas cuestiones, serás más eficiente en los entrenamientos.

Tabla 10-1. 1984: programa inicial de entrenamiento de pretemporada [2]

16:00-16:10	Calentamiento, estiramientos
16:10-17:40	Desarrollo de las técnicas básicas A. Pase y control B. Técnicas de regate C. Juego de cabeza, control con el pecho y muslos D. 1 contra 1, movimientos básicos de ataque E. 1 contra 1, defensa básica F. Disparos a portería (con portero)
17:40-18:10	Ataque y defensa de 11 contra 11 A. Sistema de juego B. Saques de esquina (ataque y defensa) C. Jugadas a balón parado (ataque y defensa) D. Ataque y defensa controlado E. Saques de banda
18:10-18:30	Actividades de preparación física

2. Basado en una relación de 20-60-20 entre la preparación física, técnicas individuales y estructuras del equipo y estrategias.

Tabla 10-2. 1984: Programa modificado de entrenamiento de pretemporada [3]

16:00-16:10	Calentamiento, estiramiento
16:10-16:55	Desarrollo de las técnicas básicas A. Pase y control B. Técnicas de regate C. Juego de cabeza, control con el pecho y muslos D. 1 contra 1, movimientos básicos de ataque E. 1 contra 1, defensa básica F. Disparos a portería (con portero)
16:55-18:25	Ataque y defensa de 11 contra 11 A. Sistema de juego B. Saques de esquina (ataque y defensa) C. Jugadas a balón parado (ataque y defensa) D. Ataque y defensa controlado E. Saques de banda
18:25-18:30	Actividades de preparación física

PROGRAMAS DE ENTRENAMIENTO DE PRETEMPORADA

Terminaremos este capítulo con nuestros programas de entrenamiento de pretemporada en la primera semana (figura 10-3). Fíjate en que no invertimos tanto tiempo en trabajo de aspectos básicos como lo hicimos en 1984, cuando todos en el equipo eran nuevos en el fútbol. No tenemos que hacerlo; hemos trabajado con esos chicos casi a lo largo de toda su vida con fútbol de club, *jayvee*, y universitario, así que ahora ya saben lo que queremos que sepan de las técnicas básicas del fútbol. Sólo tenemos que practicarlas un poco tres veces por semana para que no se oxiden (te darás cuenta, sin embargo, de que siempre reservamos 10 minutos para ejercicios de juego de piernas). Es la clase de lujo que puedes permitirte después de entrenar en la misma escuela y comunidad durante dos décadas. Después de todo, si no eres capaz de elaborar un programa fuerte en ese margen de tiempo, lo más probable es que nunca lo hagas.

---

3. Basado en una relación de 10-30-60 entre preparación física, técnicas individuales y estructuras del equipo y estrategias.

TABLA 10-3. Programa de entrenamiento de pretemporada

Lunes (16:00- 18:00)

16:00-16:20	Vea vídeo de ejercicios rápidos de juego de piernas (10)
16:20-16:25	Carrera ligera (3 vueltas alrededor del campo)
16:25-16:40	Ejercicios de estiramiento
16:40-16:50	Carrera compleja-tres grupos (carrera india, cajas y escaleras)
16:50-17:00	Ejercicio holandés 1 toque y pase atrás 2 toques y pase atrás Control muslo-empeine y pase atrás Control pecho-empeine y pase atrás Juego de cabeza
17:00-17:20	Trabajo con el balón (juego rápido de piernas, trabajo del portero por separado)
17:20-17:50	Microfútbol de 3 contra 3 con pequeñas porterías/4 contra 4 Fútbol *Big Dog* con porterías reglamentarias y portero: el mismo tiempo, diferentes áreas
17:55-18:00	Esprints
18:00	Vuelta a la calma

Martes (16:00-18:30)

16:00-16:05	Carrera ligera (3 vueltas alrededor del campo de fútbol)
16:05-16:15	Ejercicios de estiramiento
16:15-16:25	Ejercicios de juego rápido de piernas (el portero trabaja por separado)
16:25-16:35	Ejercicios de 2 jugadores 1 toque con el empeine 1 toque con el interior del pie 1 toque con el exterior del pie

⟶

Pase muslo-empeine
Pase pecho-empeine
Juego de cabeza

16:35-17:05	Microfútbol de 3 contra 3 con porterías pequeñas
17:05-16:05	Fútbol *Big Dog* 4 contra 4 con porterías reglamentarias y portero
18:05-18:15	*Sprints*
18:15-18:25	Vuelta a la calma
18:25-18:30	Reunión de equipo

Miércoles (16:00-18:00)

16:00-16:05	Carrera ligera (3 vueltas alrededor del campo)
16:05-16:15	Ejercicios de estiramiento
16:15-16:25	Ejercicios de rápido juego de piernas (el portero trabaja por separado)
16:25-16:35	Ejercicios de 2 jugadores 1 toque con el empeine 1 toque con el interior del pie 1 toque con el exterior del pie Pase muslo-empeine Pase pecho-empeine Juego de cabeza
16:35-17:05	Trabajo con la red (4 porteros, 4 redes): situaciones de 1 contra 1
17:05-17:45	Microfútbol de 4 contra 4 con pequeñas porterías/4 contra 4 Fútbol *Big Dog* con porterías reglamentarias y portero: el mismo tiempo, áreas diferentes
17:45-17:55	Esprints
18:00	Vuelta a la calma

TABLA 10-3 (continuación)

Jueves (16:00-18:00)

16:00-16:05	Carrera ligera (3 vueltas alrededor del campo)
16:05-16:15	Ejercicios de estiramiento
16:15-16:25	Carrera compleja; tres grupos (carrera india, cajas, escaleras)
16:25-16:35	Ejercicios de rápido juego de piernas (trabajo del portero por separado)
16:35-16:45	Ejercicios de 2 jugadores 1 toque con el empeine 1 toque con el interior del pie 1 toque con el exterior del pie Pase muslo-empeine Pase pecho-empeine Juego de cabeza
16:45-17:15	Trabajo con la red 1 contra 1 Tiro a un toque 2 contra 1
17:15-17.45	Microfútbol de 3 contra 3 con porterías pequeñas/4 contra 4 Fútbol *Big Dog* con porterías reglamentarias y portero
17:45-17:55	Esprints
17:55-18:00	Vuelta a la calma

Viernes (16:00-18:00)

16:00-16:05	Carrera ligera (3 vueltas alrededor del campo)
16:05-16:15	Ejercicios de estiramiento
16:15-16:25	Ejercicios de rápido juego de piernas (trabajo del portero por separado)
16:25-16:35	Ejercicios de 2 jugadores 1 toque con el empeine

⟶

1 toque con el interior del pie
1 toque con el exterior del pie
Pase muslo-empeine
Pase pecho-empeine
Juego de cabeza

16:35-16:45 Ejercicio holandés
1 toque y pase atrás
2 toques y pase atrás
Control muslo-empeine y pase atrás
Control pecho-empeine y pase atrás
Juego de cabeza

16:45-17:45 Microfútbol de 2 contra 2 con porterías pequeñas/1 contra 1/ 4 contra 4
Fútbol *Big Dog*: el mismo tiempo, diferentes áreas

17:45-17:55 Esprints

17:55-18:00 Vuelta a la calma/Reunión del equipo

Capítulo 11

ORGANIZAR TUS ENTRENAMIENTOS

Nadie ha conseguido dominar ninguna técnica sino entrenando fuerte, con persistencia e inteligencia. Haz las cosas bien.

–Norman Vincent Peale,
Sacerdote americano y autor

DIRIGIR ENTRENAMIENTOS QUE CREPITAN: CINCO PAUTAS

1. Entrenar con intensidad

Haz que tus jugadores sepan por tus hechos y palabras que te importa la calidad de su rendimiento diario. Tienes que esperar y exigir que den el 100% de ellos mismos, física y mentalmente, cada segundo de cada sesión de entrenamiento y cada partido. No tienes que estar encima de ellos a cada momento dando gritos o increpándolos, pero tienes que hacerles saber cuándo no están ofreciendo el esfuerzo físico y mental que esperas de ellos. Cuando les enseñes, tienen que escuchar y observar con atención, y asimilar lo que dices; cuando jueguen, tienen que estar al máximo de concentrados, no sólo en lo que hacen ellos sino también en lo que hacen el resto de jugadores. Incluso los descansos hay que dirigirlos con intensidad (es decir, cronometrados dentro de estrechos límites), porque la intensidad es un *hábito* que desaparece con más facilidad que aparece. Tu objetivo debería ser que los jugadores practicaran la intensidad de forma automática cada vez que el silbido entre en acción.

En principio puede parecer que entrenar con intensidad signifique privar a los jugadores de diversión; en realidad, es todo lo contrario si te tomas el tiempo de enseñarles que el fútbol consiste en una serie de retos competitivos que superar, y que sólo esforzándose al máximo, física y mentalmente, pueden esperar hacer frente a esos retos.

2. Variar tu rutina de entrenamiento

Sabes que tienes problemas cuando los jugadores saben qué vendrá después antes de que lo anuncies. Añadir nuevos ejercicios es una forma de cambiar de rutina; si no funcionan como se espera, siempre puedes alterarlos o descartarlos. Otra forma es recomponer el orden de los ejercicios y actividades. Tradicionalmente, los entrenadores empiezan con ejercicios individuales y evolucionan hasta los ejercicios de equipo o ataques y defensas (pero no hay ninguna ley que diga que tiene que ser así cada día). Como le gusta decir a un entrenador que conocemos: «¡yo soy la ley en estos casos!».

Probablemente el mayor problema asociado con los entrenamientos es la tendencia a hacer las mismas cosas una y otra vez hasta que resultan pesadas, aburridas o frustrantes para los jugadores. El problema es en parte inevitable, ya que el aprendizaje se produce mediante la repetición de movimientos específicos hasta que resultan automáticos; sin embargo, parte del arte de entrenar consiste en saber cuándo es suficiente.

Ejemplo: Frustrado a causa de que sus jugadores fallasen continuamente en el ejercicio de romper la defensa, un entrenador de la liga recreativa les dijo que lo practicarían todo el día si era necesario hasta que el delantero consiguiera superar al defensa y marcase cinco goles seguidos. Practicaron el mismo ejercicio durante 45 minutos, y cuando al final expulsó del entrenamiento a los jugadores harto del fracaso, la moral de los chicos estaba por los suelos. Observando a los jugadores salir del campo mirando al suelo, estaba claro que temían el entrenamiento siguiente como una visita al dentista para sacarse una muela.

3. Buscar formas para que los ejercicios resulten motivadores

Un ejercicio resulta motivador si contiene incentivos implícitos, ya sea con recompensas o castigos, que motiven a los jugadores a trabajar duro y a concentrarse sin ser forzados.

Probablemente ya has usado técnicas de automotivación, al menos ocasionalmente (p. ej.: «todo jugador que supere al portero en tres de cada cinco penaltis hoy no tendrá que hacer esprints»); con un poco de sentido común, puedes aplicar el principio a otros ejercicios[1]. Sin embargo, estos ejercicios sólo son útiles para enseñar a los jugadores a esforzarse y centrarse en lo que están haciendo; debido a que pueden implicar recompensas y castigos inmediatos, que distraen y consumen demasiado tiempo, no se adaptan necesariamente bien a las situaciones de enseñanza, sobre todo cuando las técnicas o conceptos son nuevos para los jugadores.

4. Si eres nuevo en el fútbol, compra algunos libros de ejercicios (Apéndice A)

Una de las claves para entrenar con efectividad es cambiar con frecuencia de ejercicios. Por supuesto, esto no significa abandonar los mejores, los «viejos ejercicios de confianza» que tanto gustan a tu equipo y a la vez les hacen trabajar; más bien quiere decir buscar constantemente nuevos enfoques para enseñar, aprender y practicar, para cumplir tus objetivos y aportar a los entrenamientos un aire vital y fresco. Recomendamos un par de relativamente viejos, pero sin duda eficaces, libros de ejercicios, ambos de James P. Mc Gettigan: *Complete Book of Drills for Winning Soccer* (Prentice Hall, 1980) y *Soccer Drills for Individual and Team Play* (Prentice Hall, 1987), como fuentes excelentes para más de 500 ejercicios individuales y de equipo en cada fase del juego. La mayoría de prácticas pueden adaptarse a conveniencia para satisfacer las necesidades del equipo.

Si has jugado a baloncesto de forma organizada, también puedes adaptar muchos ejercicios de este deporte al fútbol. Piensa en términos de ejercicios de baloncesto con muchos más jugadores en el terreno de juego. Este consejo del entrenador John Rennie (Duke University) nos ayudó a superar el primer año como entrenadores cuando éramos tan nuevos en el fútbol como nuestros jugadores. Hoy es tan útil como lo fue entonces, y no dudamos en aconsejártelo.

A menos que seas mucho más creativo que nosotros, la mayor parte de ejercicios es probable que procedan de otros entrenadores creativos y con éxito que han estudiado este deporte y diseñado entrenamientos eficaces para enseñar y entrenar sus técnicas y estrategias. Podrías hacerlo todo tú sólo, por supuesto, pero ¿por qué tienes que preocuparte cuando, con un poco de investigación, puedes tomar prestadas técnicas solventes de otros entrenadores importantes?

---

1. El ejercicio de movimiento táctico controlado de la figura 11-1 es de automotivación.

Sir Isaac Newton reconoció: «Si he visto más cosas que (otros), es apoyándome en las espaldas de los gigantes (que me precedieron)». Es un buen consejo para todos nosotros.

5. No te limites a los movimientos tácticos; utiliza secuencias controladas en este sentido

El movimiento táctico simula las condiciones de juego de 11 contra 11, y por ello es una parte necesaria de todo entrenamiento de fútbol. Sin embargo, tu objetivo es enseñar a los jugadores cómo reaccionar en situaciones de presión que surgen en los partidos; el ataque y la defensa controlados son mejores porque se centran en situaciones de presión específicas y permiten la instrucción dentro del marco de esas situaciones excluyendo las otras. Con este ejercicio no puedes hacer repeticiones como ocurre en otras actividades.

Para crear una situación de movimiento táctico controlado, identifica dos situaciones secuenciales al azar y restringe los movimientos sólo a ellas. Por ejemplo, quizá quieras trabajar en la defensa y construir el ataque o el contraataque después de la transición; el contraataque y el posicionamiento delante cuando el ataque inicial se estanca o fracasa; dirigir el ataque del equipo y (retardar el balón/devolverlo hacia atrás a la defensa) cuando se produzcan las transiciones; atacar (o jugar en defensa) en situaciones de balón parado y continuar el juego hasta que alguien marque o se produzcan las transiciones, o cualquiera de un número infinito de situaciones de tu elección.

Dos formas de dar emoción a estas secuencias es cronometrarlas y diseñar un sistema de puntuación para hacerlas más competitivas Por ejemplo, si practicas el ataque del equipo, puedes determinar un minuto y medio y situar a los directivos fuera de los límites en cada banda del campo. Luego das el balón al equipo atacante en el punto central del campo y dices a los jugadores que tienen un minuto y medio para pasar el balón fuera de los límites a un directivo en una banda, sacar de banda, mover el balón hacia el otro lado del campo y pasarlo al otro directivo, sacar de banda y buscar un disparo a portería (figura 11-1). No conseguir hacer esto en el tiempo estipulado da tres puntos al otro equipo. El equipo atacante consigue un punto por cada tiro, y cinco por un gol. El rival consigue tres puntos por un robo del balón, dos más por despejarlo hacia un compañero más allá de la línea del mediocampo y un punto por construir su propio ataque. Cuando el balón sale de los límites, se concede un punto al otro equipo, el equipo atacante mantiene la posesión y se detiene el reloj hasta que se ponga el esférico en juego. La secuencia se detiene cuando los atacantes marcan o el otro equipo cruza la línea del mediocampo controlando el balón. Luego se pone el reloj de nuevo a cero (no el marcador) y se vuelve a empezar.

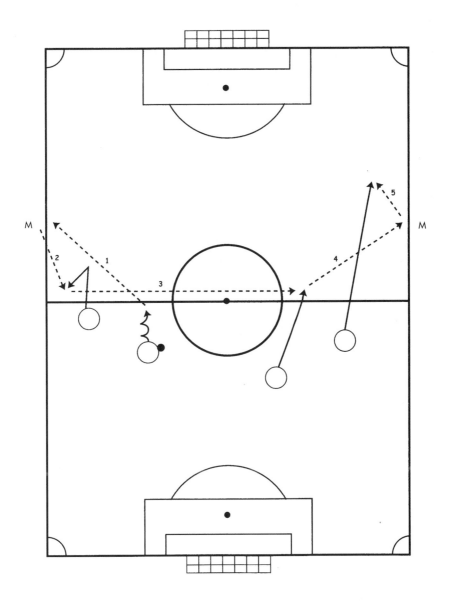

FIGURA 11-1. Típica secuencia de movimiento táctico. Ataque.

Sin duda, este enfoque no se caracteriza precisamente por la forma en que en realidad se juegan los partidos (pero si esto te molesta, olvídate del tiempo y del marcador y usa las secuencias como herramienta de enseñanza). El tiempo y el marcador añaden presión competitiva y un mayor sentido de la prontitud a las secuencias individuales presentes bajo circunstancias normales.

Por supuesto que todo esto presupone que el ataque y la defensa de transición ya están situados, o de lo contrario los pasarías en forma de ensayo. En principio, las secuencias y los marcadores pueden parecer complejos, pero sólo por un tiempo. Los jugadores se acostumbrarán pronto, igual que se acostumbrarán a jugar bajo la intensa presión que ofrecen esa clase de secuencias de movimientos tácticos controlados.

Hemos descrito una de estas secuencias con cierto detalle; con un poco de imaginación puedes extenderlo a cualquier fase de juego que quieras trabajar en el contexto del equipo. Lo que más nos gusta del movimiento táctico controlado es que *mejora la capacidad de concentración de los jugadores durante largos intervalos de tiempo sin sobrecargarlos hasta el punto de perder su capacidad de centrarse en tareas esenciales,* como a menudo es el caso en el movimiento táctico habitual.

ENCONTRAR UN EQUILIBRIO DESEABLE ENTRE LOS EJERCICIOS Y LOS MOVIMIENTOS TÁCTICOS

Los ejercicios son secuencias de actividades de relativamente corta duración que implican repeticiones de técnicas aisladas y repetitivas o pautas de movimientos; como tales, son herramientas de enseñanza ideales. Los ejercicios pueden y deben utilizarse para enseñar nuevas técnicas o movimientos preestablecidos, o para corregir errores de ejecución[2]. Pueden simular aspectos determinados de situaciones en un partido, pero debido a su repetición, no pueden simular la libre fluidez de situaciones que surgen constantemente bajo las condiciones reales de un partido. Por ello, tendrás que utilizar los ataques y defensas (los movimientos tácticos controlados son un paso intermedio entre los ejercicios y los ataques y defensas habituales, que incorporan elementos de ambas actividades).

---

2. Después de perder por muchos goles, un periodista le preguntó a un entrenador: «¿qué piensas subir la ejecución de tu equipo en el partido de hoy?» Pensó un instante la respuesta y dijo, «me gusta la idea, ¿pero no crees que es un poco fuerte? ¿Qué tal si en lugar de esto hacemos unos cuantos esprints después del entrenamiento?»

Estos movimientos ofrecen una excelente forma de poner en forma a los jugadores y de mantenerla. Dado que es una réplica de las condiciones de los partidos, los movimientos tácticos enseñan a contemplar el juego en su totalidad y no como una serie de partes aisladas; sin embargo, su uso eficaz precisa que los jugadores estén familiarizados con todos los componentes del ataque y la defensa. Para unos mejores resultados, las tácticas sobre el campo deben llevarse a cabo una vez que conozcan tu sistema de juego.

Si el equipo es joven e inexperto, es probable que quieras dedicar una buena parte del tiempo a los ejercicios individuales y de equipo incorporando técnicas básicas; si, no obstante, tus jugadores ya disponen de una sólida base en los aspectos fundamentales, puedes dedicarte al ataque y la defensa controlada o sin controlar tanto como sea necesario, para pulir el desarrollo táctico de tus jugadores. Sin embargo, debes entender que, debido a que no tienen límites en el campo, no son específicos y están orientados a la acción continua, los ataques y defensas no se adaptan bien en sí mismos a las situaciones específicas de enseñanza y aprendizaje. Funcionan mejor para practicar las técnicas y estrategias ya aprendidas.

Seríamos negligentes si no hiciéramos una advertencia final sobre el ataque y la defensa: no es un sustituto deseable para entrenar o enseñar. Hemos conocido a entrenadores que utilizan estas prácticas como centro principal de sus entrenamientos, no porque su equipo lo necesite, sino porque es fácil y requiere poca preparación. Sólo tienes que colocar a 22 jugadores en el campo, jugar 11 contra 11 y arbitrar el desarrollo de la actividad. *No exijas el cien por cien a tus jugadores mientras optas por la salida fácil, sustituyendo lo que es esencialmente juego libre por una sesión de entrenamiento más organizada y orientada a la instrucción.* Con los ejercicios o los ataques y defensas, cada fase del entrenamiento debe tener objetivos específicos relacionados con la mejora del equipo.

El ataque y la defensa no es necesariamente una forma fácil del entrenar para evitar el duro trabajo de preparar un plan de entrenamiento detallado (pero puede serlo). Utilízalo todo lo que quieras pero no hasta el punto de obviar los aspectos de la enseñanza. En un sentido muy real, entrenar es enseñar; aparte de su valor como preparación física, la única verdadera razón para realizar tácticas sobre el campo (o, para el caso, cualquier otra cosa que hagas en los entrenamientos) es promover el aprendizaje de los jugadores y convertirlos en más eficientes en el juego de equipo.

ESTABLECER LA DEFENSA Y EL ATAQUE

Antes de intentar establecer tu sistema atacante/defensivo, tienes que estar completamente seguro de que es el mejor para el equipo y sus componentes.

Para tener esta certeza, tienes que saber dónde se encuentran individual y colectivamente en cuanto a técnicas y comprensión del juego; también tienes que conocer a fondo el sistema que decidas usar para adaptarlo a los jugadores, responder a sus preguntas y formular estrategias que puedan dominar con entrenamiento. Los capítulos 7 y 8 tratan de los sistemas de juego y estrategias; nuestra misión aquí es cómo establecerlos en el equipo.

El método de enseñanza «global-analítico-global»

Este solvente método de enseñanza consiste en: (a) mostrar a los jugadores el paquete completo en forma de ensayo para que vean cómo funciona, (b) dividir el paquete en pequeños trozos para hacer ejercicios y entrenar en cada fase por separado, y (c) volver a unirlos haciendo tácticas en movimiento controladas o sin controlar.

El ensayo

Nos gusta la expresión de Bret Simon[3], «pintar un cuadro», para describir los esfuerzos del entrenador para mostrar cómo se diseña un sistema de juego para que funcione. Puede empezar con una breve charla, ofreciendo a los jugadores una representación gráfica de lo que sucederá. Luego se traduce en el campo con un lento ensayo, en el cual hay que animar a los jugadores a que hagan preguntas para clarificar su comprensión del sistema (es precisamente aquí donde tu sistema empezará a fallar si no confías plenamente en él, o si no lo entiendes demasiado bien como para enseñarlo a los jugadores).

Ejercicios partidos

Los ejercicios partidos no son más que el sistema entero dividido en pequeñas porciones para realizar ejercicios y entrenar. También éstos deberían empezar como ensayos sin oposición, o al menos sin oposición agresiva.

El ritmo y la oposición pueden aumentar a medida que los jugadores comprenden sus responsabilidades dentro de los respectivos ejercicios; cuando surgen las dificultades, el ritmo y la oposición deben reducirse hasta que se identifique y corrija el problema, después de lo cual pueden incrementarse de nuevo. Lo importante en este caso es evitar saltar a toda velocidad y las condiciones de intensidad de un partido antes de que los jugadores entiendan completamente lo que están haciendo. La confusión es una señal inequívoca de que el aprendizaje no prospera.

Cada fase del sistema debe ser tratada de esta forma antes de volver al modelo entero de entrenamiento de defensa y ataque con o sin control. Si el siste-

---

3. Entrenador principal del equipo de fútbol de la Creighton University.

ma se viene abajo, simplemente tienes que identificar el problema e insistir en el ejercicio específico que hay que mejorar.

Y eso es todo. Sin duda estamos simplificando lo que en la realidad puede ser un largo proceso, pero los principios implicados son muy simples si te tomas el tiempo de dividir el sistema en las partes que lo componen. Esto también puede resultar un largo proceso, pero como le gusta destacar a nuestro entrenador asistente desde hace mucho tiempo, Arthur Graves, «por eso Dios creó la temporada de descanso, para darnos tiempo de corregir los errores de todo el año y encontrar formas de evitarlos la siguiente temporada».

EL DOMINIO DEL TIEMPO

Si nos obsesionamos un poco por nuestro empleo del tiempo de entrenamiento, es porque nunca parece ser suficiente para hacer todo lo que hace falta.

Cuando éramos jóvenes entrenadores y realizábamos la desalentadora tarea de elaborar un programa desde la base, deseábamos que llegase el día en que, con un potente programa ya establecido, podríamos sentarnos, tranquilizarnos y contemplar cómo se sucedían las victorias sin esfuerzo por nuestra parte. En nuestra ingenuidad juvenil, asumimos que esos días de 18 horas que pasamos elaborando el programa ya no serían necesarios cuando desarrollásemos un eficaz programa de cantera para mantenernos abastecidos de jugadores capaces de una temporada a la otra. Lo que no tuvimos en cuenta fue que *mantenerse en la cima es tan difícil e implica tanto tiempo como llegar allí.* Siempre hay alguien ahí fuera esperando atraparte si frenas o bajas la guardia. Los problemas difieren en varios niveles de capacidades, pero todo equipo necesita un meditado y cuidadoso entrenamiento para explotar su potencial, sea cual sea.

El dominio del tiempo es la clave para el desarrollo de un equipo.

Duración del entrenamiento

Ya hemos cubierto los aspectos básicos en cuanto a la atribución del tiempo en los entrenamientos: fundamentos individuales frente a actividades de grupo y ejercicios competitivos; ejercicios frente a ataques y defensas (o ataques y defensas controlados), y ataque contra defensa. Cómo inviertes el tiempo de entrenamiento tiene que determinarlo tu percepción de lo que el equipo necesita trabajar.

¿Tienes que incidir en un aspecto diferente en tu enseñanza y ejercicios diarios, o debes cubrir un amplio margen de aspectos con menos profundidad? Recomendamos intentarlo de ambas maneras para ver cómo te funciona mejor.

¿Tienes que hacer que los entrenamientos sean menos exigentes físicamente a medida que avanza la temporada (p. ej.: poniendo énfasis en los aspectos técnicos y tácticos de la preparación más que en los ataques y defensas sobre el campo) para salvar las piernas de los jugadores para los partidos de postemporada, o deberías reducir las sesiones? Como antes, no existe un método correcto, sino uno que te funcione.

Una entrenadora nos dijo que una vez tuvo que limitar sus entrenamientos a una hora al día. «Era duro introducirlo todo, sobre todo el año que teníamos tanto por cubrir», dijo, «pero en definitiva, fue una experiencia maravillosa para mí como entrenadora. Cada día trabajando sobre mi programa de entrenamiento, tenía que buscar formas de evitar la paja y aprovechar cada minuto. Al principio fue duro porque nunca había sido lo que podríamos llamar una persona organizada, pero no me llevó demasiado tiempo descubrir qué era importante y qué no lo era. Me sorprendió darme cuenta de cuánto tiempo había perdido antes de mis entrenamientos (no sólo en el fútbol, sino también en otros deportes).»

«No creo que me gustase pasar toda mi carrera dirigiendo sesiones de 60 minutos (pero debo confesar que aprendí más sobre entrenamiento efectivo y eficaz ese año que en todos los otros años juntos. A los chicos les gustaban las sesiones cortas (a mí también) y nunca tuve que insistirles en que se esforzaran, no cuando todos los equipos de fútbol de instituto del mundo entrenaban 2 horas y media cada tarde.

«Todavía me gusta la idea de recortar nuestro programa de entrenamiento a 90 minutos o menos a medida que nos acercamos a los *play-offs*; mantiene a los chicos frescos mental y físicamente, y éste es un punto que muchos entrenadores obvian: el cansancio mental que puede haber a final de temporada si lo permites. Cuando los jugadores están fatigados, pierden la concentración, desarrollan malos hábitos y cometen errores que un equipo más centrado no cometería. Así que, siempre que veo que sucede, reduzco el formato del entrenamiento a 60 ó 75 minutos para volver por el buen camino.»

Las claves para conseguir entrenamientos cortos con éxito, dijo, son: (a) mantener a los jugadores activos cada segundo (b) controlar con el reloj cada cosa que hagas, y (c) sólo aceptar de los jugadores su implicación total y el máximo esfuerzo físico. En cuanto a lo último, la entrenadora dijo que da a los jugadores la oportunidad de opinar sobre el entrenamiento: «Les digo, *podemos hacerlo rápido y fácil, con una entrega al máximo de vuestra parte durante 60 minutos al día, o podemos hacerlo de forma larga y pesada, entrenando 2 horas y media al día.* No hace falta ser Einstein para imaginar que para mí ir a la guerra durante 60 minutos al día es mejor, sobre todo porque ya saben que, al menos en cuanto a mí, no hay nada como un entrenamiento tranquilo.»

La mecánica del entrenamiento

Hay cosas que no cambian. Siempre dedicamos 5 minutos del entrenamiento a hacer *jogging*, 10 minutos para los ejercicios de estiramiento, 15 minutos para los ejercicios de juego rápido de piernas y trabajo del portero, y 10 minutos para los ejercicios en movimiento de dos jugadores que implican el pase, el control, el juego de cabeza y aspectos similares. El resto es negociable.

Con un equipo poco capacitado o inexperto, la mayor parte del entrenamiento debe dedicarse al desarrollo de las técnicas básicas. Volviendo a nuestros archivos encontramos que, en 1984, cuando empezábamos a entrenar, sólo el 20% de nuestra sesión de entrenamiento diaria de 2 horas y media (véase tabla 10-1, pág. 294) estaba dedicada a los aspectos de equipo; el resto consistía en calentamientos, ejercicios de estiramiento y preparación física; pasar y recibir, regatear, juego de cabeza, control con el pecho y el muslo, y ejercicios de disparo, así como movimientos de ataque y defensa de 1 contra 1.

En un equipo con más experiencia, en el cual los fundamentos van de buenos a superiores, el trabajo de las técnicas individuales puede concentrarse en bloques de tiempo en correspondencia más pequeños, dejando con ello más tiempo para los ejercicios y actividades de equipo y de grupo, consideraciones tácticas y otros aspectos de la preparación del equipo.

TABLA 11-2. Formato básico del entrenamiento. Fútbol universitario de chicos GHS.

16:00-16:05	Carrera suave (3 vueltas alrededor del campo)
16:05-16:15	Ejercicios de estiramiento
16:15-16:30	Ejercicios de juego rápido de piernas (el portero trabaja por separado)
16:30-16:40	Ejercicios con dos jugadores: pase al primer toque con el empeine, pase al primer toque con el interior del pie, pase al primer toque con el exterior del pie, pase muslo-empeine, pase pecho-empeine, juego de cabeza
16:40-18:20	Ejercicio con red, 4 circuitos (10 min) Saques de esquina, ataque y defensa (10 min) Balón parado, ataque y defensa (10 min) Microfútbol de 3 contra 3 con porterías pequeñas, 4 partidos (9 min)

→

Microfútbol de 4 contra 4 con porterías pequeñas, 4 partidos (9 min)
          Microfútbol de 5 contra 5 con porterías pequeñas, 2 partidos (9 min)
          Microfútbol de 6 contra 6 con porterías pequeñas, 2 partidos (9 min)
          Defensas y ataques con o sin controlar de 11 contra 11 (19 min)
          Fútbol *Big Dog* de 5 contra 5 con porterías reglamentarias y portero (9 min)
          Trabajo técnico/táctico (p. ej.: nuevos ejercicios, análisis del estilo de juego y estrategias del rival, ensayos, etc), tres veces por semana
          Descansos para beber agua (3 ó 2 min cada uno)

18:20-18:25   Preparación física

18:25-18:30   Vuelta a la calma

La tabla 11-2 muestra el formato básico de nuestro entrenamiento para un reciente año con un equipo situado en el n° 5 de la lista de pretemporada estatal. Incluso una rápida ojeada a la tabla 11-2 revela objetivos de entrenamiento muy distintos respecto a los de hace casi una década y media, sobre todo en su mayor énfasis (y tiempo asignado) en las actividades competitivas en grandes y pequeños grupos.

Como hemos apuntado antes, buena parte de nuestro programa es muy flexible. Además de cambiar el orden de actividades en el gran bloque de tiempo 16:40-18:20, también podemos coger tiempo de una o más actividades o incluso eliminarlas por completo si es necesario, con el fin de añadir nuevos ejercicios o subrayar áreas como los cambios tácticos en nuestro estilo de juego o planteamiento del partido (normalmente hacemos el trabajo táctico tres veces por semana). La expresión clave en este sentido es *tomar prestado*, ya que hay que hacer concesiones para cualquier cosa que añadamos al programa. No importa cómo otorgamos el tiempo en ese espacio, tiene que sumar 100 minutos de los 150 totales de la sesión.

El programa mostrado en la tabla 11-2 no incluye el trabajo táctico o las preparaciones para el partido; en esos días, sustraemos, digamos, 2 minutos de cada una de las concesiones de tiempo de las otras áreas o eliminamos una de las actividades para tal día en concreto. Mientras que ambas formas son aceptables, la última es más fácil de llevar a cabo.

Un perfil diferente de los ejercicios partidos

Como recordarás, los ejercicios partidos o divididos se utilizan para enseñar un sistema de ataque o de defensa, descomponiéndolos para el ejercicio y la práctica. Algunos entrenadores llevan el proceso más allá, descomponiendo los sistemas del rival en segmentos aislados para el ejercicio y la práctica.

«Normalmente», dijo un entrenador, «escogeremos a uno o dos de nuestros rivales más importantes, les seguiremos la pista mucho antes de jugar contra ellos, dividiremos su ataque o defensa e incluiremos algunos de esos segmentos en los entrenamientos. A veces, ni siquiera identificamos al principio al rival cuando practicamos sus características por separado, sino que utilizamos los ejercicios simplemente como descansos en la rutina de las actividades habituales. Y más tarde, cuando se acerca el partido contra ese rival, nuestros jugadores deben conocer ese sistema y no tendrán problemas para comprender lo que planeamos hacer para contrarrestar sus estrategias.»

«En la mayoría de casos», el entrenador se apresuró a añadir, «el proceso no es tan difícil ni exige tanto tiempo como puede parecer. Puesto que la mayoría de entrenadores tienden a mantener el mismo sistema de un año al otro, pueden utilizarse los mismos ejercicios divididos cada año, siempre y cuando, por supuesto, el equipo no cambie de entrenador. Mientras que los nuevos entrenadores casi siempre establecen sus propios sistemas de juego, los antiguos tienden a mantener lo que les ha funcionado con anterioridad, porque creen en su sistema y los jugadores lo entienden. En 99 de cada 100 casos puedes apostar que, cuando un entrenador hace cambios radicales en su sistema de juego, es porque se ha producido un cambio personal radical que necesitaba el cambio. Enseñar un sistema nuevo desde el principio no es la clase de tarea que a los entrenadores les guste tener que realizar con sus jugadores.

Incluso un rápido informe sobre el rival en cuestión revelará si el entrenador ha cambiado sistemas de juego. Si guardas archivos detallados de tus rivales (incluyendo los ejercicios divididos que has usado el mismo año) no tendrás problemas para controlar la situación.

ENTRENAMIENTO: CONCLUSIONES FINALES

El presuntuoso y joven entrenador (lo llamaremos entrenador A) consiguió entrar en una conversación privada entre dos conocidos entrenadores de fútbol en una convención. «Sabéis», les dijo, «siempre he querido entrenar un equipo como el vuestro.»

Los entrenadores B y C intercambiaron miradas del tipo *¿Quién es este tipo?*, *¿Es amigo tuyo?* Ninguno de los dos parecía saber quién era.

«Pues mira, es curioso que hayas dicho eso: siempre he querido ser astronauta», respondió deprisa el entrenador B.

«Pues yo no», respondió el entrenador C, pillando su intención. «Me ahogaría sin aire ahí arriba. Preferiría ser un *playboy* billonario con un yate y un *jet* privado.»

El entrenador B se giró hacia el joven, sonriendo, y dijo: «Estamos bromeando, por supuesto». Luego, bajando el tono de su voz, con un susurro de complicidad, añadió: «De hecho, si te espabilas podrás tener un equipo como el nuestro. Yo consigo la mayoría de mis jugadores en una pequeña tienda de Baltimore que se llama Soccer Players 'R' Us, y cuando estuve allí el mes pasado, todavía les quedaban varios jugadores estrellas en los estantes».

El entrenador C movió la cabeza. «Olvídalo; ya se los han llevado. Estuve allí anteayer y sólo les quedaban un par de jugadores de segunda de Fénix. Pero quizá tengas suerte probando lo que hice; conseguí a mi portero a cambio de casi nada en un mercadillo el año pasado.»

Aunque los entrenadores veteranos fueron innecesariamente maleducados en su trato a un joven entrenador admirador y envidioso (y de algún modo demasiado envidioso), el hecho no queda alterado; a menos que creas que los mejores jugadores surgen de forma espontánea y no evolucionan mediante miles de horas de serio entrenamiento, verás la sabiduría inherente en el viejo dicho de entrenadores: «*juegas igual que entrenas*». El entrenamiento diario es el vehículo mediante el cual los jugadores jóvenes aprenden a ejecutar las técnicas fundamentales que todo jugador superior posee.

En nuestros equipos benjamines, el entrenador dedica el 80% de cada sesión a trabajar los fundamentos individuales (ejercicios de juego rápido de piernas, regates, pases, controles, disparos, la defensa y aspectos similares) y sólo un 10 % a los conceptos de equipo y estrategias. Los mismos porcentajes deben ser contemplados en los entrenamientos de la liga recreativa y de nivel de club; si pasas el tiempo haciendo ataques y defensas con niños de 6 a 12 años, les estás privando de muchas horas de valioso tiempo de instrucción.

Mientras que cierto volumen del aprendizaje se producirá en los entrenamientos formales, la mayor parte del desarrollo de las técnicas de los jugadores de hecho sucederá fuera de las sesiones y los partidos, en la práctica informal que llevan a cabo jugando en los patios de colegio. Pero no sabrán qué practicar, o cómo ejecutar bien las técnicas, a menos que inviertas cada día tiempo para enseñarles lo que necesitan saber. El entusiasmo, la determinación y la paciencia que aportas a tu enseñanza obtendrán muchos resultados, determinando la rapidez con que evolucionan los jugadores.

El proceso de desarrollo técnico de los jugadores es lento y tedioso, y no hay atajos. Esperar que lo jóvenes asimilen las estrategias del equipo y los estilos de juego cuando no han adquirido los fundamentos es como esperar que los alumnos dominen varios cálculos cuando no han estudiado ni el primer curso de álgebra. Por eso muchos entrenadores se quedan en la cuneta mientras otros «avanzan con confianza hacia sus sueños», como dijo Thoreau.

Si tienes el entusiasmo, la determinación y la paciencia para enseñar técnicas *cada día*, sobre todo en esos días en que no tienes ganas de hacerlo, conseguirás, al cabo de un tiempo, subir a jugadores y equipos muy bien preparados técnicamente, mientras que los entrenadores menos dedicados quedarán al margen porque, como una vez oímos quejarse a un próximo ex entrenador, «¿Cómo se supone que debo entrenar a estos chicos? ¡No saben nada de fútbol!».

Para terminar: habiendo dispuesto del tiempo necesario para preparar los programas de entrenamiento, deberás extender el proceso evaluando las sesiones y archivando los programas para una futura referencia. Aunque no uses los mismos programas de un año para otro, quizá quieras recurrir a ellos por varias razones, y no puedas hacerlo si los tiras (también debes guardar los archivos de ejercicios, preferiblemente divididos en categorías; si haces esto, recuerda guardar un historial de los malos y los buenos, para no volver a repetir errores conocidos).

Al evaluar los entrenamientos, es importante no fijarse sólo en qué ha funcionado y qué no ha dado resultado, sino por qué. No es suficiente atribuir cada mal entrenamiento o mal ejercicio a la «apatía del jugador» (y, al menos en nuestro caso, con frecuencia no es exacto). La mayoría de nuestros «malos» ejercicios han sido los que nosotros hemos diseñado, pero que no pensamos con detalle o no conseguimos enseñar bien. En cualquier caso, el mejor momento para evaluar los entrenamientos es justo después de que acaben, en la intimidad de la oficina. Si tienes asistentes, solicita sus datos y úsalos para buscar formas de mejorar la siguiente sesión.

Capítulo 12

PREPARACIÓN DEL PARTIDO

No hay nada como un partido de fútbol. El estadio lleno, miles de banderas, el balón blanco reluciente ahí delante, un tiro certero, un gol. ¡Me encanta!

—Pelé

LA OBSERVACIÓN

Observar requiere su tiempo, y también puede resultar caro, sobre todo si no te pagan los desplazamientos, las dietas, etc. Observar es, no obstante, una parte natural y necesaria de la preparación del partido; cuanto más sepas del rival, más probable es que encuentres formas de derrotarlo. Aunque hayas observado o jugado contra un equipo muchas veces, tienes que seguir viéndolo en acción antes de volverte a enfrentar con él (aunque no sea más que para verificar que su entrenador, sistema, estilo de juego y mejores jugadores no han cambiado desde la última vez que jugaste contra ellos.

Algunos entrenadores creen que, con un buen equipo capaz de dominar a la mayoría de rivales, la observación no es necesaria, ya que pretenden hacer jugar al contrario a su manera. Aunque aceptamos que los cambios en los planes de los partidos y preparaciones de los equipos fuertes son en general de poca importancia, preferimos conocer al máximo a cada rival para estar preparados para cualquier cosa que nos quieran lanzar. El viejo dicho, «más vale prevenir que curar», se adapta perfectamente a la cuestión de la observación.

Observar un partido de fútbol es muy diferente de observar, por ejemplo, un partido de fútbol americano, en que cada secuencia de acción está planificada con antelación y anunciada en el grupo. El fútbol es un juego fluido que implica 11 jugadores utilizando su técnica y creatividad para crearse espacios o negarlos a los atacantes rivales. En el fútbol no verás muchas jugadas ensayadas, excepto en situaciones de balón parado. El número de atacantes es probable que cambie con cada posesión, según dónde se encuentre el balón y quién esté en posición de atacar. Las defensas en general no cambian mucho de una posesión a la otra, pero los defensas pueden incorporarse, y en ocasiones lo hacen, al ataque superando a la defensa rival en carrera.

¿Qué equipos debes observar?

La respuesta a esta pregunta no siempre es tan sencilla u obvia como puede parecer. De entrada, observa a los equipos de la campaña del presente año. Aun así, no importa si haces tú mismo las observaciones o las delegas a tus asistentes, probablemente tendrás que priorizar tus necesidades de observación. ¿Y cuáles pueden ser estas prioridades?

1. *Observa a los rivales de principio de temporada, siendo tu primera prioridad el siguiente rival.* Hay excepciones, pero no siempre es necesario observar a los equipos dos meses antes de jugar contra ellos, sobre todo si hay necesidades más urgentes. Muchos equipos (por no decir la mayoría) todavía se encuentran en proceso de encontrar su identidad en los inicios de temporada; su estilo y sistema puede alterarse considerablemente cuando juegues contra ellos un mes más tarde.

   También está el irrevocable hecho de que el partido más importante de la temporada es el siguiente, sin importar quién acecha más allá. Y aunque esto no significa que tengas que observar de forma miope siguiendo la temporada debido a que antes existen otras prioridades, sólo te recordamos que ganas o pierdes los partidos uno cada vez, y que los próximos rivales no deben ser obviados.

2. *Observa a los equipos que necesitas derrotar para cumplir con tus objetivos de la temporada.* En muchos casos, las tradicionales rivalidades tienen preferencia a los partidos. Hemos conocido ejemplos con los años en que los entrenadores han sido destituidos o sustituidos porque no podían ganar a una escuela rival odiada. Por supuesto que no debería ser así, pero si es el caso, es aquí donde debería empezar tu observación.

Otra consideración al priorizar tu observación implica el hecho de que, en la mayoría de regiones, las entradas y los emparejamientos de los torneos de postemporada se basan en los historiales regulares regionales o subregionales de la temporada. Si es así, entonces esos rivales deberían ser una mayor prioridad de observación que los de fuera de la región en tu liga. Si no tienes suficientes fechas libres para observar a todos lo rivales antes de enfrentarte a ellos (y probablemente no las tendrás), observa a tus rivales regionales y subregionales para dar al equipo la mayor posibilidad de terminar lo más arriba posible en la clasificación de la liga al final de la temporada regular.

Cuando nuestra liga era reciente y nuestros equipos, débiles, pocas veces nos molestábamos en observar a los mejores equipos de la región antes de jugar contra ellos; más bien utilizábamos los partidos contra ellos como informes de observación para futuros partidos y nos concentrábamos en observar a los equipos regionales y subregionales a los cuales teníamos una realista posibilidad de ganar (o al menos de competir con ellos).

Si has entrenado en la misma escuela durante años, en general sabrás qué tiene cada cual y qué jugadores deberías buscar. Hemos entrenado en el ámbito de club y también a nuestro equipo universitario (y la mayoría de nuestros jugadores universitarios también juegan en el ámbito de club), así que conocemos (y también ellos) a los mejores jugadores de los equipos contra los cuales jugamos. En la mayoría de casos, antes de jugar ya sabemos lo que pueden o no pueden hacer sus mejores jugadores.

Los entrenadores de nuestra región intercambian la temporada cada año; incluso diseñamos una temporada maestra de todos los partidos regionales y subregionales para distribuirlos a todos los entrenadores. Esta práctica es de un valor inestimable para programar nuestros programas de observación.

Si al revisar el próximo programa de temporada sólo ves un par o tres de posibles victorias, entonces estos partidos son (con la posible excepción de las rivalidades tradicionales) los más importantes. Gánalos y los jugadores ganarán confianza y la capacidad de ganar, al menos en ocasiones; piérdelos, y quizá nunca consigas convencerlos de que pueden derrotar a cualquier rival.

Un entrenador veterano sugiere priorizar las necesidades de observación con un equipo de baja o media capacidad de la siguiente forma:

1. Observa a los rivales de tu liga que sin duda son más débiles que tu equipo. Estos partidos son los que absoluta y positivamente tienes que ganar (porque se supone que debe ser así).

2. Observa a los rivales que son más o menos igual de capaces que tu equipo. Asumiendo que ganas todos los partidos contra rivales más débiles, estos encuentros determinarán si tu equipo ha realizado una temporada satisfactoria.

3. Observa a los rivales más fuertes que tu equipo. Estos partidos son los que separan a los equipos superiores de los de capacidad media. Mientras que por lógica no puedes esperar derrotar a los equipos superiores con frecuencia, la posibilidad de hacerlo al menos de vez en cuando es un buen indicador del progreso que tu equipo está haciendo hacia lo que pretendes que sea.

4. Si dispones de un equipo fuerte, ignora el paso 1 y observa primero a los rivales iguales (o superiores) a tu plantilla.

   Al observar equipos fuertes (asumiendo que su sistema no ha cambiado desde la última vez que jugamos contra ellos), nos centraremos sobre todo en los jugadores individuales, a qué jugadores les gusta recurrir (o evitar), o cómo preparan los ataques, la defensa y las jugadas a balón parado; sus puntos fuertes y debilidades; quién es probable que nos supere (y cómo), y quién posee debilidades individuales que podríamos explotar.

   Nuestro principio básico es que *el éxito es una escalera*: ganar alimenta la confianza que te hace subir un escalón a la vez, y el fracaso genera dudas que te hundirán. Si ganas los partidos que esperas ganar, los jugadores ganarán confianza que, a su vez, elevará su juego a niveles superiores en el futuro. Pierde esos mismos partidos, y la intensidad de los esfuerzos de los jugadores contra rivales más fuertes es probable que decline en proporción directa a sus esperanzas de ganarlos.

5. Si tienes un equipo fuerte (con el que tengas fundadas esperanzas de jugar el torneo estatal), observa a los que probablemente te encontrarás en los partidos de postemporada.

   Estas pautas no son infalibles, ya que tus prioridades pueden diferir de las nuestras o de otros entrenadores. Y está bien, siempre y cuando te tomes tu tiempo para considerar a fondo tus propias prioridades sobre lo que la observación puede hacer para el equipo.

Observación indirecta

Aunque es importante ver el juego de los rivales, no es siempre factible. La observación indirecta consiste en recoger información de los rivales sin haberlos visto jugar en la presente temporada. Aunque esta información es probable que en el mejor de los casos esté incompleta y sea menos válida que la obtenida con métodos directos de observación, puede complementar tus otras fuentes de información y darte ideas sobre qué esperar y cómo preparar al equipo.

Tus primeras fuentes indirectas es probable que sean las más cercanas a tu entorno, es decir, los informes del año anterior, las evaluaciones del plan del partido y las cintas de vídeo. Por supuesto, serán más útiles cuando el rival en cuestión tenga el mismo entrenador y un estilo de juego implantado que no varía mucho de un año para otro. A pesar de todo, esas fuentes deberían dar información sobre jugadores individuales y sus virtudes, debilidades, hábitos y tendencias, e indicar qué funcionó (o no funcionó) contra ese equipo el año anterior.

Los periódicos son otra fuente de información indirecta sobre los equipos rivales. La sección de deportes del periódico local o de la región puede que contenga informes de pretemporada de todos los equipos vecinos. Aunque quizá no quieras creerte todo lo que dicen, puedes comprobar su autenticidad comparando los apuntes de tus informes de observación y los planteamientos de los partidos de la temporada anterior. Como mínimo, descubrirás quién repite y quién es nuevo en cada equipo.

Para terminar, puedes hablar con otros entrenadores sobre los rivales comunes. Ésta es, de hecho, la forma más popular de observación indirecta entre los entrenadores. Aunque los preparadores rivales es comprensible que se muestren reacios a hablar sobre sus propios equipos excepto en términos generales (y normalmente negativos), la mayoría, si se les pregunta, hablarán de los demás. Date cuenta, sin embargo, de que la forma como perciban a un determinado rival reflejará el éxito relativo de su propio equipo contra ese oponente. Para un entrenador cuyo equipo es demasiado débil, la mayoría de los otros equipos son fortalezas (lo mismo ocurre con los equipos fuertes, sólo que al contrario).

Observación directa

Estar allí es la segunda mejor forma de observar a un rival (la mejor es filmarlos en vídeo mientras los observas).

Es importante tener en cuenta en la observación directa que lo que observas implica a dos equipos distintos al tuyo. El equipo no observado puede diferir notablemente de tu equipo en capacidad, estilo de juego y otros aspectos, y lo que funciona (o no funciona) en ese equipo puede o no puede tener relación con lo que tu equipo puede o debería hacer cuando juegue contra el rival observado. Por consiguiente, debes enfocar la observación directa desde dos ángulos.

Primero, tienes que anotar tanto como puedas lo que haga el equipo, su sistema de juego, las estrategias y las tendencias individuales y de equipo. Al mismo tiempo tienes que ser crítico sobre cómo tu equipo y tus jugadores pueden posicionarse contra ese rival) qué puede funcionar, qué no puede funcionar, posibles emparejamientos individuales, etc. En realidad no puedes adivinar lo que pueden hacer contra tu equipo ya que, si el entrenador sabe que estás observando a su equipo, puede que intente ocultar tantas estrategias y jugadores como pueda, según la entidad de su presente rival. Hemos conocido a entrenadores que han dejado en el banquillo a sus titulares (o los han hecho jugar fuera de su posición) contra equipos débiles para impedir que veamos su mayor potencial (y nosotros hemos hecho lo mismo, pues es un buen sistema cuando te lo puedes permitir).

Normalmente pasamos los primeros minutos del partido intentando apuntar lo máximo posible mientras el resultado del partido es todavía de empate. Es en estos momentos cuando queremos información detallada porque ahora, más que en cualquier otra fase del partido, es probable que veamos el planteamiento del partido básico del rival (su sistema preferido para establecer el control o el dominio de los rivales).

Asumiendo que el partido esté más o menos igualado, anotaremos los cambios que haga el equipo observado en su sistema de juego, estilo y estrategias, anotando cuándo ocurren estos cambios y por qué pueden haber sido necesarios. En un partido competido, estos cambios probablemente constituirán el plan secundario del partido, o plan de *contingencia*, al cual recurren cuando el planteamiento inicial no da los resultados esperados. Seguiremos también estudiando a los jugadores individuales, sus virtudes, debilidades y las tendencias que pueden afectar a nuestros emparejamientos con ellos.

Consejos de observación

1. Llama a la escuela del rival o a su entrenador para asegurarte de la fecha del encuentro, la hora de comienzo y dónde se encuentra. Puede ahorrarte un desplazamiento a un partido que haya sido aplazado, cancelado o trasladado a otro campo.

2. Comprueba tu material de observación (p. ej.: mapas de carretera, pase de entrenador, tablilla de anotación, lápices afilados e impresos para el caso) antes de desplazarte al campo rival (y de regresar a casa).

3. Si es posible, llévate a alguien (un entrenador asistente, cónyuge, etc.) para que te ayude a recoger información, sobre todo cuando estáis observando a ambos equipos. Dos pares de ojos ven más que un par, y la otra persona puede ayudar a seguir cualquier estadística que necesites. También es útil emplear el tiempo de vuelta a casa para hablar sobre lo que hayáis visto. Una alternativa a este enfoque para la observación es dividir tus responsabilidades en este sentido entre tú mismo y los segundos entrenadores (es decir, observando a dos o más equipos en diferentes lugares la misma noche); de esta manera conseguirás observar dos o tres veces más con el mismo tiempo. Si lo haces así, asegúrate de decir a tus asistentes exactamente qué información tienen que recoger (los impresos de observación de los Apéndices M a P deben ser útiles para el caso) y cómo recogerla, sobre todo si son nuevos en

el fútbol como entrenadores. La mejor forma de enseñar a observar a entrenadores inexpertos es llevarlos contigo a un par de desplazamientos de observación. También puede dar resultado que los mismos entrenadores observen a los mismos equipos cada año.

4. Llega temprano al lugar del partido y encuentra una silla cómoda lo bastante alta para permitirte una clara visión de la acción. Preferimos sentarnos solos y lejos de otros espectadores, la banda y los animadores escolares; en la mayoría de casos, esto significa sentarse en el lado del campo del visitante.

5. Compra un programa del partido y guárdalo para tu archivo. Si incluye fotografías de los jugadores te ayudará a identificarlos más tarde, ya que no siempre puedes depender de que lleven los mismos números en la camiseta en los partidos de casa y en los de fuera. El apartado de la alineación del programa también puede indicar los niveles de graduación de los jugadores; esta información te será útil el año siguiente.

6. En algún momento antes del partido, repasa cualquier otro informe de observación que tengas del equipo, incluyendo el del año anterior si el entrenador principal es el mismo.
   Si no tienes ningún informe anterior de este equipo (o si su sistema de juego ha cambiado desde la última vez que lo observaste) deberías hacer un informe de observación exhaustivo); si no, puedes limitarte a complementar informes previos (es decir, comprobando sistemas anotados con anterioridad y estrategias, añadiendo nueva información).
   También puedes emplear el tiempo antes de que empiece el partido para anotar aspectos como las condiciones del campo, la iluminación, las dimensiones del campo y las características individuales (véase Apéndice M).

7. Considera la observación como una responsabilidad profesional, no como una oportunidad para relacionarte socialmente con otros entrenadores. El momento de las relaciones sociales es después de haber todo lo que necesitas ver del rival, su sistema de juego y estrategias asociadas. Hasta llegar a este punto, no te duermas faltando a las responsabilidades que tienes con tu equipo por la presencia de entrenadores de otras escuelas. Porque otro entrenador no preste atención al partido, no significa que tengas que hacer lo mismo.
   Si el partido está desequilibrado, tal vez sientas ganas de marcharte antes de que termine para evitar el tráfico de después. Nuestras reglas son: *(a) no te marches antes o durante la media parte,* y *(b) no te vayas mientras los titulares del equipo observados todavía estén jugando.* En el primer caso, el equipo puede deparar un regreso impresionante; si es así, necesitas saber qué

modificaciones hace el entrenador; en el segundo caso, puede que el entrenador quiera probar jugadas o tácticas que el equipo haya trabajado en los entrenamientos.

Las mismas reglas aplicamos en los partidos ajustados. Además, quedarse hasta la conclusión del partido puede revelar las estrategias de los últimos minutos del equipo observado, e indicar cómo soportan los jugadores las situaciones de presión.

Preparar tu informe de observación

Los formularios de los Apéndices M-P pretenden unificar y simplificar tu preparación de un informe de observación escrito. Para usar las listas al organizar y analizar las notas tomadas, simplemente marca las casillas apropiadas, responde a esas preguntas con el máximo detalle posible e ignora el resto.

Tu informe de observación debe contener la siguiente información:

1. *Información general.* Equipo observado/rival, lugar, fecha, marcador (por medias partes), tiempo, condiciones del campo, iluminación, tamaño del campo (aprox.).

2. *Evaluación global.* Una frase general de cómo juega el equipo (sus virtudes y debilidades, velocidad global y nivel técnico, ritmo de juego preferido, sistemas de juego (ataque y defensa) y estrategias básicas.

3. *Jugadores individuales.* Perfiles de cada titular y rasgos principales de las virtudes, debilidades y preferencias de juego de los suplentes. En este punto debes ser específico y preciso; esta información orientará a tus jugadores a llevar a cabo sus responsabilidades individuales de marcaje.

4. *Ataque.* Cómo preparan los contraataques (si existen), construyen los ataques e intentan penetrar y buscar ocasiones de tiro en el tercio de ataque.

5. *Defensa.* Cómo responden a las transiciones, cómo repliegan para cubrir los contraataques o cómo juegan en zona o al hombre en su mitad defensiva del campo.

6. *Tácticas a balón parado* (es decir, saques iniciales, saques de banda, saques de portería, saques de esquina, tiros libres directos o indirectos, y lanzamientos de penalti). Haz una lista y describe todas las jugadas ensayadas y/o estrategias en cada categoría.

Si no planificas los partidos por escrito antes de enfrentarte a un rival (o si metes tus informes de observación y el planteamiento del partido en el mismo saco para ahorrarte horas de trabajo), asegúrate de indicar exactamente lo que quieres que sepa y haga el equipo y cada jugador individual. Normalmente es mejor (aunque no absolutamente necesario) separar los dos, usando los informes para describir al rival y el planteamiento del partido para describir cómo posicionarte contra el mismo y qué hacer.

Con la excepción del punto 2, toda la información contenida en el informe tiene que ser tan específica y precisa como sea posible, con gráficos para complementar el texto cuando sea necesario. Después de todo, si no escribes el planteamiento del partido, los informes de observación serán la única pauta de estudio de que dispondrán tus jugadores respecto a lo que hace el equipo rival y sus jugadores individuales y cómo intentan hacerlo (por supuesto que puedes utilizar las charlas con pizarra para enseñar y comunicar a tus jugadores todos lo datos de tu observación, pero un informe de este tipo llevará más tiempo y pueden estudiarlo antes del partido).

PLANIFICACIÓN DEL PARTIDO

Los entrenadores necesitan planificar el partido por la misma razón que los generales necesitan planificar las batallas, para recordarles lo que deben hacer y de qué manera.

Con un equipo potente formado por jugadores experimentados y capaces, el plan básico del partido no cambiará mucho de un enfrentamiento al otro; pero incluso entonces, tu plan debe tener en cuenta qué hacer si el señor Murphy (el de la famosa ley) sorprende con un nuevo sistema y todo se te viene abajo. Llamada *planificación de contingencia*, esta práctica de anticipación y preparación para lo inesperado puede ahorrarte disgustos considerables si la aplicas en cada partido que juegues.

Pero no empecemos a construir la casa por el tejado; *primero* viene la planificación del partido, y *luego* la planificación de contingencia.

Tu plan básico de juego

Si fuera por nosotros, jugaríamos los partidos a nuestra manera, a nuestro mejor ritmo y dictando el transcurso de los mismos, por no decir el resultado final. No hace falta decir que las cosas no siempre funcionan así; sin embargo, de esta forma empieza la planificación del partido (con tu plan básico para derrotar y/o controlar al rival con tus bazas, no las suyas).

Establecer tu plan básico de juego debe hacerse temprano, durante los entrenamientos de pretemporada. Lo ideal será que termine antes del primer encuentro; si no es así, tendrás que utilizar las sesiones de principio de temporada para introducirlo todo. Sólo entonces podrás permitirte pasar a otras prioridades, como pulir el ataque o la defensa o considerar qué hacer si los rivales son capaces de sacarte de tu planteamiento básico.

Cuánto tardes en establecer tu sistema dependerá de lo familiarizados que estén los jugadores con él. Es obvio, entonces, que el período más difícil vendrá inmediatamente después de adoptar un programa nuevo o cambiar a un sistema nuevo para tus jugadores.

La preparación física debe ser tu prioridad en la pretemporada y en el inicio de la misma; asumiendo que has preparado a los jugadores para un objetivo como por ejemplo jugar a tope durante 2 y no 90 minutos, la siguiente prioridad es establecer tu sistema de juego. Al mismo tiempo, los jugadores deben seguir trabajando en técnicas individuales y ejercicios en grupos pequeños insistiendo en los fundamentos del fútbol (empezando con los aspectos básicos y evolucionando hacia niveles de técnicas avanzados). Este trabajo debería realizarse más deprisa en el nivel universitario que con los jugadores alevines.

Antes de progresar más allá de lo esencial del juego individual y de equipo, los jugadores tienen que entender tu planteamiento básico de juego para jugar en cualquier posición en el campo. Sólo cuando adquieren este dominio, ellos y tú estáis preparados para pasar a la siguiente fase de la planificación.

Planificación de contingencia

Por desgracia, hemos omitido un factor importante en nuestra planificación, es decir, *los rivales*. Ellos también tienen un plan de juego y el partido girará en torno a los esfuerzos de los dos equipos para imponer su voluntad el uno al otro y conseguir el dominio. Así, tu plan básico de juego tiene que modificarse, aunque poco, para incluir no sólo lo que tu equipo hace mejor, sino también *lo que crees que los rivales intentarán hacer para impedir que tú lo hagas*. Estos dos elementos se sintetizan analizando tu propio sistema de juego, jugadores y tácticas, e intentando determinar, mediante el análisis de los informes de observación, el éxito que pueden tener los rivales anulando tus planes o imponiendo los suyos a tu equipo. Si no estás seguro de cómo proceder, siempre puedes acogerte a tu plan original y hacer cambios según dicte la necesidad del partido. Tienes que entender que si realizas algo más que cambios menores en tu planificación, como alterar emparejamientos individuales, entonces esos cambios se convierten en tu plan básico para *ese partido*, y si esos cambios no funcionan, la mejor opción que tienes es probablemente volver a tu plan inicial.

Los cambios se hacen para mejorar las actuaciones individuales y del equipo. Si no funcionan, tienes la opción de volver a lo que sabes hacer mejor o intentar algo nuevo y diferente para lo cual los rivales no estén preparados. Lo segundo es probable que funcione, con suerte, sólo si los jugadores se sienten cómodos con lo que hacen.

Cada uno de los dos siguientes factores puede surgir, precisando cambios en tu plan básico. Primero, el tamaño (sobre todo la amplitud) de los campos que te encontrarás puede variar considerablemente de un partido a otro, y segundo, tu plan original puede no ser suficiente para controlar a los rivales o privarlos de hacer lo que mejor saben hacer.

Modificaciones para los campos de fútbol anchos o estrechos

Según las reglas de la FIFA, la anchura de los campos de fútbol puede oscilar entre 45 y 90 m. Muchos institutos juegan sus partidos en campos que miden más o menos 48 m de ancho; muchos otros (los afortunados) utilizan campos diseñados especialmente para el fútbol. Estas instalaciones son normalmente más anchas que los campos de fútbol americano. La diferencia entre las dos puede ser considerable, a menudo de hasta 14-23 m, y tiene incidencia en la forma en que se desarrolla el juego. Tu equipo tiene que estar preparado para cada contingencia.

Asumamos de momento que tienes la suerte de jugar los partidos en casa en un campo que mide 108 x 63 m (y asumamos también que, como el nuestro, tu sistema de juego básico es un conservador 4-4-2, con dos puntas delante y cuatro centrocampistas detrás de ellos (figura 12-1). Sabiendo por las observaciones que el siguiente partido se jugará en un campo de fútbol americano, puedes prepararte: (a) haciendo ataques y defensas en un campo con conos dispuestos marcando las líneas de banda más estrechas, y (b) modificando tu plan de ataque pasando de dos puntas a tres y desplegando a tres centrocampistas en lugar de cuatro (figura 12-2). La modificación puede ser necesaria si diriges un ataque 42, porque hay menos espacio entre las líneas de banda para crear aperturas usando dos puntas y cuatro centrocampistas en ataque (puede hacerse, sin duda, ya que muchos equipos lo hacen así, pero no es fácil desplegar la defensa con la anchura de un campo de fútbol americano[1]. Creemos que es más fácil desplegar la defensa y crear espacio para los atacantes cambiando la alineación de 4-4-2 a 4-4-3).

Puesto que la mayoría de las dificultades asociadas con jugar en un campo estrecho aparecen (aunque no se limitan) al tercio de mediocampo, preferimos que nuestros defensas lancen balones arriba a los extremos y puntas en los

---

1. Estratégicamente hablando, esto sugiere que, si tu equipo es poco capaz o no tiene experiencia, te favorecerá jugar los partidos en casa en un campo de fútbol americano.

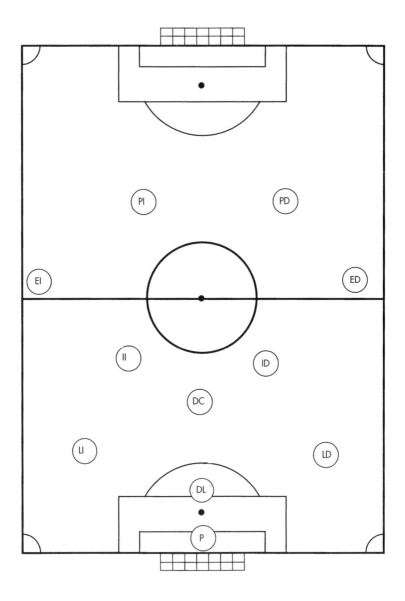

FIGURA 12-1. Sistema 4-4-2 en un campo ancho.

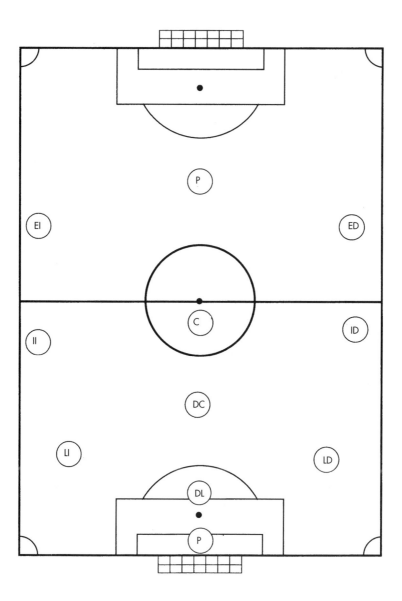

FIGURA 12-2. Sistema 4-3-3 en un campo ancho.

campos de fútbol, cruzando totalmente la zona del mediocampo y forzando a los defensas rivales a detenernos.

Otras modificaciones que podrían realizarse para adaptarse a un campo estrecho incluyen la consideración de los saques de banda como saques de esquina en los tercios de ataque y de defensa, y dar al portero un entrenamiento adicional trabajando los saques de portería, los despejes y los saques de esquina.

En cuanto a los saques de banda en un campo estrecho en la zona del tercio de ataque, nos gusta que los jugadores metan el balón en el área y que fuercen al portero a saltar para despejar el balón. Ya que los rivales es probable que usen la misma estrategia contra nosotros en nuestro tercio de defensa, es muy importante que nuestros defensas consideren los saques de banda en nuestra área como misiles amenazantes, e intenten ganar todos los balones aéreos y los saquen fuera de peligro.

Aquí tenemos un triste (al menos para nosotros) recordatorio de la importancia que pueden tener los saques de banda en los campos estrechos: jugando el Campeonato Estatal de Georgia AAAA de 1996 en un campo de fútbol americano reglamentario, íbamos ganando 3-1 cuando quedaban 18 minutos para terminar, y vimos cómo el rival marcaba dos goles de saques largos de banda. En realidad ganamos el segundo saque de banda que llevó al empate, pero nuestro despeje fue a los pies de un contrario, que controló el balón y superó a nuestro portero. Al final perdimos el partido cuando, a 1 minuto y 38 segundos, un delantero lanzó el balón al larguero y aprovechó el rebote para un remate de cabeza que nuestro portero no pudo atajar. Los dos goles que permitieron al rival empatar nunca se habrían dado en un verdadero campo de fútbol, ya que los saques de banda no hubiesen alcanzado el área.

Ampliar o modificar el sistema

¿Qué viene primero, el sistema o los jugadores? Los jugadores, por supuesto. Tienes que usar un sistema que tus jugadores puedan dominar, y nada de lo que hagas resultará efectivo. ¿Pero qué haces en esas ocasiones (por suerte poco frecuentes) en que los jugadores no pueden hacer que el sistema funcione como pretendemos? Es sencillo; o bien haces modificaciones, grandes o pequeñas, en tu plan original, o bien pierdes los partidos que podrías haber ganado.

Quieres que tus cambios o modificaciones sean menores porque (casi sin excepción) cuando un entrenador hace cambios importantes en el estilo de juego una vez empezada la temporada es un claro signo de desesperación. Primero, es admitir un fracaso; no sólo es que lo que hace el equipo no funcione, sino que el entrenador está convencido de que no funcionará en un predecible futuro, incluso con modificaciones menores. Segundo, los cambios importantes representan una considerable cantidad de tiempo ya perdido aprendiendo un sistema que no funciona (ni funcionará), y un tiempo adicional invertido en aprender un nuevo sistema que puede que tampoco funcione. Hubiera sido mejor dedicar tu tiempo (y el de tus jugadores) a otras cosas.

Un cambio en el estilo de juego o en el sistema es «mayor» si lleva a los jugadores más allá de lo que entienden o de lo que se sienten cómodos haciendo (por ejemplo, pasar de un estilo de ataque conservador a agresivo, o jugar con una defensa en zona o marcar al hombre, no habiéndolo hecho nunca antes). Estos cambios tácticos se realizan mejor, en todo caso, durante el período de descanso, y se enseñan desde el primer día de entrenamiento de pretemporada.

Al hablar de las modificaciones del estilo de juego con entrenadores jóvenes, siempre les decimos, *si te corre prisa hacer cambios en el planteamiento del partido y tu equipo no está preparado para ello, lo primero que hay que hacer es sentarse, respirar hondo y contar hasta diez (y luego intentar buscar una solución menos drástica al problema).* Como casarse, comprar una casa o evadir impuestos a Hacienda, echar por la borda tu actual plan de juego en favor de algo radicalmente nuevo y diferente, es demasiado arriesgado para hacerlo a la ligera.

Por otra parte, todo entrenador hace modificaciones menores en el plan (alterar alineaciones para intensificar la cobertura defensiva en ciertas zonas o cambiar puntos del ataque, cambiar de posición a los jugadores, o añadir nuevas indicaciones en defensa o ataque. A veces las modificaciones surgen durante la planificación del partido o como resultado de haber observado al rival, y a veces se producen en pleno partido. En algunas ocasiones las modificaciones funcionan, y en otras no. Como dicen los feriantes de los parques de atracciones, *tú pagas dinero y tú corres el riesgo.* Lo importante que hay que recordar sobre los cambios en tu plan de juego es que, si quieres que tengan éxito, deben basarse en lo que tus jugadores sepan hacer.

Modificaciones de final de temporada

El término *final de temporada* puede referirse a las preparaciones para los partidos de postemporada o a jugar en un equipo por segunda (o tercera, etc.) vez en una temporada.

Los entrenadores tienen opiniones divididas en cuanto a la necesidad de hacer descansar a los jugadores para reservar sus piernas para los *play-offs.* Muchos entrenadores creen que, puesto que las piernas contienen los músculos más fuertes del cuerpo humano, una vez bien acondicionadas tienen que ser capaces de aguantar todos los partidos y entrenamientos de la temporada sin necesidad de un descanso adicional a medida que se acercan los *play-offs.* Pero otros muchos afirman que para mantener las piernas frescas (y posiblemente también las actitudes), los jugadores deberían estar descansados siempre que sea posible en los partidos de final de temporada.

Aunque no sabemos quién tiene razón (excepto en el sentido de que el equipo que gana los partidos es evidente que ha tomado las decisiones correctas), tendimos a ponernos de parte de los entrenadores del último grupo ya que, a diferencia de los tres grandes deportes americanos, el fútbol no es una actividad de temporada. Muchos jugadores nuestros juegan todo el año. De esta forma ofrecemos un par de maneras de evitar que fallen las piernas si crees que es importante.

Por supuesto que puedes sustituir a los jugadores que pinchen sin importar el resultado del partido, pero si quieres reducir sustancialmente el cansancio de los jugadores, también puedes reducir las sesiones o recortar los partidos con el campo entero en éstas. Abreviar los entrenamientos a una hora al día puede reducir el tiempo que corren varias horas a la semana, según cuántos partidos juegues en una semana determinada y con qué frecuencia y cuánto tiempo hagas partidos de entrenamiento. Aunque no reduzcas las sesiones, cuando introduces en ellas el dominio del balón, el juego de piernas, el regate, el tiro y los ejercicios de pases (y diriges ensayos de los ataques y defensas de los rivales, y el plan de juego según lo que éstos desarrollen mejor) es probable que llegues a la conclusión de que al menos parte de tu tiempo habitual de partido de entrenamiento tenga que anularse.

La segunda vez

Cuando te preparas para un equipo contra el que ya has jugado, posees el mejor informe de observación posible que puedas desear. Habiendo jugado contra ellos antes de la temporada, y evaluado los resultados de tu plan de juego[2], deberías saber qué funcionó y qué hace falta cambiar para la próxima vez.

El viejo dicho, *si funciona, no lo arregles*, es un buen consejo si la última vez ganaste con claridad. Sin embargo, es probable que esta vez quieras mostrar a los rivales algo nuevo, sólo para darles algo en qué pensar (por eso la primera vez puedes querer evitar enseñar todas tus cartas, si es que no pones en peligro las posibilidades de ganar.) Como antes, los cambios deben guardar relación con lo que ya estás haciendo, o de lo contrario tus jugadores estarán más confusos que los rivales.

---

2. En el Apéndice R aparece un formulario reproducible de la evaluación de la planificación del partido después de que se haya jugado.

Si el último partido contra ellos fue muy igualado, puedes ir con el mismo plan y esperar que tus jugadores lo lleven a cabo con éxito para ganar, o añadir nuevas indicaciones que se te ocurran y que puedan dominar.

Si la última vez te dieron una severa paliza, las cosas se vuelven delicadas. Es obvio que hacen falta cambios importantes, pero si tu equipo es demasiado débil, estos cambios mayores son arriesgados, ya que cualquier aspecto que alteres, incluso menor, alejará a los jugadores de lo que se sienten cómodos haciendo. Lo mejor que podemos decir en este caso es que, si jugaste con un sistema conservador la última vez, y aun así te dieron una buena paliza, *juega esta vez, si cabe, de un modo todavía más conservador.* Si hace falta, juega todo el partido como si defendieses saques de esquina, pero no juegues como el rival y a su ritmo. En realidad podrías tener a 9 ó 10 defensas atrás, y si quieres hacer algo más que evitar un segundo baño, cambia de la defensa al hombre a la zonal, o viceversa.

PREGUNTAS Y RESPUESTAS RESPECTO A LOS PLANES DE JUEGO

- *¿Es importante preparar un plan de juego diferente para cada partido?* Sólo si lo que pretendes hacer la próxima vez es: (a) diferente de lo que has estado haciendo; (b) probable que sea malinterpretado por los jugadores u olvidado por los entrenadores, o (c) complejo.

- Si sólo hay planificado lo que has estado haciendo (incluyendo las contingencias), y si los jugadores entienden ese plan, puedes inclinarte a usar tu plan previo del partido y confiar en los informes de observación para tener información de los contrincantes individuales.

  Sin embargo, creemos que es importante para el entrenador principal tener disponible un plan del partido escrito (ya sea para el uso de los jugadores o para él/ella mismo/a.

- *¿Qué precisión debe tener mi plan? ¿Cómo debería organizarse?* Tu plan del partido debe ser lo bastante amplio para cubrir todos los aspectos. Si la brevedad es importante, usa gráficos y no el texto siempre que sea posible. En cuanto a la organización, un sencillo perfil de cuatro secciones debería ser suficiente: objetivos del equipo, ataque, defensa y jugadas ensayadas a balón parado (ataque y defensa), o puedes utilizar el formulario reproducible del plan de juego, en el Apéndice Q (resultan útiles los gráficos de los terrenos de juego en blanco incluidos en este apéndice).

- *¿Cómo tengo que presentar el plan de juego a mi equipo?* Los entrenadores usan cualquiera o todas las diversas técnicas, siendo la más frecuente los ensayos en los entrenamientos y las presentaciones audiovisuales (charlas con pizarra o discusiones) en las reuniones del equipo. Tus jugadores deben conocer al máximo sus responsabilidades individuales dentro de tu plan de juego antes de entrar en el vestuario y dar comienzo el partido.

- *¿Qué más tengo que tener en cuenta?* Tres cosas: primero, si utilizas un plan de juego escrito, plastifícalo para usarlo en el campo (por si llueve). Segundo, no pierdas de vista el plan cuando estés en el campo (sobre todo en los partidos fuera de casa), a menos que quieras que termine en manos del entrenador rival. Tercero, recuerda que un plan de juego es una pauta para la acción, no una serie de leyes que deben cumplirse a toda costa. A veces tienes que seguir tus instintos.

Capítulo 13

RELLENAR LOS ESPACIOS

Los economistas dicen que una educación universitaria añade muchos miles de dólares a las arcas de la vida de un hombre (los cuales luego gasta enviando a su hijo a la Universidad).

–Bill Vaughan

Técnicamente, la temporada de descanso para un equipo universitario empieza cuando termina su participación en la temporada regular y en los partidos de torneos. Para muchos jugadores, no obstante, el final de la temporada universitaria o juvenil es un período de transición, no un tiempo para descansar y relajarse. Esa transición puede dedicarse a entrenar o jugar en el ámbito de club, o para participar en la siguiente temporada deportiva, cualquiera que pueda ser.

Tenemos sentimientos confusos sobre el hecho de que los jóvenes jueguen a fútbol todo el año. Por un lado, la participación en sí misma es sana, mantiene a los jugadores en íntima relación con otros jugadores en similares condiciones de dedicación y permite el desarrollo continuo de las técnicas futbolísticas bajo la supervisión de entrenadores con experiencia y entendidos. Por otro lado, jugar todo el año niega a los jugadores la oportunidad de descansar y recuperarse mental y físicamente de los rigores de la temporada (y aumenta las posibilidades de que se quemen a una edad temprana).

Sin embargo ésta no es nuestra decisión, ¿verdad? Los chicos que quieran jugar al fútbol fuera de temporada, lo harán, y no podemos en realidad quejarnos, dadas las mucho menos provechosas alternativas que las mentes perezosas pueden encontrar para ocupar su tiempo.

Otros jugadores irán del fútbol al siguiente deporte de la lista, y tampoco está del todo mal. En ocasiones, entrenadores de otros deportes han intentado persuadir a nuestros jugadores para abandonar el fútbol por su deporte, pero con poco éxito en la mayoría de casos. Los chicos disfrutan del ambiente familiar existente en nuestros equipos. Preferiríamos que se implicaran en el fútbol, o en otros deportes, a que perdiesen el clima de Equipo completamente hasta ponerse en marcha la siguiente temporada de fútbol universitario.

El problema es incluso más complejo para los entrenadores, para los cuales las consideraciones financieras o profesionales pueden tener prioridad. Mientras que probablemente preferirías entrenar a tu equipo de fútbol escolar y no a otro, tomar otras responsabilidades como entrenador supone unos ingresos suplementarios para ayudarte a mantenerte al menos ligeramente solvente en tus finanzas. De todos modos, en muchos casos es una cuestión discutible, ya que las condiciones para que cuenten con tus servicios pueden haber incluido entrenar deportes distintos al fútbol.

Más allá de esto, los meses de verano son virtualmente el único momento en que los entrenadores a tiempo completo pueden conseguir títulos avanzados o renovar su certificado docente mediante cursos. Para otros entrenadores, el verano ofrece la oportunidad de ingresar dinero extra para pagar cosas como el corrector bucal de Dustin, la excursión de clase de Mandi o las reparaciones del coche. Si consigues evitar hacer cursos de verano o encontrar un trabajo, de algún modo te verás implicado en el fútbol, ya sea dirigiendo (o trabajando) un campus, trabajando con los equipos de club locales, arbitrando partidos de la liga recreativa, asistiendo a convenciones, leyendo sobre el fútbol o preparándote para la temporada siguiente.

Una cosa está clara: ningún entrenador de fútbol se muere jamás de aburrimiento. El aburrimiento es un lujo que los entrenadores no sólo no pueden permitirse, sino ni siquiera imaginar.

RESPONSABILIDADES DE POSTEMPORADA

Nunca parece haber tiempo suficiente para todo lo que hay que hacer. Si entrenas más de un deporte, el final de una temporada anuncia el inicio de la siguiente, y si no eres organizado, las cosas pueden amontonarse como un lavadero en un fin de semana. Dos pautas de organización pueden ayudar a que puedas controlar tus responsabilidades de postemporada: *hacer listas de cosas por hacer, y hacer tanto trabajo como puedas de postemporada con antelación durante la temporada.*

Hacer una lista (y priorizar) el trabajo por hacer

La memoria puede fallar; las listas no, si es que eres capaz de recordar donde las guardaste. Empieza a pensar lo que hay que hacer durante la postemporada tan pronto como sea posible. Apunta todo lo que se te ocurra, y luego prioriza el trabajo en términos de qué debe hacerse *ahora* y qué hay que tener en cuenta para más tarde. Puedes añadir (y probablemente añadirás) cuestiones en la lista, y tacha aquellos aspectos que hayas realizado. Priorizar la lista te ayudará a asegurarte de que no pasas por alto ni olvidas nada importante[1].

La prioridad máxima de postemporada para muchos entrenadores es hacer un inventario del equipamiento y meter en cajas los uniformes.

Trabajo preliminar. Muchas de las responsabilidades de postemporada pueden y deberían estar en marcha antes del final de la temporada. Éstas pueden incluir cosas como las siguientes:

• Hacer los preparativos para el banquete de los deportes que entrenes, incluyendo la fecha, la hora, el lugar y el menú; citar a un invitado para dar el discurso; una lista de jugadores e invitados; trabajadores para preparar el lugar, las comidas, y limpiar una vez finalizada la fiesta; premios y reconocimientos; invitaciones y programas.

• Escribir tarjetas de agradecimiento a todos los que te han ayudado durante la temporada (incluidos los entrenadores de tu programa de cantera), e invitarlos al banquete.

• Hacer una programación sobre los rivales del año siguiente. Cuanto antes lo hagas, con más probabilidad encontrarás fechas favorables para los equipos contra los que más quieras y necesites jugar.

• Hacer un presupuesto para el año siguiente. Si encargas uniformes nuevos y/o equipamiento para la siguiente temporada, debes saber que (como el servicio postal de Estados Unidos), los fabricantes de material deportivo no trabajan durante las mismas fechas que nosotros. Hay que pedir el material con 6 ó 9 meses de antelación, y el equipamiento de 3 a 5 meses.

---

1. Muy en esta línea, la costumbre de disponer de un planificador personal y anotar todas las fechas y horas importantes en un calendario aumentará de forma notable tu eficiencia en cuanto a organización.

A menos que estés preparado para pagar los gastos de tu propio bolsillo, nunca compres nada sin autorización a cuenta del departamento deportivo. Sigue al pie de la letra las normas escritas de la escuela (o del sistema) en cuanto a las órdenes de compra (o consigue la aprobación de tu *Club de seguidores activos*, y mantente *siempre* dentro de los límites del presupuesto deportivo.

- Establecer criterios para la obtención de títulos universitarios, chaquetas, etc., y pedirlos en cuanto hayas decidido quién lo merece.

- Establecer y supervisar un programa de fortalecimiento y acondicionamiento cuando no esté en marcha la temporada. Véase el apartado de «Acondicionamiento» en el capítulo 6, y los Apéndices S y T (para el entrenamiento con pesas).

- Recopilar y guardar las estadísticas de la temporada.

- Preparar las grabaciones o las cintas de vídeo más significativas, tanto en el ámbito individual como de equipo, que cubran la pasada temporada. Los momentos más interesantes del equipo grabados en vídeo le aportan un buen clima de fondo en el banquete. Las cintas individuales te ayudarán a enseñar tus jugadores a los entrenadores de las facultades que buscan talentos.

- Controlar los cursos de los jugadores, su progreso académico y su conducta en clase. Esto debe ser un proceso de todo un año, sin importar si estás implicado activamente con los jugadores antes o después de la temporada. Si juegan en tu equipo, son *tus* jugadores, sin tener en cuenta cuántos deportes practiquen con otros entrenadores (y son inelegibles para jugar contigo si sus notas descienden por debajo de los límites prescritos, durante la temporada deportiva con cualquier otro entrenador). Los jugadores tienen que entender que tienen que responder ante ti de su comportamiento en *todo momento*, y no sólo desde el primer día de fútbol hasta el final de la temporada.

- Mejorar tú mismo y el programa. Entrenar y jugar son dos caras de la misma moneda. Esperar que el equipo del año que viene mejore sin que trabajes para progresar tú mismo durante la temporada de descanso no es distinto que esperar que mejore sin el trabajo de los jugadores durante las semanas de descanso. Aunque estés entrenando en otro deporte antes o después de la temporada de fútbol, deberás encontrar tiempo para mejorar en tu caso, leyendo libros de fútbol y revistas, asistiendo a convenciones y congresos, renovando personal profesional y suscripciones a revistas, y aspectos similares. El reflejo del progreso del equipo durante la temporada anterior revelará si son necesarios cambios mayores o menores. En cada caso, la temporada de descanso es el momento oportuno para iniciar cualquier cambio que quieras realizar.

La temporada de descanso es un buen momento para poner al día tu libro de juego, la guía periodística de fútbol, los planes de entrenamiento (que, como casi cualquier otra cosa, puede guardarse en un ordenador para una rápida recuperación y puesta al día) y cualquier otro papel escrito que utilices y conserves. La temporada de descanso también puede usarse para preparar nuevos pósters para motivar, letreros, etc., de cara a la siguiente temporada, y para hacer el trabajo manual como reparar el equipamiento y repasar las condiciones de los campos de fútbol.

AYUDAR AL FUTURO DEPORTISTA UNIVERSITARIO

Muchos son llamados, pero pocos son elegidos.

–Mateo 22:14

Dos aspectos a menudo olvidados te ayudarán a orientarte a ti y a tus jugadores en la dirección correcta respecto a la universidad. Primero, muchos de ellos asistirán a la facultad pero no jugarán a fútbol en ese nivel, o jugarán con una beca parcial o ninguna en absoluto; les debes el mismo nivel de orientación a través del proceso de selección universitaria que ofreces a tus perspectivas prioritarias, indispensables y de éxito seguro. Segundo, todas las personas implicadas (jugadores, padres y entrenadores) deben entender que, mientras en la mayoría de casos el proceso de selección oficial no empieza hasta el año de sénior de un jugador, la búsqueda y el proceso informal de selección requiere mucho más tiempo, retrocediendo hasta el primer año de instituto del deportista.

El primer año

Probablemente la primera y más importante cosa que puedes hacer por tus jugadores alevines, además de hacerlos sentir cómodos en el equipo, es enseñarles la importancia de establecer y perseguir objetivos a largo plazo, y no tomar cada día como venga. *Carpe diem* (en latín «vive el momento») es un buen eslogan como filosofía de vida, pero *carpe annum* («vive el año») también es importante. El primer año es una temporada de ajustes, y esos ajustes incluyen un trabajo básico para el éxito futuro tanto en la clase como en el terreno de juego. Estos jugadores deben entender que, al igual que se espera de ellos que trabajen fuerte para desarrollar sus técnicas futbolísticas en los entrenamientos y por su cuenta, también deben desarrollar buenos hábitos de estudio para consolidarse como estudiantes deportistas, y no simplemente deportistas.

En cuanto a la universidad, hay que animar a los jugadores de primer año a empezar a pensar si pueden estar interesados en jugar al fútbol universitario más adelante. Si es así, hay varios puntos que deben considerar:

- Existen oportunidades. El fútbol es uno de los deportes que más crecen en América, y las facultades y universidades están, cada vez más, incluyendo equipos de chicos (y sobre todo de mujeres) en sus programas deportivos.
- El rendimiento académico es importante. Sin tener en cuenta sus habilidades, los estudiantes deportistas no entrarán en la facultad si no satisfacen los requisitos de acceso. Mientras que las pruebas SAT y ACT todavía están a 2 años vista en este punto (es decir, al final de su segundo año de estudiantes), los departamentos de admisión universitarios estudian los historiales académicos desde el primer año. Es mucho más fácil establecer y mantener una mejor media de notas (GPA) a partir del noveno curso que mejorar un discreto GPA para conseguir promedios aceptables como sénior.
- Aunque existen diferentes niveles de deportes universitarios (Divisiones NCAA 1, 2 y 3; NAIA, y JuCo), *todo* fútbol de facultad acapara a los mejores jugadores disponibles en esos niveles. Para juntar a ese enorme pero elitista grupo de deportistas, los estudiantes de instituto deben sumergirse totalmente en el fútbol y no escatimar esfuerzos en sus intentos para desarrollar habilidades del nivel universitario. Incluso entonces, muchos no conseguirán pasar al otro nivel. La única garantía que tienen es que ni siquiera serán tenidos en cuenta por los entrenadores universitarios a menos que desarrollen las capacidades académicas y futbolísticas necesarias para competir en ese nivel. Establecer objetivos resulta crítico en las primeras fases del desarrollo del jugador.
- Además de entrenar con determinación, los jugadores de primer año tienen que colocarse en posición para que los vean los entrenadores universitarios. Además de que sus equipos de instituto lleguen a las finales estatales, dos de las mejores formas de conseguir esto son: (a) jugando en un equipo de club que participe en torneos regionales y nacionales, y (b) asistir a campus de fútbol. El primero tiene la ventaja de ser un amplio escaparate, pero en algunos casos puede resultar muy caro; el segundo también puede ser relativamente caro, pero ofrece contactos con entrenadores de nivel universitario y un nivel de instrucción de primera categoría. Esos entrenadores no pueden seleccionar activamente a jugadores de primer año, pero pueden ver y evaluar el potencial de los jugadores, sobre todo si uno de ellos ha expresado previamente interés en jugar en la escuela del entrenador.

El segundo año

La competitividad empieza a apretar inexorablemente durante la temporada de segundo año de un jugador. Académicamente, tendrá que superar el PSAT (y posiblemente también el SAT), que puede ayudar a determinar el nivel en el que el jugador es más probable que prospere académicamente.

Los estudiantes de segundo año que deseen jugar al fútbol en el nivel de facultad deberían consultar a su asesor consejero del instituto en cuanto a los 13 cursos principales que precisan los bachilleres para satisfacer los requisitos académicos del NCAA. Éste envía copias de los requisitos de su elegibilidad académica a todos los institutos de los Estados Unidos cada año, así que tu director deportivo y asesor consejero deberían tener una copia. Haz una copia para ti si es que no tienes una.

Deportivamente, la temporada de segundo año podría considerarse como «sofisticada» y «de madurez», ya que los jugadores deberían ser más sofisticados en su perspectiva de este deporte con una temporada entera universitaria en sus espaldas (esto no es necesariamente así si han jugado en el nivel *jayvee* el año anterior, o si el sénior de instituto contiene sólo los cursos 10°-12°).

Al perseguir las mismas vías de desarrollo y exposición que el primer año, estos jugadores de segundo año también deberían ser más sofisticados en cuanto a sus posibles papeles como jugadores universitarios. Los entrenadores universitarios miran de cerca el desarrollo de las capacidades, por supuesto, pero también buscan jugadores que trabajen bien dentro del contexto de un equipo (incluida la virtud de liderazgo, el juego en equipo y la interacción social).

Los jugadores deberían tener un currículo futbolístico de sus calificaciones deportivas durante su segundo año. Ese resumen, que será actualizado cada temporada, debe incluir información personal (nombre, dirección, número de teléfono, altura, peso, etc.); un historial de la experiencia futbolística (equipos con los que ha jugado, triunfos individuales, honores y premios recibidos, campus a los que ha asistido, etc.), y referencias futbolísticas (nombre, posición, dirección y número de teléfono), cuya aprobación tiene que estar en una lista antes de incluirlas.

En el Apéndice U aparece una muestra del currículo.

El año de júnior

El año de júnior es el más grande de todos para muchos de los jugadores de instituto, al menos en términos de sentirse deportistas. El progreso en su juego tiende a dar un salto cuantitativo (y a veces inesperado) hacia delante entre las temporadas de segundo año y júnior, dándoles una perspectiva más realista de dónde se encuentran como jugadores de lo que era posible en su experiencia anterior. Puedes ayudarles llevándolos a partidos universitarios para que se hagan una idea de cómo se juega a ese nivel, y para que comparen sus técnicas con las de los jugadores que están observando. Puedes dejar que estudien sus actuaciones en los partidos de tu equipo filmados en cintas de vídeo (y, mirando las cintas con ellos, puedes enseñarles cómo valorar críticamente su propio juego de una forma objetiva).

También puedes enseñarles cómo desarrollar una cinta de vídeo personal para entregarla ellos mismos a entrenadores universitarios que pueden no tener tiempo de ir a verlos. El entrenador Mike Morgan del Stone Mountain (GA) Soccer Club les dice a sus jugadores:

> Si no tienes una cámara de filmar, es posible alquilarla (prueba tu tienda de cámaras y vídeos local). Los entrenadores prefieren ver el desarrollo del partido durante un tiempo significativo, y no los mejores momentos de varios enfrentamientos. Sin embargo, es posible editar partes del partido para mostrar una serie de acciones que te presentan de la mejor manera posible. La mayoría de las grandes ciudades tienen empresas que te ayudarán en la edición de la filmación, que debería permitirte ofrecer una muestra realista de tu actuación, además de permitirte eliminar secuencias que podrían ir en contra de tus posibilidades de ser seleccionado.
>
> Al preparar tu filmación, empieza con una breve introducción, dando tu nombre, número de camiseta y nombre del equipo; esto permitirá al entrenador centrarse en ti y no buscar en una lista para determinar qué jugador está observando.

Mientras que los jugadores no se pueden seleccionar activamente hasta el 1 de julio después de su año como séniors, empezarán a recibir información general de las universidades a lo largo de su año de júnior en cuanto a los programas universitarios deportivos y académicos. Este proceso informal y de sondeo da a los jugadores una idea de qué escuelas y entrenadores podrían estar interesados en seleccionarlos más adelante.

El proceso de selección continúa cuando los jugadores hacen los exámenes tipo SAT o ACT como júniors. Tienen que entender que no conseguir notas satisfactorias la primera vez no les descalifica automáticamente para ser admitidos en determinada facultad; pueden realizar las pruebas tantas veces como deseen. Los NCAA tienen siete fechas de pruebas en toda la nación para los SAT y cinco para los ACT.

Cuando los jugadores tienen una idea del nivel de la universidad que se adapta a su aptitud académica y capacidad deportiva, pueden empezar a buscar escuelas específicas, considerando las variables como el lugar, la envergadura, las especialidades deseadas y las necesidades económicas, y eliminar de la lista las escuelas que no satisfacen sus necesidades. No obstante, no deberían ser demasiado selectivos; en este punto, necesitan mantener abiertas sus opciones y considerar la posibilidad de que ninguna de las escuelas en las que están interesados se adecuarán exactamente a lo que quieren.

Durante el año de júnior, los jugadores deben completar sus currículos personales y enviarlos a cualquier facultad en la que estén incluso remotamente interesados, junto con cartas que incluyan presentaciones para darse a conocer a los entrenadores, explicándoles por qué están interesados en esa escuela. Las cartas deben ser personalizadas, no formales; tener acceso a un procesador de textos reducirá en gran medida el trabajo que supone.

El añor de sénior

En el año de sénior, los jugadores empiezan a ver la luz al final del túnel. Con sólo un año para dejar el instituto, quizás quieran aflojar, tomárselo todo con calma y divertirse. Tu tarea en este caso consiste en recordar a los séniors que *éste* es el año para el que han estado trabajando (el año en que los entrenadores pueden seleccionarlos de forma activa).

Es imprescindible para los jugadores trabajar de cerca con el asesor consejero. Primero deberían asegurarse de que están de acuerdo con el NCAA Recruiting By-law 14-3 en cuanto a los 13 requisitos de curso esenciales, y que están a punto de graduarse. Si es necesario pueden y deben continuar presentándose a las pruebas estándar (SAT o ACT) hasta alcanzar el nivel que pueda satisfacer los requisitos de acceso universitarios. También pueden estudiar la posibilidad de presentarse a los cursos de adjudicación avanzados para satisfacer los requisitos de la facultad y librarse de los cursos básicos universitarios.

Puesto que la competencia para conseguir becas es feroz, y las subvenciones para el fútbol son limitadas en muchas escuelas, es importante que los jugadores presenten una imagen tan positiva e individualizada de ellos mismos como puedan. Además de actualizar sus currículos deportivos incluyendo honores adicionales recibidos, logros y mejoras de puntuación en las pruebas estándar GPA, deberían enviar una copia del programa de su equipo a cada escuela en la que estén interesados, junto con una cinta de vídeo (si todavía no han enviado una) y una introducción expresando su continuo interés por esa escuela.

La educación, la cortesía y la honestidad son importantes en todo trato con los entrenadores universitarios. Las notas breves de agradecimiento que siguen a las cartas, las llamadas telefónicas y la información recibida de una escuela ayudarán a estar presente en la mente de los entrenadores, ya que muchas de sus perspectivas pasan por alto esta cortesía básica. Decir a un entrenador que uno ya no está interesado por su escuela puede resultar difícil, pero hacerlo demuestra elegancia.

APÉNDICES

APÉNDICE A
BIBLIOGRAFÍA COMENTADA

Catálogos

Algunos de los libros y vídeos citados a continuación se encuentran, por desgracia, fuera de catálogo o producción. Los catálogos en la lista siguiente ofrecen unas fuentes de listados de ediciones y vídeos mucho más extensas en todas las áreas del entrenamiento y la preparación en el fútbol de lo que es posible en estas páginas.

CHAMPIONSHIP BOOKS & VIDEO PRODUCTIONS
2730 Graham
Ames, IA 50010
Tel.: (llamada gratuita): 1-800-873-2730

SOCCER LEARNING SYSTEMS
P.O. Box 277
San Ramon, CA 94583
Tel.: (llamada gratuita): 1-800-762-2376

Libros

- Catlin, Mark G. *THE ART OF SOCCER*. St Paul, MN: Soccer Books, 1990. 208 págs. Muy buenos análisis de los sistemas de juego y ataques organizados. Contiene ejercicios y una buena sección sobre qué buscar en los jugadores jóvenes.

- Chyzowych, Walter. *THE OFICIAL BOOK OF THE UNITED STATES SOCCER FEDERATION*. Chicago: Rand McNally & Co., 1978. 253 págs. Éste fue el primero y más importante libro que utilizamos para aprender a entrenar a fútbol. Fácil de leer y entender, el último libro del entrenador Wake Forest es excelente para principiantes (pero por desgracia está fuera de catálogo).

- Coerver, Wiel. *SOCCER FUNDAMENTALS FOR PLAYERS AND COACHES*. Englewood Cliffs, NJ: Prentice Hall, 1986. 184 págs., más de 700 fotografías. Soberbias instantáneas y secciones sobre el juego rápido de piernas y ejercicios que implican redes con rebote. Coerver también ha producido varias notables cintas de vídeo pedagógicas sobre fútbol (CB&VP).

- Ditchfield, Mike, y Bahr, Walter. *COACHING SOCCER THE PROGRESSIVE WAY*. Englewood Cliffs, NJ: Prentice Hall, 1988. 238 págs. Especialmente eficaz tratando los principios del control y apoyo en defensa y en ataque. (SLS, CB&VP)

- Dorrance, Anson, y Nash, Tom (eds.). *TRAINING SOCCER CHAMPIONS*. JTC Sports, 1996. 160 págs. El exitoso entrenador de mujeres de la Universidad de North Carolina cuenta cómo desarrolló su programa del campeonato en la UNC, que ganó 12 títulos NCAA (incluyendo 9 seguidos) en 14 años. Cubre la organización del equipo, el entrenamiento, la gerencia del jugador y las tácticas. Como Coerver, el entrenador Dorrance ha producido una cinta de vídeo para complementar su libro, y también otras grabaciones (SLS, CB&VP).

- FIFA: *THE LAWS OF THE GAME.* U.S. Soccer Federation. 110 págs. Actualizado cada año, es el libro de reglamento oficial de fútbol (SLS, CB&VP).

- Harris, Paul E., y Harris, Larry R. *FAIR OR FOUL? THE COMPLETE GUIDE TO SOCCER OFFICIATING IN AMERICA* (6ª edición). Manhattan Beach, CA: Soccer for Americans, 1997. 224 págs. Una incalculable ayuda para comprender las reglas del fútbol en las categorías de instituto, universidad y nacionales/internacionales. Un libro muy popular, y con razón (SLS).

- Machnik, Joe, y Hoek, Frans. *SO NOW YOU ARE A GOALKEEPER.* Manhattan Beach, CA: Soccer for Americans, 1996. Ofrece perspectivas valiosas sobre cómo entrenar a los porteros. Actualizado a partir de una edición previa (SLS, CB&VP).

- Marziali, Floriano, y Mora, Vincenzo. *COACHING THE ITALIAN 4-4-2.* Muy buen análisis de la defensa en línea de cuatro. La cinta de vídeo que adjunta al libro muestra al entrenador del mundial de Italia Arrigo Sacchi (CB&VP).

- McGettigan, James P. *COMPLETE BOOK OF DRILLS FOR WINNING SOCCER.* West Nyack, NY: Parker Publishing Co., 1980. 254 págs. Extenso, bien organizado, con amplios gráficos para complementar los 264 ejercicios del libro.

- McGettigan, James P. *SOCCER DRILLS FOR INDIVIDUAL AND TEAM PLAY.* Englewood Cliffs, NJ: Prentice Hall, 1987. 222 págs. Una excelente continuación a su anterior libro de ejercicios. El entrenador ha conseguido no ser derrotado en tres temporadas en su carrera como entrenador universitario (SLS, CB&VP).

- Reeves, John A., Simon, J. Malcolm. *THE COACHES COLLECTION OF SOCCER DRILLS.* Champaign, IL: Leisure Press, 1981. 160 págs. Siempre hay demanda de libros de ejercicios, y éste que contiene 125 es estupendo (SLS).

- Warren, William E. *COACHING AND CONTROL.* Englewood Cliffs, NJ: Prentice Hall, 1997. 225 págs. Cuenta cómo conseguir tus objetivos entrenando, controlando tu programa, tus jugadores y tus rivales.

- Warren, William E. *COACHING AND MOTIVATION.* Englewood Cliffs, NJ: Prentice Hall 1983. 201 págs. Escrito en términos sencillos, este eterno *best-seller* cuenta todo los que necesitas saber sobre motivación personal y de la gente que te rodea para conseguir un rendimiento óptimo.

- Warren, William E. *COACHING AND WINNING.* West Nyack, NY: Parker Publishing Co., 1988. 180 págs. Un definitivo análisis en profundidad sobre lo que supone ser un sólido ganador en el entrenamiento, a partir de filosofías, principios, técnicas y estrategias empleadas por ganadores en todos los deportes.

• Whitehead, Nick, y Cook, Malcolm. *SOCCER TRAINING GAMES, DRILLS AND FIT-NESS ACTIVITIES* (4ª edición). Londres: A & C Black, Ltd., 1997. 128 págs. Aunque hemos usado este libro sobre todo por las actividades de *fitness* relacionadas con el fútbol, también contiene excelentes actividades de tiro entre sus 60 juegos y ejercicios (SLS, CB&VP).

Revistas

SOCCER AMERICA
P.O. Box 16718
North Hollywood, CA 91615-6718
50 números al año, 79$ de suscripción.

SOCCER JOURNAL
SUNY-Binghampton
West Gymnasium
Binghampton, NY 13902-6000
La publicación oficial del National Soccer Coaches of America, sólo disponible para socios; 6 números al año, 50$.

SOUTHERN SOCCER SCENE
P.O. Box 19445
Greensboro, NC 27419
Publicada mensualmente, cubre fútbol de instituto y universitario en NC, SC, GA, TN, y VA; 20$ de suscripción.

Cintas de vídeo

• *GROUP TACTICS SERIES.* (Soccer Learning Systems). Una hora de cinta sobre el ataque en grupo más una cinta de 36 min sobre la defensa en grupo. Cubre muy bien los fun- damentos del juego de equipo (SLS, CB&VP).

• *INDIVIDUAL TACTICS SERIES.* (Soccer Learning Systems) Dos cintas de 40 min, y una de 30 min Cubre el ataque y la defensa individual, y métodos de entrenar tácticas individuales (SLS, CB&VP).
Tanto el juego en grupo como el individual son excelentes. Las técnicas se ilustran a velocidad real, a cámara lenta, con imágenes de partidos internacionales. De International Tactics.

• *THE WINNING FORMULA.* (Soccer Learning Systems). Tres cintas. Una de 1 h, una de 80 min, y una de 40 min. Estudia todas las fases del ataque, la defensa y el juego de mediocampo. La cinta 5 cubre la función del portero. De The Football Association (SLS, CB&VP).

• Coerver, Wiel. *1-2-3 GOAL.* Cuatro cintas de 55 min. Excelentes series de vídeos que cubren las técnicas del control del balón, movimientos de 1 contra 1, crear y convertir ocasiones de gol, y movimientos de ataque de algunos de los más grandes jugadores (SLS, CB&VP).

- Coerver, Wiel. *COERVER COACHING DRILL SERIES.* Tres cintas de 55 min. Ofrece 365 ejercicios para mejorar técnicas de ataque, pases y controles, minipartidos, y más (SLS, CB&VP).

- Dorrance, Anson. *DYNASTY: UNIVERSITY OF NORTH CAROLINA WOMEN'S SOC-CER.* Dos cintas. Cubre el sistema de juego de la UNC, el desarrollo del jugador, los desafíos de la transición en la categoría universitaria, el desarrollo de las técnicas, la motivación y los requisitos posicionales.
El entrenador Dorrance es el equivalente en el fútbol a la compañía de bolsa E. F Hutton. Cuando habla, la gente deja de hacer lo que está haciendo y escucha (CB&VP).

- Machnik, Dr. Joseph A. (Joe). *GOALKEEPING SERIES.* Dos cintas de vídeo de 2 h y una de 30 min. Cubre cualquier aspecto del portero, desde el calentamiento y los ejercicios de estiramiento a técnicas y tácticas. Excelente (SLS, CB&VP).

- Sacchi, Arrigo. *COACHING THE ITALIAN 4-4-2.* Una cinta de 45 min. Aunque para nuestros equipos preferimos la defensa *Catenaccio* al hombre, nos gusta la versatilidad del sistema 4-4-2 (y recomendamos sin duda la cinta de vídeo del entrenador Sacchi para cualquiera que utilice el «42» (CB&VP).

- Van Balkom, Frans. *SOCCER ON THE ATTACK: A COMPREHENSIVE LOOK AT AT-TACKING SKILLS.* St. Louis: Budweiser-Busch Creative Services Corp., 1986. Tres cintas de 50 min en las *Individual Tactics series,* incluyen «Juego rápido de piernas y fintas» (Vol. I), «Regate» (Vol. II) y «Disparo y juego de cabeza» (Vol. III).
Estas cintas están fuera de edición, y es una pena, porque cuentan todo sobre lo que hayamos visto en cuanto a enseñar el juego rápido de piernas, el control del balón y los regates.

Apéndice B

TAREAS DE ENTRENAMIENTO Y PREPARACIÓN

Antes de empezar el entrenamiento

— Pedir los uniformes y el equipamiento
— Preparar el campo para entrenar y para los partidos
— Programar el uso del campo
— Preparar/actualizar el manual del jugador
— Verificar el médico/preparador físico/masajista/personal de rehabilitación
— Calcular los gastos
— Programar los exámenes físicos, las inyecciones contra la gripe
— Pedir botas de fútbol (con tacos de goma y de aluminio)
— Comprobar los requisitos de elegibilidad (historial académico)
— Planificar los desplazamientos (conductor de autobús, salidas de dos días)
— Contrato con la asociación de colegiados (enviar programa)
— Comprobar la iluminación del campo
— Comprobar el marcador, el panel de control, sustituir bombillas fundidas
— Entregar a los directivos la lista de obligaciones
— Pedir el libro de reglamento a la FIFA
— Preparar el programa de observación

Antes del primer partido

— Entregar los informes de elegibilidad
— Completar los formularios necesarios (seguro, permiso familiar e impresos de información médica de los jugadores)
— Volver a comprobar el reloj, los paneles y las bombillas
— Cronómetro, taquilleros, trabajadores en las gradas
— Cuestiones de seguridad
— Traer a colegiados para discutir los cambios en el reglamento y en los árbitros
— Plan de visualización en vídeo de los partidos
— Formas mímicas a utilizar

APÉNDICE C
EL TERRENO DE JUEGO

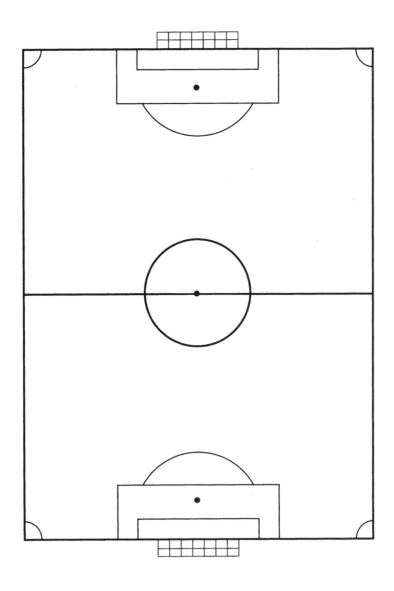

APÉNDICE D

HOJA DE ESTADÍSTICAS

FÚTBOL ——————— ESTADÍSTICAS

FECHA ———————

RIVAL ———————

TARJETAS ———————

TARJETAS DEL RIVAL ———————

MARCADORES | 1° | 2° | PRO | PRO | RESULTADO FINAL

RIVAL

JUGADOR	DISPAROS		GOLES						MAL SAQUE DE BANDA	FALTAS	TARJETAS		FALTAS LANZADAS	RECUPERA- CIÓN BALÓN	FUERAS DE JUEGO
	A PORTERÍA	A GOL	MARCADOS	ASISTEN.	FALLADOS	GOLES	FALLADOS	BUENOS			AMARILLA	ROJA			

TOTAL DEL RIVAL

TABLA DE ASISTENCIAS

NOMBRE	ASISTENCIAS	TIEMPO

ESTADÍSTICAS DEL PORTERO

PORTERO	DISPAROS DETENIDOS	GOLES ENCAJADOS	PARADAS	PENALTI	
				PARADOS	ENCAJADOS
RIVALES					

TABLA DE ASISTENCIAS

NOMBRE	ASISTENCIAS	TIEMPO

APÉNDICE E

LISTA DE PREPARACIÓN DEL JUGADOR PARA LOS PARTIDOS Y LOS ENTRENAMIENTOS

Para hacer:

— Ser puntual (o llamar con antelación si vas a llegar tarde o a ausentarte). Número donde llamar: _____.

— Disponer de transporte a casa después del entrenamiento.

— Disponer de transporte hacia/desde el punto de salida para los partidos fuera de casa.

— Vendarse los tobillos, etc., antes de los partidos y entrenamientos si es necesario.

— Contactar con _(fisioterapeuta)___ en el ____(n° tel.)_____ si te duele algo que precise atención o un tratamiento de rehabilitación.

— Contactar con ___(quiromasajista)_____ en el ___(n° de tel.)_____ si tienes problemas con el cuello o la espalda.

— Contactar con ___(médico)_____ en el ___(n° de tel.)_____ para otros problemas médicos o físicos.

Para llevarte contigo:

— Llevar ropa adecuada en el entrenamiento según las condiciones meteorológicas.

— Llevar dos juegos de uniformes, dos pares de botas (con tacos de goma y de aluminio) a los partidos.

— Llevar zapatillas de tenis en los entrenamientos.

— Llevar complementos especiales (p. ej.: un protector, gomas para los calcetines, espinilleras).

— Una actitud positiva.

APÉNDICE F
DEPARTAMENTO DEPORTIVO DEL INSTITUTO

EL PAQUETE DEPORTIVO

El paquete deportivo contiene información esencial (es necesario que las páginas 2 y 3 se rellenen y devuelvan a la oficina deportiva.

1. Carta informativa a los padres/tutores de la evaluación deportiva
2. Opciones de la evaluación familiar e información del seguro
3. Permiso familiar/libertad para someterse a la atención médica
4. Impreso del examen físico

Carta informativa a los padres/tutores de la evaluación deportiva

Habrá una valoración de todos los participantes deportistas y animadoras en el instituto _____ para el año académico que viene. La valoración para todos los participantes será de 15 dólares (15$) al año. Se trata de una antigua evaluación para todos los deportes y la animación de cara al año académico.

Todos los atletas y animadoras precisan pagar la evaluación antes de que empiece el primer entrenamiento del deporte en que participen. No se negará el derecho a participar a ningún niño debido a la escasez económica. El entrenador o el director deportivo tomarán las medidas oportunas.

Todos los atletas y las animadoras están cubiertos con un seguro de accidentes. Siendo así, se aplica después de registrar el primer seguro. Esta cobertura sólo tiene efecto con los accidentes a propósito durante el programa deportivo. No es una cobertura de un día académico; sin embargo, recomendamos que su hijo/a se inscriba en esta última al principio del curso escolar.

INFORMACIÓN DE LA EVALUACIÓN/INFORMACIÓN DEL SEGURO

A: Progenitores/tutores de los deportistas y las animadoras

DEL: Director deportivo y director de la escuela

Todos los atletas y las animadoras son responsables de la cuota de evaluación. Por favor, comprobad la afirmación apropiada 1, 2 o 3 que tenga que ver con tu caso. Por favor, rellena el paquete entero y devuélvelo a la oficina deportiva inmediatamente.

1. _____ Mi hijo/a participa en la actividad de fútbol. Adjunto los quince dólares (15$) para su evaluación deportiva.

2. _____ Mi hijo/a participa en_____ (deporte). Adjunto los quince dólares (15$) para su evaluación deportiva.

3. _____ Mi hijo/a participa en_____ (deporte). La cuota de evaluación de quince dólares (15$) ha sido pagada al inicio de este año académico cuando participó en _____ (deporte).

INFORMACIÓN DEL SEGURO DEL INSTITUTO

Todos los atletas y las animadoras están cubiertos con un seguro de accidentes. Siendo así, se aplica después de registrar el primer seguro. Esta cobertura sólo tiene efecto en los accidentes a propósito durante el programa deportivo. No es una cobertura de un día académico; sin embargo, recomendamos que su hijo/a se inscriba en esta última al principio del curso escolar.

POR FAVOR, COMPLETE LA SIGUIENTE INFORMACIÓN:

Compañía de seguros de los progenitores/tutores _____
Póliza de seguros/número de Grupo _____
Póliza del lugar de trabajo del beneficiario _____

PERMISO DE PARTICIPACIÓN DEL PROGENITOR/ TUTOR

Yo/Nosotros por el presente damos mi/nuestro permiso para que nuestro hijo/a _____ participe en _____, siendo conscientes de que esta participación implica un potencial de sufrir lesiones, inherente en todos los deportes. Yo/Nosotros admitimos que incluso con la mejor preparación, el uso del equipamiento protector más avanzado y la estricta contemplación de las normas, las lesiones siguen siendo una posibilidad. En raras ocasiones, estas lesiones pueden ser tan graves como para causar discapacidades totales, parálisis o incluso la muerte.

Este permiso va dirigido a todos los deportes del instituto excepto los anotados abajo. Además, entendemos que mi/nuestro hijo/a debe tener un formulario completo de High School Association Physical Examination, firmado por un médico licenciado antes de poder acceder a las pruebas deportivas. Para terminar, entendemos que estas pruebas son normalmente válidas del 1 de julio al 30 de junio del siguiente año.

Yo/Nosotros admitimos que Yo/Nosotros hemos leído y comprendido el aviso presentado en este impreso.

_____   _____
Firma de los progenitores/Tutores   Fecha

_____   _____
Firma del estudiante   Fecha

Excepciones conocidas _____

PERMISO PARA LA ATENCIÓN MÉDICA

Apreciados padres:

A continuación incluimos un formulario de permiso para la atención médica de vuestro hijo/a. Este impreso da a nuestro equipo de entrenadores la autoridad de admitir a su hijo/a para ser sometido a una atención médica si él/ella se lesiona y no podemos localizarlos a ustedes. Con esta medida aseguramos a su hijo/a una atención rápida en caso de lesión y de que ustedes no estén disponibles para dar permiso al médico o al hospital para atenderlo/a.

Gracias por su colaboración en este sentido.

_____, Director deportivo

Yo autorizo al equipo de entrenadores de _____ la potestad de admitir a mi hijo/a, (nombre del estudiante) _____ para la atención médica en caso de que yo no esté localizable.

_____   _____
Firma del progenitor/Tutor   Fecha

_____   _____
Número del teléfono de casa   Lugar de trabajo y número de teléfono

El nombre de tu médico personal es: _____
Por favor, danos el nombre y números de contacto de una persona por si hay una emergencia en caso de que no estés localizable.

_____   _____
Nombre y parentesco   Números de casa/Trabajo

APÉNDICE G

HOJA DE INFORMACIÓN DEL JUGADOR

Fecha _____

| SEGUNDO APELLIDO | NOMBRE | PRIMER APELLIDO |

| DIRECCIÓN POBLACIÓN | ESTADO | CÓDIGO POSTAL |

NO TEL. _____ _____   FECHA DE NACIMIENTO (MES/ DÍA/ AÑO)

NOMBRES DE LOS PROGENITORES/ TUTORES

NIVEL DE CURSO (SEÑALA UNO)   8   9   10   11   12

AÑOS DE EXPERIENCIA EN EL FÚTBOL: _____

NÚMERO DE TÍTULOS GANADOS EN EL FÚTBOL UNIVERSITARIO: _____

¿QUIERES JUGAR (HAS JUGADO) A FÚTBOL ESTE OTOÑO? (SÍ) (NO)

SI DICES QUE SÍ,

¿EN QUÉ EQUIPO? _____ ¿EN QUÉ CATEGORÍA? _____

¿EN QUÉ CLUB DE FÚTBOL? _____

¿EN QUÉ POSICIÓN(ES) JUEGAS? _____

¿ALGUNA VEZ HAS ASISTIDO A ALGUNA PRUEBA DE UN EQUIPO DEL BARRIO O DE UN EQUIPO NACIONAL?

(SÍ) (NO) SI DICES QUE SÍ, ¿CUÁNDO Y DÓNDE?_____

¿ALGUNA VEZ HAS JUGADO (O JUEGAS) EN EL EQUIPO DEL ESTADO DE GEORGIA O EN CUALQUIER OTRO EQUIPO ESTATAL? (SÍ) (NO). SI DICES QUE SÍ, ¿EN QUÉ EQUIPO ESTATAL? _____

¿CUÁL ES TU NOTA MEDIA DE CURSO? _____

_____

¿HAS SUSPENDIDO ALGÚN CURSO? (SÍ) (NO), SI ES QUE SÍ, CURSO Y AÑO SUSPENDIDO

_____

CURSO   AÑO

_____

APÉNDICE H

FORMULARIO DEL HISTORIAL MÉDICO

NOMBRE COMPLETO _____
(PRIMER APELLIDO)   (SEGUNDO APELLIDO) (NOMBRE)

FECHA DE NACIMIENTO _____ EDAD _____ SEXO _____

AÑO ESCOLAR _____ ESCUELA _____ CURSO _____

NÚMERO DE TELÉFONO DE CASA _____

¿ALGUNA VEZ HA TENIDO UN HISTORIAL DE...?
(comprueba lo que coincida con el caso del estudiante y explícalo abajo)

__CONMOCIÓN CEREBRAL	__ESTANCIA DE UNA NOCHE EN EL HOSPITAL	__OPERACIÓN
__AGOTAMIENTO POR CALOR	__DIABETES	__HUESO ROTO
__INSOLACIÓN	__DOLOR DE CABEZA	__DESMAYOS
__TOS CRÓNICA	__DOLOR DE CUELLO	__ASMA
__ATAQUES EPILÉPTICOS	__SOPLOS CARDÍACOS	__HERNIA
__LESIÓN DE HOMBROS	__PROBLEMAS DIGESTIVOS	__DOLOR EN EL CODO
__PRESIÓN ARTERIAL ALTA	__PROBLEMAS DE RIÑÓN	__DOLOR DE CADERAS
__DOLOR DE MANO/MUÑECA	__ENFERMEDAD DEL CORAZÓN	__DOLOR DE RODILLAS
__MEDICACIÓN DIARIA	__DOLOR DE ESPALDA	__DOLOR DE TOBILLOS
__ALERGIAS	__LLEVA GAFAS/ LENTES DE CONTACTO	__DOLOR DE MUELAS
__OTROS PROBLEMAS MÉDICOS	__PÉRDIDA DE PARTES DEL CUERPO	

EXPLICACIONES/FECHAS_____

¿ALGÚN MÉDICO HA LIMITADO ALGUNA VEZ LA PARTICIPACIÓN DEPORTIVA DEL ESTUDIANTE?   SÍ_____ NO _____

¿ALGUNA VEZ LA MADRE, EL PADRE, LOS HERMANOS O LAS HERMANAS DEL ESTUDIANTE HAN TENIDO PROBLEMAS DE CORAZÓN ANTES DE LOS 50 AÑOS? SÍ ____ NO ____

CERTIFICADO DEL FAMILIAR/ESTUDIANTE

LOS ABAJO FIRMANTES CERTIFICAN QUE NINGUNA INFORMACIÓN MÉDICA RESPECTO AL SOLICITANTE HA SIDO OCULTADA Y QUE TODA LA INFORMACIÓN INDICADA ES AUTÉNTICA Y VERDADERA.

_____   _____
FAMILIAR O TUTOR LEGAL   ESTUDIANTE

EL EXAMEN EFECTUADO PARA ESTE CERTIFICADO DE PARTICIPACIÓN ESTÁ LIMITADO Y DISEÑADO PARA IDENTIFICAR LAS CONDICIONES O ENFERMEDADES QUE LIMITARÍAN O IMPEDIRÍAN A UN ESTUDIANTE PARTICIPAR EN ACTIVIDADES DEPORTIVAS. ESTE EXAMEN **NO** PRETENDE SER EXTENSO Y PUEDE NO DETECTAR ALGUNAS CLASES DE CONDICIONES MÉDICAS LATENTES U OCULTAS. TODOS LOS DEPORTISTAS DEBERÍAN SER SOMETIDOS A EXÁMENES MÉDICOS PERIÓDICOS Y EXHAUSTIVOS.

APÉNDICE I

FORMULARIO DEL EXAMEN FÍSICO MÉDICO

NOMBRE COMPLETO _____

FECHA _____ NOMBRE CON EL QUE TE PRESENTAS _____

EXAMEN FÍSICO PARA SER COMPLETADO POR EL MÉDICO EXAMINADOR

ALTURA _____ PESO: _____ Kg

PRESIÓN SANGUÍNEA _____ / _____

OJOS: OREJAS:

NARIZ: CABEZA Y CUELLO:

GARGANTA: ABDOMEN:

CARDIOVASCULAR:

SOPLOS:

PULSO: DESCANSO _____ DESPUÉS DEL EJERCICIO _____ RECUPERACIÓN _____

OTROS: _____

RESPIRATORIO:

RESUELLO: ESPUTO:

OTROS:

ORTOPEDIA:

CONDICIÓN GENERAL:

_____ EXCELENTE   _____ BUENA   _____ ACEPTABLE

_____ BAJO LA MEDIA

CERTIFICADO MÉDICO

SEGÚN LA INFORMACIÓN ARRIBA DETALLADA Y SIGUIENDO EL EXAMEN LIMITADO, CERTIFICO QUE EL ESTUDIANTE EN CUESTIÓN:

_____ SUPERA EL EXAMEN SIN RESTRICCIONES

_____ SUPERA EL EXAMEN CON RESTRICCIONES

_____ NO SUPERA EL EXAMEN DEBIDO A _____

_____   _____
FIRMA DEL MÉDICO   FECHA

APÉNDICE J

LISTA DE LAS FASES DEL EQUIPO EN DEFENSA Y EN ATAQUE PARA CUBRIR EN LA PRETEMPORADA

Instalar el sistema ofensivo: pautas y estrategias

_____ A. Construyendo ataques
_____ B. Contraataques
_____ C. Pautas de ataque y secuencias
      _____ 1. Desarrollando triángulos en ataque y secuencias de paredes
      _____ 2. Creando espacio para el jugador con el balón
      _____ 3. Movimientos entre la defensa
      _____ 4. Aplicando estrategias de «goma»*
      _____ 5. Buscando tiros a portería
      _____ 6. Apoyando los ataques
      _____ 7. Cambiando de juego
          _____ a. Pases cruzados
          _____ b. Desdoblamientos
          _____ c. Moviendo el balón alrededor del perímetro
      _____ 8. Tácticas para frenar el ritmo
_____ D. Estrategias a balón parado
      _____ 1. Jugadas de saque inicial y estrategias
      _____ 2. Saques de banda
      _____ 3. Saques de portería
      _____ 4. Saques de esquina
      _____ 5. Tiros libres directos e indirectos
      _____ 6. Lanzamientos de penalti

Instalar la defensa del equipo: principios y estrategias

_____ A. Responsabilidades de marcaje al hombre o en zona
      _____ 1. Estrategias de marcaje de 1 contra 1 agresivas/pasivas
      _____ 2. Doble marcaje y estrategias de apoyo
      _____ 3. Defendiendo los contraataques
_____ B. Defensa situacional
      _____ 1. Saques iniciales
      _____ 2. Saques de esquina
      _____ 3. Tiros libres directos e indirectos
_____ C. Despejando el balón

*Véase el capítulo 7 sobre el principio de la goma.

APÉNDICE K

OBLIGACIONES Y RESPONSABILIDADES DE LOS DELEGADOS/DIRECTIVOS

General

Procurar estar en el campo 30 minutos antes de cada entrenamiento, 45 minutos antes de las salidas a los campos rivales y 90 minutos antes de los partidos en casa.

A diario

Limpiar la oficina del entrenador, el vestuario local y el visitante. Limpiar el suelo. Recoger la ropa, los desperdicios y el equipamiento del suelo. Limpiar los lavabos y asegurarse de que estén disponibles el papel higiénico y las toallas de mano. Asegurarse de que la oficina del entrenador y los vestuarios estén cerrados durante y después del entrenamiento.

Procedimientos del entrenamiento

1. Conseguir una copia del programa de entrenamiento. Estudiarlo para saber dónde y cómo será utilizado en la sesión, y dónde colocar el equipamiento para entrenar. Colocar las porterías, las redes con rebote y las parrillas (con porterías móviles y conos).
2. Hinchar balones si es necesario; tener preparados los balones en bolsas, una pizarra portátil, borradores, tiza, botiquín, toallas, petos, cámara de vídeo, tablillas para escribir, lápices, hojas de estadísticas y un cronómetro.
3. Durante la sesión, el directivo sénior cronometrará los ejercicios. Otros directivos ayudarán en las actividades (p. ej.: recogiendo los balones y recolocando las parrillas, las porterías y los conos entre cada ejercicio), y guardar las estadísticas y/o filmar los ejercicios y partidos de entrenamiento.
4. Después de la sesión, los directivos/delegados recogerán todo el material y la ropa para devolverlo a la oficina de los entrenadores; antes de marchar comprobarán el campo una última vez; recogerán las toallas, los petos, etc., para lavarlos, y limpiarán el vestuario.

APÉNDICE **L**

RESPONSABILIDADES DE LOS DIRECTIVOS/DELEGADOS EL DÍA DEL PARTIDO

Antes/ durante el partido	Después del partido	Partidos en casa
_____	_____	1. Limpiar la oficina del entrenador y los vestuarios locales y los visitantes
_____	_____	2. Dar/recuperar la llave del vestuario del entrenador visitante
_____	_____	3. Preparar el campo
_____	_____	a. Campo con las líneas marcadas, banderines de esquina en su lugar
_____	_____	b. Drenaje del campo a punto, redes de la portería colocadas, papeleras en su sitio
_____	_____	4. Preparar reloj marcador
_____	_____	5. Tener preparados lápices/hoja de la alineación/tablillas/hojas de estadísticas (dárselas al entrenador después del partido)
_____	_____	6. Llenar de agua los contenedores pronto. Tener vasos a punto
_____	_____	7. Toallas, botiquín para el banquillo local
_____	_____	8. Comprobar el aire de los balones, y modificarlo si es necesario. Llevarlos a la zona de banquillo
_____	_____	9. Preparar la cámara de vídeo para filmar
_____	_____	10. Abrir la puerta del vestuario local y de los árbitros antes de acabar la primera parte
_____	_____	11. Llevar refrescos a los árbitros, al equipo visitante y al equipo de casa en la media parte
_____	_____	12. Recoger todo el equipamiento, ropa, etc., después del partido

Antes/ durante el partido	Después del partido	Partidos fuera de casa
_____	_____	1. Preparar los balones, llevar la bolsa de los balones al autocar
_____	_____	2. Tener preparados lápices, la hoja de la alineación y las hojas de estadísticas
_____	_____	3. Preparar el contenedor de agua y vasos y toallas
_____	_____	4. Preparar el botiquín
_____	_____	5. Preparar la cámara de vídeo para filmar
_____	_____	6. Recoger los objetos de valor y ponerlos dentro de una bolsa (¡NO PERDERLA DE VISTA NI UN SEGUNDO!)
_____	_____	7. Antes de marchar, volverse a asegurar de que todo el equipamiento y material esté en el autocar
_____	_____	8. Pedir/Devolver la llave del vestuario al entrenador local
_____	_____	9. Recoger las sudaderas
_____	_____	10. Después del partido asegurarse de que todo vuelve a estar en el autocar, incluyendo las bolsas con los balones, las tablillas, los lápices, las hojas de estadísticas, los contenedores de agua, las toallas, el botiquín, la cámara de vídeo y las sudaderas. Devolver a los jugadores los objetos de valor. Volver a comprobar las zonas del banquillo y de los vestuarios una última vez antes de marchar, para asegurarse que no hay nada por recoger

APÉNDICE M

FORMULARIO DE OBSERVACIÓN ANTES DEL PARTIDO

Equipos (señalar equipo observado)   Lugar   Fecha

I. Condiciones del campo

A. Iluminación _____

B. Dimensiones del campo/características (p. ej.: el tamaño aproximado del terreno de juego, el estado del césped o de la superficie, los peligros potenciales como las vallas, las cabezas de aspersores ocultas o una pista de atletismo alrededor del campo)

_____
_____
_____
_____
_____
_____

II. Jugadores individuales

(Anota aspectos como los jugadores ausentes, sin el uniforme o los que están flojos; las preferencias de pie al regatear, al pasar y al tirar, y la efectividad en el disparo)

_____
_____
_____
_____
_____
_____
_____
_____
_____
_____

APÉNDICE N

LISTA DE OBSERVACIÓN (JUGADORES INDIVIDUALES)

I. Tiros/goles

_____ ¿Cuántos atacantes representan amenazas reales de gol en el 1 contra 1?

¿Cuáles son sus mejores (y peores) tiradores?

_____ ¿Desde dónde prefieren disparar sus mejores tiradores y goleadores? ¿Cuál es su promedio de efectividad? ¿Cómo buscan las situaciones de tiro? (¿Con el regate? ¿O mediante pases largos, cruzados, desdoblamientos o pases de la muerte?) ¿Rematan bien de cabeza?

II. Velocidad y rapidez

_____ ¿Cuáles son sus jugadores más rápidos? ¿Es su rapidez comparable con la nuestra?

_____ ¿Juegan bien a gran velocidad o tienden a perder el control?

_____ ¿Podemos neutralizar su ventaja en velocidad, si es que existe? ¿Cómo? (¿Podemos marcar encima a sus delanteros más rápidos en el 1 contra 1 y quitarles el balón? ¿O deberíamos hacer dobles marcajes o marcarlos a distancia sin permitirles que nos superen?)

III. Ataque

_____ ¿Quiénes dominan más el balón y organizan el juego? ¿Tienen más de un buen organizador? ¿Hasta qué punto el éxito del equipo depende de la capacidad del organizador de juego? ¿Se sienten frustrados si les quitan el balón constantemente? ¿Quién debemos impedir que reciba el balón cuando el partido está ajustado? ¿Cómo podemos neutralizar a estos jugadores en defensa?

_____ ¿Sus organizadores necesitan el balón para ser efectivos, o pronto se lo quitan de encima hacia un compañero cuando se les acosa? ¿Qué hacen cuando no tienen el balón?

_____ ¿Alguno de sus delanteros regatea demasiado? ¿Podemos hacerles un doble marcaje o acorralarlos? Si es así, ¿dónde?

_____ ¿Sus delanteros prefieren recibir el balón a los pies o al espacio libre?

_____ ¿Cómo penetran en el 1 contra 1? ¿Tienen preferencia con un pie o una dirección, o pueden escaparse por ambos lados con la misma facilidad? ¿Podemos neutralizar sus penetraciones con el balón en los pies sin recurrir al doble marcaje?

_____ ¿Qué efectividad demuestran con el balón controlado corriendo a gran velocidad? ¿Controlan y pasan bien el balón bajo presión?

_____ En términos de dominio del balón, quiénes son sus delanteros menos capacitados? ¿Por qué? (¿Observan el balón mientras lo tienen en los pies o prefieren un pie al otro al regatear o pasar?

_____ ¿Qué hacen los extremos cuando el organizador tiene el balón? ¿Qué dominio del balón tienen? ¿Centran bien el balón?

_____ ¿Algún centrocampista defensivo o lateral hace carreras en el tercio de ataque? (Si es así, ¿cómo hacen la rotación los otros jugadores? ¿Cubren bien, o dejan espacios libres?)

IV. Defensa

_____ Aparte del portero, ¿quiénes son sus mejores y peores defensas?

_____ ¿Los centrocampistas y los defensas son eficientes en el 1 contra 1? ¿Van bien en el juego aéreo?

_____ ¿Hay algún defensa que sin disputar el balón observe el esférico y no a su marcaje? Si es así, ¿quién?

_____ ¿Hay algún defensa flojo en el dominio del balón, protegiéndolo o en el pase? ¿Podemos recuperar el balón infligiendo presión cuando perdemos su posesión (p. ej.: cortándoles los apoyos y forzándoles a realizar el 1 contra 1 con nosotros)?

_____ ¿Qué nivel de agilidad, rapidez y capacidad de salto tiene el portero? ¿Intercepta bien los balones con las manos? ¿Juega bien por arriba? ¿Se agacha para atajar los balones rasos? ¿Sale de la línea de gol o del área grande para anular las penetraciones rápidas, o se queda pegado a la portería? ¿Dónde se coloca en los saques de esquina y en los tiros libres?

_____ ¿Qué hace el portero con el balón? ¿Tiene una pierna mejor que la otra en los despejes y en los saques de portería? ¿Tiene potencia y precisión con el brazo al lanzar el balón? ¿Se comporta con aplomo bajo presión o tiende a asustarse cuando los ataques invaden el área grande?

V. General

_____ ¿Cuáles son los mejores suplentes? ¿De qué forma, si se da el caso, disminuye el rendimiento del equipo cuando juegan? ¿Por qué?

_____ ¿Qué jugadores probablemente se sienten más descentrados en situaciones de presión?

_____ De los jugadores que juegan más minutos, ¿cuáles son los más jóvenes o más inexpertos?

_____ ¿Hay algún jugador enfermo, lesionado, con partidos de expulsión o sin el uniforme? ¿Volverán a estar en la alineación cuando juguemos contra su equipo?

APÉNDICE O

LISTA DE OBSERVACIÓN (ATAQUE DEL EQUIPO)

I. Ataque en general

_____ ¿La velocidad de su equipo es superior, igual o inferior a la nuestra?

_____ ¿Prefieren construir sus ataques? ¿O lanzar balones largos en profundidad?

_____ ¿Confían más en el pase que en el balón en los pies, o al revés? ¿O es probable que usen de igual modo ambas formas de mover el balón?

_____ ¿Con qué efiacia responden a la presión?

_____ ¿Cuáles son los puntos más débiles de su ataque? ¿Cómo podemos explotar mejor esas debilidades?

II. Contraataques

_____ ¿Contraatacan de forma implacable? ¿En ocasiones? ¿Raras veces? ¿O nunca? ¿Cuántos jugadores participan en los contraataques? ¿Cuáles de ellos son eficientes regateadores a gran velocidad o pasadores?

_____ ¿Tienden a iniciar sus contraataques con pases largos, con el balón en los pies, con una serie de paredes? ¿Prefieren subir el balón por el centro del campo o por una u otra banda? (¿Qué banda?) ¿Podemos frenar sus contraataques entrando a por el balón con agresividad inmediatamente después de perder la posesión?

_____ ¿Qué paciencia tienen en ataque? ¿Si fracasa su contraataque inicial, intentan presionar su ofensiva y buscar la primera situación de disparo posible, o vuelven a posicionarse para establecer un ataque regular?

III. Pautas y tendencias

_____ ¿Practican jugadas ensayadas o pautas determinadas en su ataque regular? ¿O su ataque es libre y espontáneo?

_____ ¿Cómo introducen el balón en su tercio de ataque, construyendo la jugada con pases cortos y luego intentando pasarlo a un punta o un extremo? ¿O lanzando un balón largo y esperando que la velocidad de los delanteros superará a la defensa?

_____ ¿Qué formación/es utilizan? ¿Cómo cambia la formación durante los ataques? ¿Prefieren una banda o la otra? ¿O el centro del campo? ¿O atacan cuando creen que la defensa es vulnerable?

_____ ¿A cuántos puntas envían? (Si es más de uno, ¿cuál es el jugador preferido? ¿Dónde buscan a ese jugador? ¿Qué hacen los otros delanteros?)

_____ ¿Cómo cambian de juego? ¿Con pases cruzados? ¿O retrasando el balón con una serie de pases seguros de uno a otro jugador de apoyo alrededor del perímetro?

_____ Además de los puntas y los extremos, ¿quién más se incorpora al ataque o hace carreras a través de la defensa? ¿Cómo contribuyen al ataque los jugadores de apoyo?

IV. Tareas asignadas

_____ ¿Quién lanza los tiros libres? ¿Los saques de portería? ¿Los saques de esquina? ¿Cómo se sitúan? ¿Quién, si existe, es el potencial receptor?

_____ ¿Cómo se alinean en los saques de portería? ¿Adónde van?

_____ ¿Lanzan saques de esquina cerrados, o abren el balón lejos del área pequeña?

_____ ¿Hay mucho movimiento en los tiros libres? ¿O lanzan directo a portería?

_____ ¿Utilizan jugadas ensayadas para introducir el balón en el tercio de ataque en los saques iniciales?

APÉNDICE P

LISTA DE OBSERVACIÓN (DEFENSA DEL EQUIPO)

I. Defensa en general

_____ ¿Son básicamente agresivos o pasivos en defensa? (¿Salen a por el balón por todo el campo intentando robarlo? ¿O se quedan atrás en su posición defensiva y esperan a que les llegue?)

_____ ¿Se recuperan deprisa después de un cambio de posiciones? ¿Son susceptibles a los pases largos y contraataques? ¿Disputan el balón inmediatamente después de perder su posesión? (Si no es así, ¿en qué tercio del terreno de juego intensifican su cobertura defensiva?)

_____ ¿Prefieren la defensa en zona o al hombre?

II. Defensa en zona

_____ ¿Qué sistemas utilizan? ¿Hacen dobles marcajes o acorralan? Si es así, ¿dónde?

_____ ¿Son agresivos, pasivos o perezosos en su cobertura y movimientos? ¿Se desplazan demasiado hacia el lado donde se encuentra el balón? (Si es así, ¿podemos atacarlos con pases cruzados en profundidad?) ¿Cuáles son, si existen, las debilidades más obvias de su cobertura, y cómo podemos aprovecharlas?

_____ ¿Jugar en defensa zonal limita o aumenta su potencial de ataque?

III. Defensa al hombre

_____ ¿Qué sistema utilizan? ¿Usan una formación en línea con sus laterales, o una formación con defensa libre y central?

_____ ¿Qué efectividad tiene su marcaje en el 1 contra 1? ¿Hacen dobles marcajes? (Si es así, ¿dónde?) ¿Cuánta presión infligen sobre el balón?

_____ ¿En qué aspectos es más fuerte su defensa? ¿Y más débil? ¿Cómo podemos anular sus puntos fuertes o explotar sus debilidades?

IV. Tareas asignadas

_____ ¿Hay algo digno de mencionar o inusual sobre la forma en que defienden los tiros libres, los saques de esquina, los saques de portería, los saques de banda o los saques neutrales?

APÉNDICE Q

PLANTEAMIENTO DEL PARTIDO

_____   _____   _____
Rival   Lugar   Fecha

I. Perspectiva general_____
_____
_____
_____
_____
_____
_____
_____
_____

II. Jugadores individuales
____ (   ) _____
_____
_____
_____

____ (   ) _____
_____
_____
_____

____ (   ) _____
_____
_____
_____

_____ (   ) _____

_____

_____

_____

_____

_____ (   ) _____

_____

_____

_____

_____

III. Ataque del equipo _____

_____

_____

_____

_____

_____

_____

_____

_____

_____

_____

_____

_____

_____

_____

_____

_____

IV. Defensa del equipo _____

_____

_____

_____

_____

_____

_____

_____

_____
_____
_____
_____
_____
_____
_____
_____
_____
_____
_____
_____
_____
_____
_____
_____
_____

V. Situaciones especiales

SAQUES INICIALES _____
_____
_____
_____
_____
_____

SAQUES DE BANDA _____
_____
_____
_____
_____
_____

SAQUES DE PORTERÍA _____
_____
_____
_____
_____
_____

SAQUES DE ESQUINA _____

_____
_____
_____
_____
_____
_____

LANZAMIENTOS LIBRES DIRECTOS/INDIRECTOS _____

_____
_____
_____
_____
_____
_____

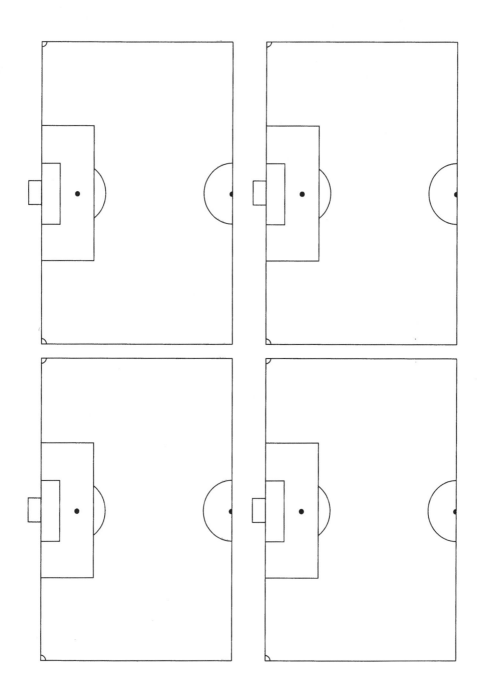

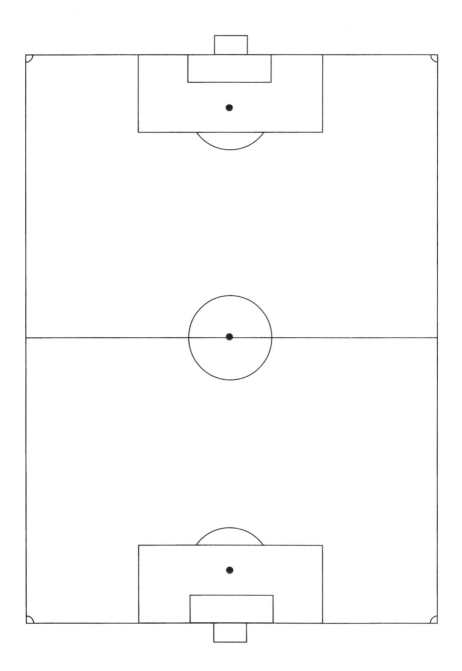

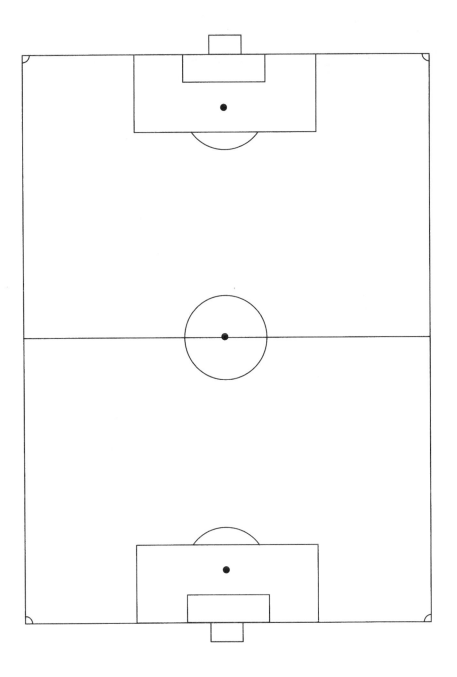

APÉNDICE R

EVALUACIÓN DEL PLANTEAMIENTO DEL PARTIDO

_____   _____   _____
       Rival   Lugar   Fecha

I. Nos ha funcionado mejor _____

_____

_____

_____

_____

_____

II. Lo que han hecho que no esperábamos. Cómo hemos reaccionado _____

_____

_____

_____

_____

_____

_____

III. Lo que no nos ha funcionado y por qué _____

_____

_____

_____

_____

_____

IV. Posibles cambios para la próxima vez _____

_____

_____

_____

_____

_____

APÉNDICE S

ENTRENAMIENTO CON PESAS

Aunque existen muchos programas para esto, el programa de musculación fuera de temporada que recomendamos a los futbolistas dura 8 semanas y consiste en 7 ejercicios. Lo desarrolló para nosotros nuestro entrenador asistente, Arthur Graves, y los especialistas en *fitness* Bob y Beckie Bell, de Alabaster, Alabama.

Actividad	Series	Repeticiones
Squats	4	12
Elevación de pantorrillas	3	20 (aguantar 8 segundos, descansar 3)
Poleas	4	12
Remo vertical	3	12
Flexiones de brazos	4	máximas
Abdominales	2	máximas
Rotaciones alternativas de brazos	2	10

Aunque sin recibir el término adecuado y con connotaciones de alguna forma negativas, el procedimiento de trabajo «Entrenar para el fracaso» es excelente para conseguir una resistencia inicial y el nivel de rendimiento apropiado, y para maximizar la potencia muscular sin hinchar a los jugadores hasta el punto de hacerles perder eficacia en la rápida contracción muscular. En este caso buscamos una fuerza y *fitness* global que complemente, y no impida, la eficacia de nuestros jugadores.

Para iniciar el programa TFF, es necesaria una sesión preliminar para determinar la resistencia al principio (peso) de cada jugador en cada actividad, es decir, el peso máximo con el cual pueden efectuar con éxito el número de repeticiones en la primera serie de esa actividad: 12 para los *squats*, polea y remo vertical, y 10 para las rotaciones alternativas de brazos.

Habiendo establecido un punto de comienzo, los deportistas trabajan a su aire las series prescritas en cada actividad, realizando un número máximo de repeticiones en cada serie. Cuando sean capaces de conseguir más de 12 repeticiones en la primera serie, es el momento de aumentar la resistencia añadiendo peso, no repeticiones. Normalmente se llega a este punto y se añaden más pesas después de 1 o 2 semanas.

Quizá quieras que los jugadores hagan flexiones de brazos alternando las series, agarrando la pesa con el puño por encima para trabajar los tríceps, y por debajo para los bíceps. Para los abdominales, puedes aumentarles la resistencia usando una tabla inclinada o aguantando un peso por detrás de sus cabezas; o de lo contrario, algunos de tus especialistas en abdominales continuarían haciendo repeticiones sin parar, como el conejo del anuncio de Duracell.

Asegúrate de que los jugadores hacen series de ejercicios de estiramiento antes de cada esfuerzo, y no hace falta decir que ningún jugador puede entrenar a menos que haya pasado el examen médico dentro de los últimos 12 meses.

Para un máximo provecho, deberían hacer pesas cada 2 días; si eso no es factible, que lo hagan tres veces a la semana (por ejemplo, lunes, miércoles y viernes). Los jugadores necesitan un día de descanso entre las sesiones de pesas (pero no entre los entrenamientos de carreras; deben correr cada día).

Guardar los informes de los progresos diarios es motivador, y ofrece una perspectiva de la evolución de los jugadores. En el Apéndice T hay una tabla de control de entrenamientos.

APÉNDICE T

TABLA DE CONTROL DEL ENTRENAMIENTO CON PESAS

Nombre ——————— Deporte ———

NOTA: la fecha se incluye en los recuadros vacíos en la parte superior de la página. Los kilogramos levantados, sobre la diagonal de los otros recuadros, y las repeticiones, debajo de la diagonal.

APÉNDICE U

MUESTRA DE CURRÍCULO UNIVERSITARIO

LISA DOE

Datos personales

Lisa Doe
123 Main. St.
Atlanta, GA 30000
(404) 123-4567

Central High School
000 Peachtree Street
Atlanta, GA 30000

Datos académicos

Clase: júnior
GPA: 3.50
SAT: V-510
M-620

Categoría de club

U12- U16 Georgia Soccer Club
456 Maple Street
Atlanta, GA 30000
Entrenadora: Mary Smith

Centrocampista titular   5 años
Mejor defensa   2 años
Mejor jugadora   3 años

U17 – Present SE Soccer Club
1 Pine Ave.
Atlanta, GA 30000
Entrenador: Ronni Jones

U17 Campeona estatal
U19 Campeona estatal
16 goles, 12 asistencias

Instituto

3 años titular en Central H. S.
9° Curso – 5 goles, 4 asistencias
11° Curso – 21 goles, 9 asistencias

2 años mejor jugadora
10° Curso (7 goles, 11 asistencias)
NSCAA All Region

Premios

1990 Mejor jugadora, University of Georgia Soccer Camp
1991 Mejor goleadora, University of Georgia Soccer Camp

Referencias

Bob Smith (Entrenador principal)
Little Bopper Soccer Program
999 Broad Street
Atlanta, GA 30000

Joe Martin –Director de entrenamientos de
Central High School
000 Peach Tree Street
Atlanta, GA 30000

Jill Johnson
Georgia Soccer Club
456 Maple Ave.
Atlanta, GA 30000

David Dunn
Director de campus, U. of Georgia
83 Athens Boulevard
Athens

ÍNDICE ALFABÉTICO